Philip Roscoe
Rechnet sich das?

Philip Roscoe

Rechnet sich das?

Wie ökonomisches Denken
unsere Gesellschaft ärmer macht

Aus dem Englischen von Ingrid Proß-Gill

HANSER

Titel der Originalausgabe:
I Spend Therefore I Am. The True Cost of Economics
London, Viking (Penguin Books) 2014

MIX
Papier aus verantwor-
tungsvollen Quellen
FSC® C014889

Bibliografische Information der Deutschen Nationalbibliothek
Die Deutsche Nationalbibliothek verzeichnet diese Publikation in der
Deutschen Nationalbibliografie; detaillierte bibliografische Daten
sind im Internet über http://dnb.d-nb.de abrufbar.

1   2   3   4   5   18   17   16   15   14

Copyright © Philip Roscoe & Company Ltd., 2014
Alle Rechte der deutschen Ausgabe:
© 2014 Carl Hanser Verlag München
Internet: http://www.hanser-literaturverlage.de
Lektorat: Martin Janik
Herstellung: Andrea Reffke
Umschlaggestaltung und Motiv:
Hauptmann & Kompanie Werbeagentur, Zürich
Satz: Kösel, Krugzell
Druck und Bindung: Friedrich Pustet, Regensburg
Printed in Germany
ISBN 978-3-446-44037-1
E-Book-ISBN 978-3-446-44065-4

Für die Jungs – mögen sie zu mutigen und warmherzigen Menschen heranwachsen!

Atlas hält unter mächtigem Zwang die Breite des Himmels
An den Enden der Erde bei singenden Hesperiden
Stehend und stützt mit dem Haupte und unermüdlichen Händen.
Denn dies Schicksal schuf ihm Zeus, der waltende Vater.
Hesiod, *Theogonie*, 517 – 520.

Tatsache ist, daß die internationale Presse unaufhörlich den
»Fund« ausposaunte. Handbücher, Anthologien, Kurzfassungen,
wortgetreue Fassungen, autorisierte Neudrucke und Raubdrucke
des Größten Werkes der Menschheit verstopften und verstopfen
noch immer die Erde. Fast sofort gab die Wirklichkeit in mehr als
einem Punkt nach. … Der Kontakt und der Umgang mit Tlön
haben diese Welt aufgelöst.
Jorge Luis Borges, »Tlön, Uqbar, Orbis Tertius«.

Was sich weiterhin an diesem Abend begab, läßt sich hier nicht
mit Sicherheit berichten. Keiner von den Gästen hatte später noch
eine klare Erinnerung daran. Sie wußten nur, die Zimmer waren
erfüllt von einem Himmelslicht, als wären viele kleine Heiligen-
scheine zu einem mächtigen Strahlenschimmer verschmolzen.
Stummgewordene alte Menschen wurden von neuem sprachbe-
gabt; Ohren, seit Jahren beinahe taub, wurden aufgeschlossen für
das Wort. Die Zeit sogar verschwamm und mischte sich mit Ewig-
keit. Lang nach Mitternacht noch glänzten die Fenster des Hauses
golden, und golden strömte Gesang hinaus in die Winterluft.
Tania Blixen, *Babettes Fest.*

Omnia vincit Amor; et nos cedamus Amori.
Vergil, *Eclogae*, X.

Inhalt

EINFÜHRUNG

1 Ich kaufe, also bin ich

Nehmen wir mal an, Sie wollen der Frau Ihres Herzens Blumen schenken. Vielleicht schweben Ihnen Orchideen aus dem Himalaja vor – diese Frau hat ja wirklich das Beste verdient! –, vielleicht haben Sie aber auch etwas Ruhigeres, Gedämpfteres im Sinn. Da Sie gerade Zeit haben, ziehen Sie von einem Geschäft zum anderen und schauen sich an, was es dort so gibt. Der Supermarkt bietet eine Auswahl fertiger Sträuße in Cellophan; der Preis ist gut, doch unter der Neonbeleuchtung sehen sie grell und knallig aus. Im parfümierten Laden des Floristen gibt es eine kleine Glocke an der Tür, die bimmelt, als Sie eintreten; Eimer, die von üppigen Blüten überquellen, versprechen Ihnen höchste Qualität und ganz nach Ihren Wünschen zusammengestellte Arrangements. Die Umhüllung aus Seidenpapier und die hübschen Bänder werden Sie allerdings einiges kosten. Sollten Sie das vorziehen, wird Ihnen der fröhliche Händler an seinem Verkaufsstand auf dem Markt einen Strauß Osterglocken verkaufen und ihn in Zeitungspapier einwickeln, damit Sie ihn unbeschadet nach Hause bringen können. In all diesen Fällen beurteilen Sie die Qualität und stellen sie dem Preis gegenüber, Sie führen eine genaue Berechnung der Kosten und des Nutzens durch. Wenn Sie genug Zeit hätten, würden Sie noch mehr Geschäfte aufsuchen, identische Sträuße in mehreren Supermärkten und die Floristen oder Markthändler miteinander vergleichen, weil Sie entschlossen wären, für eine bestimmte Ware den besten Preis zu finden.

Sie halten das für eine ganz natürliche Handlungsweise? Die Transaktion im Blumengeschäft ist von ihrem Wesen her ökonomisch – das Gesetz, die Gewohnheit und beide beteiligten Parteien verstehen sie so. Sie werden Geld überreichen müssen und werden im Gegenzug Waren von angesichts des Preises bestmöglicher Qualität erwarten. Sie können Ihre Wahl rational treffen und Ihren Nutzen maximieren; wenn die Transaktion abgeschlossen ist, haben Sie dem Floristen gegenüber keinerlei Verpflichtung, und er hat auch keine Ihnen gegenüber. Der Besitzer des Blumenladens – Sie haben sich nämlich für künstlerischen Schick entschieden – versteht dieses Arrangement genau und wird versuchen, eine soziale Verpflichtung hineinzuschmuggeln, Ihren ökonomischen Austausch mit nicht ökonomischen Elementen zu verflechten, wie gutem Service, einem netten Plausch, Höflichkeit und einem Lächeln. Der Markthändler hätte Ihnen vielleicht gute Laune à la Cockney geboten. Hätten Sie sich für den Supermarkt mit seiner Geschäftigkeit entschieden, wäre Ihnen diese Gesellschaft verwehrt geblieben – Sie hätten Ihre Blumen gescannt und Geldscheine in den Schlitz eines Kassenautomaten geschoben. Der Supermarkt spricht allein Ihre ökonomischen Fähigkeiten an: Sie bekommen dort mehr Blumen für weniger Geld.

Wenn Sie die Blumen der Frau Ihres Herzens überreichen, ist das jedoch etwas anderes: ein Geschenk, eine selbstlose Handlung, bei der Sie keine Gegenleistung erwarten. Sie wünschen sich lediglich ein Lächeln, das das Gesicht der Empfängerin erstrahlen lässt … Nein, meine lieben Leserinnen und Leser, das glauben Sie mir doch wohl nicht! Sie verstehen ganz genau, welche Konsequenzen und Verwicklungen Ihr Geschenk mit sich bringt! Die Anthropologen erzählen uns ja schon seit Jahren, dass das Schenken seine eigenen Verpflichtungen nach sich zieht;

Geschenke erfordern eine angemessene Gegenleistung, und die persönlichen Beziehungen werden durch Ketten der Gegenseitigkeit verkompliziert.

Bei ökonomischen Transaktionen werden die Ketten der Gegenseitigkeit jedoch zerrissen: Der Tausch von Geld gegen Dienstleistungen oder Waren verstärkt die äußeren Bindungen keineswegs – er durchtrennt sie vielmehr. Wird ein Objekt gekauft, geht es von einem Besitzer zu einem anderen über, und die Ansprüche aus der bisherigen Arbeit, Zeit und Besitzerschaft gelten alle nicht mehr. Im Gegensatz zu Ihnen und der Frau, die Sie lieben, sind die an einer ökonomischen Transaktion Beteiligten für immer quitt.

In diesem Buch vertrete ich die Ansicht, dass der Akt des Kaufens – das Ausgeben, wenn Sie so wollen – das Hauptkennzeichen des heutigen Lebens ist. Wir geben Geld aus, also existieren wir. Ein Kauf ist ein eigenständiges, von eigenen Regeln beherrschtes Ritual – das zeigt schon unser imaginärer Streifzug durch die Blumenläden; wir jagen gleichzeitig Qualität und Wert nach und reinigen die Interaktionen von sozialen Beziehungen und Verpflichtungen. Wenn wir etwas kaufen, tragen wir Informationen zusammen und unterziehen sie einer nüchternen, berechnenden Beurteilung im Hinblick darauf, was *für uns* das Beste ist; für einen Augenblick werden wir von Selbstinteresse geleitete ökonomische Menschen; wir wägen die Kosten und den Nutzen gegeneinander ab, wir führen die Transaktion durch und bewegen uns weiter.

Die ökonomischen Beziehungen werden schon seit vielen Jahren für ihre Fähigkeit gepriesen, uns von der schweren Hand des kommunalen Lebens zu befreien, uns aus der kleinen Welt des vorindustriellen Dorfes zu reißen, wo die Einzelheiten des persönlichen Lebens – die Arbeit des Individuums, seine Ehe, sogar sein Tod – der kritischen Betrachtung durch das Kollektiv unterlagen, und uns in die anonyme Freiheit der Stadt zu versetzen.

Ganz einfach gesagt ist eine rein ökonomische Gesellschaft somit eine, in der jeder von derartigen Verpflichtungen frei und allein das Selbstinteresse von Bedeutung ist.

Der Ökonomie zufolge ist das der natürliche Zustand der Dinge. 1954 hielt der britische Ökonom Sir Dennis Robertson an der Columbia University aus Anlass ihres 200. Gründungstages einen Vortrag. Er fragte, was der Ökonom denn eigentlich ökonomisiere. Und beantwortete diese Frage so: Die Aufgabe der Ökonomie bestehe darin, »bei der Liebe, dieser knappen Ressource, zu ökonomisieren«.[1] Mit »Liebe« meinte Robertson offensichtlich bürgerliche Tugend oder Altruismus. Da wir uns von Natur aus von unserem Selbstinteresse leiten lassen, kann und sollte die Ökonomie stattdessen ein Belohnungssystem bereitstellen, um das Individuum dazu zu motivieren, wertvolle gesellschaftliche Pflichten zu erfüllen, ohne dass die »Liebe« dabei eine Rolle spielen würde.

Robertson hat eine seltsame Vorstellung von der Liebe. Sie beruht auf der Annahme, dass es nur eine begrenzte Menge Altruismus gibt und dass nichts mehr davon übrig sein wird, wenn wir ihn wirklich brauchen, falls wir ihn für Triviales verschwenden. Selbstloses Verhalten und Goodwill-Akte blühen aber umso mehr, je mehr sie gegeben und erwidert werden. Es gibt ja ein Sprichwort, dem zufolge eine gute Tat die nächste erfordert. Laut Robertsons Konzept gibt es jedoch, wenn die bürgerlichen Beziehungen zusammenbrechen, wenn die Leute sich selbstsüchtig verhalten und versuchen, zu nassauern oder einen übermäßig großen Anteil zu ergattern, nicht zu viel Ökonomie, sondern *zu wenig*.

Ich möchte Ihnen das noch an einem anderen Beispiel verdeutlichen: Heute Morgen bin ich mit dem Auto zur Arbeit gefahren. Direkt hinter mir fuhr der Bus; er füllte meinen Rückspiegel und mein Gewissen und folgte mir die ganze Strecke, 20 Minuten lang. Dadurch, dass ich das Auto genommen hatte, trug ich zum

Verkehr, zum Lärm und zur Umweltverschmutzung bei und verbrauchte wertvolle globale Ressourcen. Es ist gar nicht so, dass ich den Bus prinzipiell nicht mag – es ist einfach billiger für mich, mit dem Auto zu fahren. Das Auto ist aber nur deshalb billiger als der Bus, weil ich nicht die vollen Kosten seiner Benutzung tragen muss. Wenn ich gezwungen wäre, die vollen Kosten für den zusätzlichen Verkehr, die Verschmutzung, den Lärm und den Verbrauch von Rohstoffen zu übernehmen, käme das Auto mich viel, viel teurer als der Bus. Es heißt sogar: Wenn man die Leute zwingen würde, die vollen Kosten für den Besitz eines Autos zu zahlen, könnten es sich nur die ganz Reichen leisten, mit dem Auto zu fahren.

In der Ökonomie werden der Lärm, das Verkehrsaufkommen und die Umweltverschmutzung bei diesem Beispiel als »Externalitäten« oder »äußere Faktoren« bezeichnet, weil sie außerhalb unserer unmittelbaren Entscheidung liegen. Der Ökonom gibt auf das Problem dieser äußeren Faktoren eine ganz einfache Antwort: Man sollte irgendjemand oder irgendeiner Organisation den Besitz der Luft, des Lärms und des Verkehrsaufkommens übertragen und ihm das Recht geben, für ihre Benutzung Geld zu verlangen. Sobald jemand gezwungen ist, die Kosten für sie zu übernehmen, werden diese Dinge keine äußeren Faktoren mehr sein und sich daher auf unsere Entscheidungen auswirken. Probleme halten sich, weil der Markt nicht weit genug geht. Wie Robertson sagte, reicht es nicht aus, sich auf den guten Willen der Menschen zu verlassen; wir müssen stattdessen zum Tausch auf dem Markt und zum Selbstinteresse Zuflucht nehmen. Dieses Gedankengebäude wird in der heutigen Gesellschaft als ganz selbstverständlich betrachtet. Der optimistische Glaube der Ökonomen aus der Aufklärung (zu denen ja auch Adam Smith gehörte) an die grundsätzlich gute Natur des gewöhnlichen Menschen ist tiefer Verzweiflung gewichen: Kollektives Handeln gilt zunehmend als unmöglich, aufgrund des niederen Selbstinteresses der Menschheit. Ich habe sogar einen bedeutenden Moralphilosophen sagen hören, man müsse die Wasservorräte mit Medikamenten versetzen, um unsere Selbstsucht zu mäßigen.

Mein eigenes Argument läuft in die Gegenrichtung: Das ökonomische Denken *erlaubt* mir, zu dem Schluss zu kommen, dass das Auto billiger ist als der Bus. Meine Schlussfolgerung ergibt sich aus der Fähigkeit der Ökonomie, die Ketten der sozialen Verpflichtungen aus meinen Transaktionen zu reißen, sodass nur eine enge Fokussierung auf die unmittelbaren finanziellen Betrachtungen bleibt. Die Berechnung erfolgt innerhalb eines strikt ökonomischen Bereiches von Kosten und Nutzen, und das Ergebnis ist einfach: Der Bus ist zu teuer. Da das Kennzeichen des ökonomischen Tauschs das Quittsein ist, gibt es bei jeder Ausweitung der Marktprinzipien zudem noch ein – wenn auch zweitrangiges – Ergebnis: Wenn ich die Gebühr für Umweltverschmutzung gezahlt habe, bin ich frei und kann die Umwelt so stark verschmutzen, wie ich will, solange ich die Gebühr dafür weiter entrichte. Die Bezahlung bringt uns, wie bei einem Zerrbild der Beichte, den Erlass unserer gesamten zukünftigen Verantwortung.

Eine Theorie des Lebens

1932, zwei Jahrzehnte vor Robertsons Vortrag, veröffentlichte ein anderer britischer Ökonom einen Essay über die Zukunft der Ökonomie. Lionel Robbins vertrat die Ansicht, dass die Ökonomie mehr tun konnte, als sich mit dem Handel und den Steuern zu befassen. Er träumte von einer Ökonomie, die eine einzige, einheitliche Theorie des menschlichen Handelns bieten konnte, einen mit den Termini der Ökonomie ausgedrückten Sinn des Lebens. Jetzt, 80 Jahre später, wird sein Traum allmählich wahr.

Eine erfolgreiche ökonomische Theorie der Ehe zeugt vom zügellosen Ehrgeiz des Fachs. Wie überhaupt ein großer Teil der

Ökonomie des menschlichen Verhaltens stammt sie aus der bahnbrechenden Arbeit des Chicagoer Ökonomen Gary Becker, der 1992 den Nobel Memorial Prize erhielt, weil er gezeigt hatte, dass man die ökonomische Analyse auch benutzen kann, um Konkurrenzbeziehungen außerhalb der Wirtschaft darzustellen. Bei der ökonomischen Theorie der Ehe berechnen Individuen die Gewinne, die mögliche Partnerschaften ihnen bringen könnten, und handeln entsprechend. Diese Gewinne können alles sein – ihre genaue Natur spielt für die Theorie keine Rolle – und ergeben sich daraus, dass die »Qualitäten« beider Partner miteinander multipliziert werden. Da die Gewinne exponentiell mit der Qualität der Partner steigen (5 mal 5 ist ja auch viel mehr als 2 mal 2), folgt, dass die größten »Produktivitätsgewinne« sich dann ergeben, wenn sich die Partner mit der größten Qualität auf dem ganzen Markt zusammentun und die Partner von schlechterer Qualität sich selbst überlassen bleiben.

Becker analysiert bei seiner ökonomischen Theorie dann, was bei einer Ehe geschieht: Nachdem die Partner sich gefunden haben, kämpfen sie miteinander um eine Aufteilung der Errungenschaften. Wenn wir hier kurz die stark vereinfachte Beschreibung der »Qualität« benutzen, die Beziehungsökonomen verwenden, sollte der reichste Mann also die schönste Frau heiraten, damit es zu einer Maximierung der bei der Paarbildung entstehenden Gewinne kommt (da das Produkt von 5 mal 5 ja viel größer ist als die anderen Möglichkeiten). Wenn der Mann seinen Anteil an den Gewinnen berechnet, könnte er sich allerdings auch dafür entscheiden, eine nicht so attraktive Frau zu heiraten, um sich einen größeren Anteil der bei der Ehe entstehenden Gewinne zu schnappen (5 mal 3 ergibt zwar nur 15, doch wenn er alles an sich reißen kann, ist er immer noch besser dran als mit der Hälfte von 5 mal 5). Das Selbstinteresse und der Wettbewerb sind so scharfe Werkzeuge, dass man damit nicht nur das Zustandekommen der Ehe analysieren kann, sondern auch ihre Weiterentwicklung und ihr Ende – natürlich gibt es auch eine Ökonomie der Scheidung! Es mag seltsam scheinen, die Ehe als Konkurrenzkampf zu betrachten, doch der selbstsüchtige Wettbewerb bildet den Kern der ökonomischen Theorie; im Grunde gibt es keinen Unterschied zwischen der Auswahl der Blumen und der Person, die man heiraten will.

Die Ökonomie der Ehe ist eine bloße Theorie. Wie alle ökonomischen Theorien schleicht sie sich jedoch allmählich ins reale Leben ein. Ökonomische Modelle werden oft mit der Begründung kritisiert, dass es sehr schwierig sei, die Konsequenzen aller möglichen Handlungen zu berechnen, und daher auch sehr schwierig, die tatsächlich rationale, zur Maximierung führende Handlungsweise zu erkennen. Das gilt nirgendwo mehr als in der Ehe, wo die Paare angesichts der zahlreichen nicht vorhergesehenen Dinge, vor die das Leben sie stellt, über viele Jahre hinweg zusammenwachsen. Es muss nahezu unmöglich sein, die zukünftigen »Einnahmen und Zinsen« aus einer erfolgreichen Paarbildung zu beurteilen. Zudem ist es sehr schwierig, schon bei der ersten Begegnung alle – die guten wie die schlechten – Eigenschaften des Partners richtig einzuschätzen; man entdeckt sie erst nach und nach, im Laufe von Wochen, Monaten und sogar Jahren. Es sei denn, natürlich, man benutzt eine Partnerbörse im Internet.

Hier finden wir ökonomisches Denken in Reinform. Die Maschinerie solcher Sites – Fragebögen, Beschreibungen und Rankings – zerlegt uns in unsere fundamentalen Attribute, die sich dann sortieren und ordnen lassen. Und die Benutzer dieser Sites präsentieren sich wie die Waren an einem Marktstand, sie kleben sich praktisch Etiketten mit ihren wichtigsten statistischen Daten, Eigenschaften und Vorlieben auf. Es kann nicht überraschen, dass diejenigen, die online für sich werben, zu der schäbigen Unaufrichtigkeit der Gauner und Vertreter neigen: Sie werden größer, schlanker und klüger; schon ein ganz kurzer Blick auf die

Anzeigen enthüllt eine offenbar universelle Begeisterung für Kaminfeuer und gemütliche Abende. Das ist im Übrigen kein einseitiger Prozess. Wenn man *sich selbst* auf eine Liste von Eigenschaften herunterbricht und diese Eigenschaften ständig mit denen von anderen vergleicht, wird man sich seines eigenen Wertes und des Wertes anderer bewusst. Dann – und nur dann – ist es möglich, auf rationale Weise den besten aller möglichen Partner zu wählen.

Ich hoffe, wir sind uns darüber einig, dass menschliche Waren – ob nun bei der Liebe, der Arbeit oder der Fürsorge und Pflege – *relational* sind: Fürsorge und Freundlichkeit, Zuneigung, Liebe, Großzügigkeit und Beistand sind immer gegenseitig, man kann sie nur durch Beziehungen und die Gemeinschaft mit anderen erlangen. Allein kann man sie einfach nicht aufbauen; sie können nicht auf Selbstinteresse beruhen, da sie beinhalten, zu geben, zu empfangen und zu erwidern. Ich möchte in diesem Buch zeigen, dass das Onlinedating nur einer von zahlreichen Fällen bei einem Prozess der ständigen gesellschaftlichen Veränderung ist, den wir kollektiv unternommen haben und dessen Konsequenzen wir erst in vielen Jahren ganz verstehen werden. Unsere persönlichen Beziehungen sind durch die Ökonomie neu definiert worden, was sich beim Sprechen, Denken und Handeln auf besondere Weise niederschlägt.

Ein weiteres, für meine Erzählung ganz wichtiges Beispiel ist das Gesundheitswesen, wo die aufstrebende ökonomische Disziplin bis heute enorme Auswirkungen auf die Versorgung mit Pflege, die Verfügbarkeit von Behandlungen und die Zuteilung von Ressourcen hat. Wir befinden uns bereits in einer längeren Phase von finanziellen Kürzungen und Mangel, und der Druck der Ökonomie auf diesen Bereich wird wahrscheinlich immer stärker werden. Die Ökonomie des Gesundheitswesens behauptet, das ausgefeilteste und damit das moralisch überlegene Mittel für die Entscheidung über die Zuteilung von Behandlungen zu bieten. Ich werde jedoch zeigen, dass sie sich nur mit der *effizientesten* Verteilung der Ressourcen beschäftigen kann, und auch da nur im Rahmen höchst künstlicher Annahmen.

Alan Williams, einer der Vorreiter bei der Ökonomie des Gesundheitswesens, tritt beispielsweise dafür ein, eher Geld in den Einbau künstlicher Hüften als in Dialysegeräte zu stecken, weil das eine effizientere Verwendung des Geldes sei. Sollte man aber nicht mit demokratischen Mitteln über diese Beurteilung debattieren? Darf man wirklich auf Grundlage von reinem Fachwissen aus einer umstrittenen Disziplin zu ihr kommen? Die Kosten-Nutzen-Analyse ist bei der Zuteilung von Behandlungen, der Bereitstellung von Sicherheitsvorkehrungen sowie den Ausgaben für Kultur und Bildung jedoch weit verbreitet. Wenn ein Politiker sagt, er müsse das Geld *so gut wie möglich* ausgeben, meint er fast immer: *möglichst effizient*. Ich werde in diesem Buch aber immer wieder deutlich machen, dass das Setzen auf Effizienz als erste Tugend bei allen politischen Maßnahmen zu einer Gesellschaft führen wird, in der wir vielleicht nicht leben wollen.

Der Bereich der Ökonomie

Manche sind der Ansicht, die ökonomische Organisation sei von ihrer Natur her unmoralisch, da die Menschen dabei als Mittel zum Erreichen bürokratischer und organisatorischer Ziele benutzt würden. Max Weber weist jedoch darauf hin, dass die Bürokratie nicht nur Erfolg hat, weil sie effizient ist, sondern auch, weil sie ein nützliches und gerechtes Organisationsmittel ist. Sie ist in dem Sinne objektiv, dass sie alle gleich behandelt. Die rationale, ökonomische Entscheidungsfindung ist ein Eckpfeiler der bürokratischen Organisation, da sie direkt und übertragbar ist. Sie macht Probleme und Produkte aller Art vergleichbar, denn sie stellt Verbindungen her und erschafft Alternativen, die bis dahin nicht existierten; zwischen der Dialyse und künstlichen Hüftgelenken, zwischen den Bildungsinstitutionen und sogar zwischen eventuellen Ehepartnern und unberührten Landschaften und Einkaufswagen.

In welchem Sinne ist so ein Vergleich denn objektiv? Ich werde in diesem Buch immer wieder zeigen, dass es besondere Probleme mit sich bringt, wenn man »objektiv« mit »unparteiisch« oder »unvoreingenommen« gleichsetzt. Ökonomische Entscheidungen werden jedoch häufiger als objektiv in dem Sinne betrachtet, dass sie wissenschaftlich und daher unwiderlegbar wahr seien. Das ist aber völlig falsch, und wenn man es auf das ökonomische Denken anwendet, kann es großen Schaden anrichten.

Daher müssen wir mit einem zentralen Argument kämpfen. Wir werden uns schon am Anfang des Buches mit ihm beschäftigen und es am Ende wieder aufgreifen: Ist die Ökonomie nicht schlicht eine Wissenschaft, noch dazu eine erfolgreiche, eine Theorie, die man angesichts ihrer Reichweite und ihrer Erklärungskraft mit der Evolutionstheorie vergleichen kann? Beschreibt sie nicht einfach? Nein! Rein deskriptive Wissenschaften gibt es gar nicht. Den Soziologen der Naturwissenschaften zufolge ist der Akt des Untersuchens eng mit dem jeweiligen Objekt verbunden. Unser Wissen über das subatomare Partikel, das unter dem riesigen »Mikroskop« eines Teilchenbeschleunigers betrachtet wird, ist genauso ein Produkt des Geräts, der Forschungsprotokolle und der Teams von Wissenschaftlern, die ihr ganzes Berufsleben an dieser hochempfindlichen Ausrüstung verbracht haben, wie der Quarks, Myonen und Bosonen selbst. Das gilt auch für die Sozialwissenschaften. Der Agent, der die Basis der ökonomischen Untersuchungen bildet – der rational Handelnde, der seine Ziele instrumentell verfolgt und unermüdlich nach noch mehr und noch Besserem sucht –, ist selbst ein Produkt der Ökonomie.

Ich werde in diesem Buch immer wieder die Ansicht vertreten, dass das ökonomische Denken etwas Technisches ist, das als

Ergebnis der Sprache, die wir benutzen, und des Werkzeugs, mit dem wir ausgerüstet sind, an bestimmten Orten entsteht. Diese Sprache und dieses Werkzeug bekommen wir oft von den Organisationen, die von ihrer Benutzung profitieren – Supermärkte beispielsweise stellen uns ja Einkaufswagen zur Verfügung. Ich werde Ihnen dieses Phänomen bei ganz alltäglichen Aktionen zeigen – beim Einkaufen, beim Erwerb eines Hauses, beim Erlangen einer Ausbildung, beim Handel auf dem Aktienmarkt, beim Sich-Verlieben, beim Erkranken, sogar beim Tod und bei den Vorkehrungen, die wir für unseren toten Körper treffen.

Durch ihre Sprache und ihr Werkzeug erschafft die Ökonomie genau den Agenten, über den sie theoretisiert: den egoistischen, berechnenden und sogar unehrlichen Menschen. Wir könnten glauben, dass diese Eigenschaften natürliche Aspekte des Menschseins sind. Da wir in dem Konzept des aufgeklärten Selbstinteresses geschult worden sind, das wir von Adam Smith, dem Vater der modernen Ökonomie, geerbt haben, finden wir es sogar schwierig, uns vorzustellen, dass die Menschen jemals anders gehandelt haben könnten. Es gibt jedoch viele Gründe dafür zu glauben, dass das nicht stimmt. Das angeborene Selbstinteresse ist ein zu unscharfes Konzept, eine zu animalistische Motivation, um die Komplexität der Entscheidungen und der Organisation erklären zu können, auf die wir Tag für Tag stoßen. Für die Ökonomen des 21. Jahrhunderts bedeutet Selbst- oder Eigeninteresse etwas ganz Besonderes, etwas Technisches und Rationales.

Wir teilen unser Leben ja in viele Bereiche ein. Unser Familienleben beispielsweise unterscheidet sich von unserem Arbeitsleben. Vermutlich werden wir uns beklagen, wenn ein Kollege einen zu großen Teil seines Privatlebens zur Arbeit oder eine Ehefrau abends einen zu großen Teil ihres Berufslebens nach Hause mitbringt. Intime Beziehungen am Arbeitsplatz sind tabu, und die bürokratischen oder geschäftlichen Beziehungen haben im Heim der Familie nichts zu suchen. Über solchen Unterscheidungen steht eine breitere Unterteilung, die sich durch unsere soziale Welt zieht und bei der wir aus Gewohnheit ökonomische und nicht ökonomische Transaktionen voneinander trennen – den Kauf von Blumen von ihrer Überreichung. Dabei gelten unterschiedliche Regeln, Kriterien für richtig und falsch und Konzeptionen des Wertes. Im ökonomischen Bereich geht es um das Preis-Leistungs-Verhältnis, Effizienz und Kapitalrenditen – ob sie nun im täglichen Leben über den Daumen gepeilt oder durch die komplexen mathematischen Modelle spezifiziert werden.

Es ist nicht so, dass die Räume der Ökonomie künstlich und unsere persönlichen Beziehungen irgendwie natürlich und urtümlich sind. In beiden Fällen sind durch eine sorgfältige Organisation der Welt um uns herum Grenzen und Verhaltensweisen *eingebaut*. Sie sind das Ergebnis harter Arbeit, und auch ihre Aufrechterhaltung erfordert Anstrengungen. In der ökonomischen Welt müssen wir uns an gesetzliche Beschränkungen halten, die beispielsweise verlangen, dass wir für Waren, die wir gekauft haben, bezahlen und sie dem Verkäufer dann auch abnehmen; die Gesetze, die sozialen Beschränkungen, die Bewertungssysteme und selbst das Geld sind Bestandteile des technischen Apparats des ökonomischen Lebens.

Der Einfluss der Ökonomie breitet sich aus. Wir brauchen gar nicht in die Ferne zu blicken, um zu sehen, wie stark sie die Politik beherrscht. In Europa machen die Nationen, die noch zahlungsfähig sind, Wirtschaftstechnokraten zum Staatsoberhaupt, Manager, deren Aufgabe darin besteht, den Bevölkerungen harte Sanktionen und strenge Sparmaßnahmen aufzuerlegen – als hätten sie sich schlecht benommen und müssten bestraft werden. Auf den Straßen herrscht Aufruhr, in den Krankenhäusern Mangel. Wären die Militäraktionen eines despotischen Regimes für diese Folgen verantwortlich, würden in globalen Versammlungen harsche Worte fallen, und man würde Soldaten entsenden. Wenn die Wirtschaftspolitik das fordert, ist Leid erlaubt – eine bittere

Ich kaufe, also bin ich

Medizin, die aber eingenommen werden muss. In der Blase, die
der Krise vorausging, sind ökonomische Modelle, Theorien und
sogar Ideologien unsere Vertreter im Parlament geworden, und
das wird auch in den schweren Zeiten, die ihr folgen müssen, so
bleiben.

Die Ministerien und die öffentlichen Dienste sind von ökonomischen Idealen durchdrungen. Für jeden Verwaltungsbereich
lässt sich ein Zweig der Ökonomie finden, der als Berater für die
effiziente Zuteilung der Ressourcen fungieren und den Wert der
Ausgaben der öffentlichen Hand und die Rendite für die inves-
tierte Zeit und die erbrachten Anstrengungen überprüfen wird:
Es gibt Ökonomien des Gesundheitswesens, der Umwelt, der
Ausschaltung von Risiken und der Sicherheit.

Wir haben zugelassen, dass die Ökonomie unsere politischen
Entscheidungen bestimmt, und jetzt beherrscht sie auch unsere
persönlichen Interaktionen immer stärker. Wir haben gesehen,
dass es eine Ökonomie der Ehe gibt, und es gibt sogar eine Ökonomie des Selbstmords: Wussten Sie, dass »die Kosten eines Selbstmords Transaktionskosten in Form der finanziellen und zeitli-
chen Kosten des Abgangs von dieser Welt beinhalten«? Oder dass
»aufgrund der verzögerten Wiederherstellung eines Gleichge-
wichts ein Unterschied zwischen der langfristigen und der kurzfristigen preislichen Elastizität des Selbstmords besteht«? (Anders
ausgedrückt: Wenn ein leichtes Mittel zum Selbstmord aus dem
Verkehr gezogen wird, sinken die Selbstmordquoten, da »der
Abgang von dieser Welt« dann einfach zu mühsam wird.)[2]

Ökonomische Praktiken schleichen sich durch den nüchternen Apparat des täglichen Lebens – wie Einkaufswagen und
Websites für den Preisvergleich –, auch in die Sprache und die
Rechtfertigungen ein, die wir benutzen. Wir haben sie selbst in
die intimsten Winkel unseres Lebens eingeladen, wo wir es ihnen
erlauben, über unsere Liebhaber, die Menschen, die wir lieben,
und unsere Körper zu entscheiden. Sie sind eine wirksame Analy-

setechnik, die sparsam eingesetzt werden sollte, doch wir betrachten sie zunehmend als eine Verhaltens-, Wahl- und Seinsdoktrin. Hier besteht die Gefahr, dass die Ökonomie uns vergessen lässt, wie man Solidarität, Mitleid und Empathie haben kann. Sie führt mit den Waren des Lebens einen Krieg. In einer Zeit, in der die Herausforderungen, vor denen unsere Welt steht, unbedingt kollektives Handeln erfordern und wir uns keinesfalls auf das aufgeklärte Selbstinteresse des Einzelnen stützen dürfen, könnte die Ökonomie gerade das größte Hindernis für Veränderungen sein.

Die Ökonomie hat ihr Versprechen gehalten, einem großen Teil der Welt Wohlstand und demokratische Freiheit zu verschaffen. Sie hat die uralten Probleme der Menschheit beseitigt, dadurch aber eine ganz neuartige Krise gebracht. Die Pioniere der Disziplin in der Aufklärung hätten ihre liebe Mühe damit gehabt, sich eine Welt vorzustellen, in der mehr Wohlstand und mehr Waren uns irgendwie ärmer werden lassen könnten. Die zeitgenössischen Psychologen haben jedoch etwas bewiesen, was die Philosophen schon lange behaupten: Mehr Wohlstand und ein höherer Status können uns unglücklich machen!

Die Ökonomie hat, wie einst Atlas, die Last der ganzen Welt auf ihre Schultern genommen. Diese Schultern sind aber leider nicht breit genug. Wir müssen die Grundlagen der Ökonomie infrage stellen und mutig darauf beharren, dass ihre Wissenschaft der Effizienz nicht genug ist – notwendig mag sie ja sein, aber ausreichend ist sie nicht –, um unsere Welt zu beherrschen und zu disziplinieren. Wenn wir uns dem Ende des Buches nähern, werden wir uns vielleicht eine Ökonomie der Blüte vorstellen können, die die Tugenden und Waren des Lebens stützt; dann müssen wir im Hinblick auf das Wesen der Ökonomie allerdings radikal umdenken. Im Augenblick habe ich jedoch eine Geschichte zu erzählen: wie die Ökonomie ihre Ketten sprengte und aus dem Labor entkam – und was das uns alle gekostet hat.

TEIL 1

2 Vom Tausch zum Sinn des Lebens

In Großbritannien ist es in den drei letzten Jahrzehnten zu einer fundamentalen Veränderung bei der Betrachtung von Immobilienbesitz gekommen. Vor gar nicht so langer Zeit war die Bereitstellung von Wohnraum Bestandteil des Vertrags zwischen dem Staat und den Bürgern. Nach dem Zweiten Weltkrieg bauten mehrere Regierungen hintereinander Hunderttausende von Häusern in Staatsbesitz, die den Bewohnern billigen, langfristigen Wohnraum mit einem Schutz gegen willkürliche Mieterhöhungen bieten sollten. Wohnraum wurde als gesellschaftliches Gut angesehen, das vom Staat zur Verfügung gestellt werden und in seinem Besitz sein sollte. Am Ende der 1970er-Jahre lebten rund 40 Prozent der Bevölkerung in Häusern, die in städtischem Besitz waren und auch von den Städten instand gehalten wurden.

Anfang der 1980er-Jahre wurden jedoch viele dieser Häuser verkauft, im Rahmen von Margaret Thatchers radikalem Programm der marktfokussierten Reformen. 1980 wurde das »Recht zum Kauf« gesetzlich verankert (Housing Act); nun konnten Mieter, die seit mindestens zwei Jahren in einem städtischen Haus wohnten, ihre Wohnung mit einem beträchtlichen Nachlass kaufen. Das Recht zum Kauf erwies sich als eine der erfolgreichsten und beliebtesten politischen Maßnahmen der Thatcher-Ära. Der damaligen Lehre vom freien Markt zufolge »befreite die

Regierung sich durch den Verkauf staatlicher Häuser von Liegenschaften, die Verluste brachten, und von teuren Beihilfen, verschaffte sich durch die Verkaufserlöse zusätzliche Einnahmen und machte bis dahin auf den Staat angewiesene Mieter zu unabhängigen Immobilienbesitzern.[1] Anders ausgedrückt: Effizienz und Kostenersparnis wurden, zusammen mit einer neuartigen Doktrin der Aktivierung der Menschen, als Hauptvorteile dieser – und somit implizit aller – staatlichen Maßnahmen betrachtet.

Hinter dieser Strategie standen auch noch andere Motive. So waren zahlreiche kommunale Wohnhäuser baufällig geworden, und der neuen Denkweise zufolge würden sich jetzt die Besitzer um ihre Häuser und Wohnungen kümmern. Da der Zustand der Nachbarhäuser Auswirkungen auf den monetären Wert der neu in Privatbesitz übergegangenen Häuser haben konnte, erwartete man außerdem, dass die neuen Besitzer Druck auf ihre Nachbarn ausüben würden, sodass mit Müll überhäufte Grünflächen gereinigt und zerbrochene Fensterscheiben repariert würden. Wohneigentum erlangte so ein moralisches Gewicht, das weit über den Hauptzweck hinausging, Familien eine Unterkunft und Sicherheit zu bieten. Großbritannien würde ein besseres Land werden, wenn mehr Menschen eigenen Wohnraum hatten; andererseits wurde ein kleiner Teil der Verantwortung des Staates für die Gewährleistung der Sicherheit in private Hände gelegt. Um es mit ganz allgemeinen politischen Begriffen auszudrücken: Die Privatisierung der Häuser bedeutete, dass der nach dem Krieg geschlossene Vertrag über die staatliche Unterstützung und das Eingreifen des Staates zugunsten eines vom Markt getriebenen Systems aufgekündigt wurde – dass ein Gesellschaftsvertrag beendet und durch einen Markt ersetzt wurde.

Zudem erfolgte eine Übertragung des Risikos vom Staat, der Barzahlungen erhielt, auf die Hausbesitzer, die nun sehen mussten, wie sie den Wert ihres Eigentums steigern konnten. Viele – vielleicht sogar die Mehrheit – haben von einem Anstieg der

Hauspreise über einen Zeitraum von 30 Jahren profitiert, der auf der starken Nachfrage nach Eigentum beruhte, zu der Margaret Thatchers Reformen angeregt hatten. Manche mussten natürlich auch leiden. Die schlechtesten Häuser waren oft in einem so desolaten Zustand, dass sie abgerissen wurden, und leerstehende Häuser wurden zur Instandsetzung zu einem Preis verkauft, der weit unter dem Marktniveau lag. In Stoke-on-Trent, einer der ärmsten britischen Städte, wurden die Häuser in manchen Straßen für ein Pfund verschleudert, weil man das Gebiet regenerieren wollte.[2] Wer vor 30 Jahren Wohnraum in so einer Straße gekauft hat, befindet sich jetzt im Würgegriff eines unverkäuflichen Besitzes und muss vom Staat herausgekauft werden.

Der nächste Schritt bei diesem Ökonomisierungsprogramm erfolgte Mitte der 1990er-Jahre, als erstmals Buy-to-Let-Hypotheken aufkamen. Das Buy-to-Let war von der Association of Residential Letting Agents und einer Gruppe von Hypothekenanbietern ausgeheckt worden, um in der Flaute, die auf Margaret Thatchers Anreize für den Hausbesitz folgte, den Markt für die Vermietung von Wohnraum wiederzubeleben. Bis dahin waren Hypotheken vergeben worden, um den Kauf eines einzigen Wohnhauses zu ermöglichen, in dem der Hypothekenschuldner dann selbst wohnte. Jetzt wurden auch Hypotheken auf Häuser vergeben, in denen der Besitzer gar nicht selbst wohnen wollte. Die Buy-to-Let-Hypotheken wurden ein Riesenerfolg: Im Jahre 2006 lebten 12 Prozent der britischen Bevölkerung in Räumlichkeiten dieser Art.[3]

Für diejenigen, die sie aufnahmen, durchtrennte die neue Welle der Buy-to-Let-Hypotheken jede noch verbliebene Bindung zwischen dem Haus, das als Eigenheim gekauft wurde, und dem, das als Investition erworben wurde. Häuser, die vermietet werden sollen, werden notwendigerweise unter ökonomischen Gesichtspunkten betrachtet: Die Kosten der Hypothek müssen mit den vermutlichen Mieteinnahmen verglichen werden, die natürlich von der Zimmerzahl und den vorhandenen Annehmlichkeiten abhängen werden; Verbesserungen der Substanz werden auf rein finanziellen Erwägungen beruhen – wie stark werden sie den Kapital- oder Mietwert steigern? Der Kapitalwert selbst ist dann weniger ein Maß für die Attraktivität des Hauses, sondern hängt mehr von den möglichen Mieteinnahmen ab. Die Hausbesitzer werden Vermieter; sie können immer mehr Hypotheken aufnehmen und ihr Eigenkapital – den Teil des Wertes, den sie besitzen, der nicht geliehen ist –, das sich in den Häusern angesammelt hat, die ihnen bereits gehören, auf immer mehr Häuser streuen, sodass ein wackeliges Reich von Mietshäusern entsteht. Dieser Prozess wurde durch einen blühenden Häusermarkt gefördert, den er seinerseits erheblich unterstützte. Es gab immer mehr Fernsehsendungen, die zeigten, wie man durch Pläne für eine schnelle Übernahme von Häusern reich werden konnte. Die ganz alltäglichen Gespräche waren damals voll von den aufregenden Neuigkeiten darüber, wer auf der Leiter des Hausbesitzes wie weit gekommen war. Die außergewöhnlichen Beispiele kannte jeder – wie die Geschichte der ehemaligen Mathematiklehrer aus dem Londoner Süden, die ein Portfolio von 900 Liegenschaften mit Mieteinnahmen von 1,5 Millionen Pfund aufbauten.[4]

Es gibt jedoch auch noch andere Auswirkungen. Die wachsende Zahl der Kreditnehmer beschert den Geldverleihern eine lukrative Gelegenheit, sodass Kredite in den Markt fließen und die verfügbare Geldmenge wächst. Mehr Kredite treiben die Preise nach oben und vergrößern so das Eigenkapital, das den Besitzern zur Verfügung steht. Durch diese Kapitalgewinne werden die Hauseigentümer gestärkt und können immer mehr Geld aufnehmen, während neue Kaufinteressenten über die Preise aus dem Markt getrieben werden und gezwungen sind zu mieten, was den Hausbesitzern saftige Einnahmen bringt. Synthetische Kredite, die von den Financial Engineers an der Wall Street zur Verfügung gestellt werden, gießen noch Öl ins Feuer, und so entsteht eine klassische Spekulationsblase, bei der es den Eigentümern sehr gut geht, den Kaufinteressenten aber schlecht. Im Grunde ist das eine Steuer, die den jungen Leuten von den alten auferlegt wird, denen, die kein Haus haben, von denen, die mindestens ein Haus besitzen. Ich bin gerade alt genug, um zu den Schuldigen zu gehören: Ich habe mir eben noch so früh ein Haus gekauft, dass ich die Welle der Blase ausnutzen konnte, die schon Ende der 1990er-Jahre nicht mehr zu retten schien; ich habe keine Ahnung, wie die, die ein paar Jahre jünger sind, jemals hinkommen werden. Denjenigen, die es schafften, sich in den Boom-Jahren Anfang dieses Jahrtausends ein Haus zu kaufen, werden ihre Schulden noch jahrelang wie ein Mühlstein am Hals hängen; in Irland, wo die Blase geradezu manisch wurde und der Wettbewerb und Vetternwirtschaft die Preise weit über jedes vernünftige Maß hinaustrieben, wurden viele für immer ruiniert.

Das Wohnen bildet eines der Hauptbeispiele in diesem Buch. Hier treffen die Politik und die Regulierung aufeinander, die neuen Pläne der Unternehmer – ob es sich nun um Makler für Vermietungen oder um Wall-Street-Banker handelt – und das Privatleben, die Pläne der Menschen, die in ihnen wohnen. Es zeigt Märkte, die das tun, was sie immer tun, ohne Kontrolle: Sie übertragen Reichtum von denen, die davon wenig haben, auf diejenigen, die bereits mehr haben. Die Thatcher-Reformen führten zu einem langsamen Übergang der Häuser aus einer bestimmten Kategorie (Eigenheime, in einem Wohngebiet, billig, oft in Staatsbesitz, die häufig unter den Aspekten ihrer Funktion und der sozialen Vorteile bei der Sicherheit und dem Wohnen betrachtet wurden) in eine andere (ein Privatbesitz, von dem Profite erwartet wurden und der unter dem Aspekt des ökonomischen Gewinns betrachtet wurde). Das Wohnen ist die sichtbare Spitze eines Leviathans: der ökonomischen Theorie des Neoliberalismus und des politischen und technischen Apparats, der mit ihr verbunden ist.

Häuser in Privatbesitz waren nur ein Element der Bemühun

gen von Margaret Thatcher in den 1980er-Jahren, Großbritannien zu reformieren. Sie wollte auch vom Staat kontrollierte Versorgungseinrichtungen privatisieren und die Märkte deregulieren. Und sie glaubte unerschütterlich, dass der nationale Wohlstand produktive Anstrengungen des Einzelnen erforderte. Sie sagte ja: »Ordentliche Arbeit für ordentlichen Lohn.« Ihre politischen Maßnahmen hätten sämtlich aus *Kapitalismus und Freiheit*, Milton Friedmans Handbuch der »neoliberalen« Ökonomie, stammen können. Auf der anderen Seite des Atlantiks verschrieb sich Ronald Reagans »Reaganomie« ebenfalls dieser Ideologie vom freien Markt und setzte Steuersenkungen durch, die auf der »Laffer-Kurve« beruhten, einer Wirtschaftstheorie, nach deren Auffassung niedrigere Steuersätze höhere Einnahmen erzeugen konnten. In den USA und Großbritannien glaubten die Politiker an den »Trickle-down-Effekt (etwa: Durchsickereffekt) – dass man den Armen am sichersten dadurch Wohlstand bringen könne, dass man die Reichen noch reicher werden ließ. Mitte der 1980er-Jahre hatte eine ganz besondere Form der Ökonomie die Wirtschaften der englischsprachigen Welt transformiert und die Fäden der Ökonomie in den Stoff der Gesellschaft eingewoben.

Das Selbstinteresse

Derartige politische Maßnahmen beruhen auf einem unerschütterlichen Glauben an das Selbst- oder Eigeninteresse, der mit einer düsteren Ansicht davon gepaart ist, wozu die Menschheit ohne unmittelbare Anreize fähig ist. Man ging beispielsweise bei den Reformen des Häuser- und Wohnungsmarktes davon aus, dass man Individuen nur dazu überreden kann, sich ein Haus zu kaufen, wenn man ihnen sofortige finanzielle Gewinne in Aussicht stellt. Das Beispiel zeigt, dass solche politischen Maßnahmen schon bald den Typ des vom Selbstinteresse geleiteten ökonomischen Menschen erzeugen, den sie von Anfang an voraussetzten, sodass die ursprüngliche Überzeugung der politischen Entscheidungsträger gestärkt wird.

Das von den modernen Ökonomen vertretene Konzept des Selbstinteresses als der immerwährenden und universellen Motivation hat ganz spezifische geschichtliche Ursprünge. Die Ideen, aus denen unsere heutige Assoziation der freien Märkte mit der Demokratie erwuchs und nach denen das rationale Selbstinteresse die Grundlage für die moralische und persönliche Freiheit bildet, entstanden bereits im 17. Jahrhundert, in der Zeit der europäischen Aufklärung, wo sie erstmals von den Philosophen Thomas Hobbes und John Locke durch den radikalen Liberalismus in England zum Ausdruck gebracht wurden.

Hobbes vertritt in seinem 1651 erschienen *Leviathan* die Ansicht, dass der vorgesellschaftliche Mensch ein Leben, das »einsam, armselig, ekelhaft, tierisch und kurz« gewesen sei, gegen die durch den Staat und die gesellschaftlichen Institutionen gebotene Stabilität eintauschte.[5] John Locke kam von den »Naturgesetzen« zu einem Gesellschaftsvertrag, bei dem der rationale, vom Selbstinteresse geleitete Handelnde den Staat im Gegenzug für »das Glück der Freiheit« (eine Formulierung, die später in der amerikanischen Verfassung verewigt wurde) akzeptierte. Hobbes und Locke gehen beide davon aus, dass der Mensch »natürliche Rechte« hat, dass er vor der Entstehung der Gesellschaft in einer »natürlichen« Welt lebte, in der er die Freiheit hatte zu tun, was er wollte, und sich zu nehmen, was sein Herz begehrte; dass eine so vollständige Freiheit (wir könnten hier auch von »Anarchie« sprechen) aber unvermeidlich Streit brachte und dass die Menschheit einen Gesellschaftsvertrag akzeptiert hatte, um dem zu entgehen. Die natürlichen Rechte des Menschen als souveränes Individuum in seiner eigenen Person blieben jedoch unangetastet: Die Gesellschaft ist, in welcher Form auch immer, eine individuelle Entscheidung. Die Betrachtung der individuellen Freiheit als

Gottesgabe, als fundamentalstes aller Rechte, die das ältere Konzept der göttlichen Rechte der Könige ersetzte und in der heutigen politischen Debatte in den USA so großen Einfluss hat, geht direkt auf das Denken von Hobbes und Locke zurück.

Der Vorstellung, dass das Selbstinteresse eine Motivierungskraft bei der Ökonomie ist, hauchte dann Adam Smith Leben ein, der zu der als »Scottish Enlightenment« bekannten Bewegung aus dem 18. Jahrhundert gehörte. Er spricht in *The Wealth of Nations*, das 1776 erschien (deutsch: *Der Wohlstand der Nationen*), von »einer natürlichen Neigung des Menschen, zu handeln und Dinge gegeneinander auszutauschen«; seiner Ansicht nach verdanken wir unser Abendessen dem Selbstinteresse des Bäckers, Brauers und Metzgers. Gerade die Fähigkeit des Menschen, den Austausch zu organisieren, unterscheide ihn vom Tier: »Niemand hat je erlebt, daß ein Hund mit einem anderen einen Knochen redlich und mit Bedacht gegen einen anderen Knochen ausgetauscht hätte, und niemand hat auch je beobachtet, daß ein Tier durch sein Verhalten einem anderen bedeutet hätte: Das gehört mir und das gehört dir, ich bin bereit, dieses für jenes zu geben.«[6] Was Smith da schreibt, ist ein Tribut an die nicht beabsichtigten Konsequenzen und die Kraft der indirekten Ursachen; er schrieb als gottesfürchtiger Mann in einer Zeit, in der noch immer grundsätzlich die Vorsehung für ihr Eingreifen in die natürliche Ordnung der Dinge getadelt oder gepriesen wurde; er glaubte, dass die Natur, wenn man sie sich selbst überließ, die ökonomischen Aktivitäten auf die vorteilhafteste Weise steuern würde.

… und wenn er dadurch die Erwerbstätigkeit so fördert, daß ihr Ertrag den höchsten Wert erzielen kann, strebt er lediglich nach eigenem Gewinn. Und er wird in diesem wie auch in vielen anderen Fällen von einer unsichtbaren Hand geleitet, um einen Zweck zu fördern, den zu erfüllen er in keiner Weise beabsichtigt hat.[7]

Der Name Adam Smith wurde in den 1980er-Jahren erneut bekannt. Smith galt als Vertreter der freien Märkte, als der klassische Ökonom, der als Erster auf die »unsichtbare Hand« des Marktes hinwies, die die beste – wenn auch nicht die einzige – Rechtfertigung für Konzepte wie den Trickle-down-Effekt wurde: die Idee, dass ein gesunder Markt sich, sofern man nicht in ihn eingreift, selbst regulieren und widerstreitende Selbstinteressen in Wohlstand für alle verwandeln wird. Die Anhänger, die die Lehre von Adam Smith im 20. Jahrhundert wieder zum Leben erweckten, benutzten die unsichtbare Hand als eindrucksvolles rhetorisches Mittel. Ich bin ganz sicher nicht der Einzige, der in seinem Kopf eine riesige Hand sieht, die vom Himmel aus nach unten zeigt, halb Monty Python, halb Michelangelo, eine höhere Intelligenz, die den Markt steuert und private Laster in öffentliche Tugenden verwandelt.

Der Trickle-down-Effekt und tugendhafte freie Märkte sind jedoch Interpretationen von Smith' Werken, die aus dem 20. Jahrhundert stammen. Smith selbst erwähnt nirgendwo *die* unsichtbare Hand, sondern nur *eine* unsichtbare Hand, und das auch nur im Vorübergehen, einmal in *Theory of Moral Sentiments* (1759; deutsch: *Theorie der ethischen Gefühle*) und einmal hier, im *Wohlstand der Nationen*. Die Denker der Aufklärung hatten Respekt vor der Familienhierarchie, staatlichen Institutionen und dem Staat selbst geerbt. Die Verteidiger von Smith führen an, das Selbstinteresse sei ein breit gefasster Begriff, der auch die Interessen der Familie und der Gemeinde einschließe. Jedenfalls ist das Selbstinteresse bei Adam Smith offensichtlich nicht die enge, berechnende Schäbigkeit, die den ökonomischen Menschen des 20. Jahrhunderts charakterisiert. Der indische Nobelpreisträger Amartya Sen drückt das gut aus: »Manche Menschen werden klein geboren, manche erreichen Kleinheit und manchen wird die Kleinheit aufgezwungen.«[8] Smith gehört offenbar zur dritten Gruppe.

Smith tritt also kaum für uneingeschränktes Selbstinteresse

ein; er macht eine theologische Aussage über die Immanenz der göttlichen Absicht in der Natur und damit in der Welt. Die Natur habe gewollt, dass die Menschheit produktiv und reich sein sollte, und sie würde dafür sorgen, dass eine produktive, reiche Welt der beste aller möglichen Orte ist. Sein Glaube daran, dass die natürlichen Ursachen und die ökonomischen Vorlieben durch die Vorsehung bestimmt werden, gibt ihm die Sicherheit, dass das Selbstinteresse des Individuums dasselbe ist wie die natürlichen Interessen der Gemeinde und des Staates.[9] In *Theorie der ethischen Gefühle* sagt Smith sogar, selbst Tyrannen würden von der unsichtbaren Hand geleitet; wenn sie nichts mehr essen können, wenn sie völlig gesättigt sind, bleibt ihnen nichts anderes übrig, als den Reichtum an die Armen zu verteilen. Diese Passage mag uns absurd vorkommen, beinahe naiv; ironischerweise decken sich die Gefühle, die er hier zum Ausdruck bringt, aber fast mit den Ideen, aus denen die Trickle-down-Theorie der 1980er-Jahre entstand. Immanuel Kant, der sein Leben der rationalen Betrachtung der Werte der Aufklärung widmete, stellte sich für die Zukunft einen immerwährenden Frieden vor, der durch den Tausch im Markt getrieben würde; diese Ansicht klingt auch in der modernen liberalen Ökonomie wahr: Die Skulptur »The Sphere« von Fritz Koenig, die am World Trade Center in Manhattan stand, war eine riesige Bronzekugel, die den Weltfrieden durch den Handel symbolisierte. Es ist aufschlussreich, dass Kant seine Vorstellung vom ewigen Frieden auch durch die Natur rechtfertigte: Der Tausch hat es der Menschheit ermöglicht, die Welt zu kolonisieren, und ist daher etwas Natürliches.

Die Natur ist für die Ökonomen der Aufklärung ein Musterbeispiel: in einem nie endenden Gleichgewicht, blind und ohne Zweck. Nach Auffassung von Smith lässt gerade die Unfähigkeit des Individuums, den Zweck des Ganzen zu erfassen – es verfolgt ja nur kurzsichtig sein Selbstinteresse –, den Motor der Ökonomie so gut laufen. Seine unsichtbare Hand ist eine in die Ökonomie eingeschriebene Vision von der Natur, eine wunderbar wohlwollende Maschinerie der Natur, die Selbstinteresse in Gemeinwohl verwandeln kann. Für die Denker der Aufklärung ermöglichte es die Natur, nicht die Bibel, dem Menschen, das Göttliche zu verstehen; die Gesetze des Himmels waren in die Gesetze der Natur geschrieben, und somit auch in die wundervollen, erhabenen Operationen des Marktes. Die Worte des großen viktorianischen Chorals über die Herrlichkeit Gottes, »Immortal, invisible, God only wise/In light inaccessible hid from our eyes«, gelten auch für die Vision vom Markt in der Aufklärung.

Es gab aber nicht nur Bilder der freigebigen Natur. Die Merkantilisten, die vorhergehende Generation der Ökonomen, hatten eine Ökonomie des Krieges bevorzugt. Sie glaubten, auf der Welt gebe es Reichtum nur in begrenzter Menge und die Rolle der Nationen bestehe darin, so viel Wohlstand wie möglich anzuhäufen. Der Handel war ihrer Ansicht nach eine Übung darin, Waren für Gold zu verkaufen, sodass der eine Staat auf Kosten des anderen reich wurde; das ganze 16. und 17. Jahrhundert hindurch kämpften die europäischen Staaten darum, einen möglichst großen Teil der von ihnen hergestellten Produkte zu verkaufen, und beschränkten gleichzeitig die Importe, sodass sie ungemünztes Gold anhäufen konnten.

Der qualvollen Ökonomie der Merkantilisten wurde eine biologische entgegengesetzt. In der zweiten Hälfte des 18. Jahrhunderts stand François Quesnay, der Leibarzt des französischen Königs Ludwig XV., an der Spitze der »physiokratischen« Ökonomen, nach deren Ansicht der gesellschaftliche Leib dem menschlichen sehr ähnelte; sie kamen zu der Theorie, dass der Wohlstand genauso zirkulierte wie das Blut und dass die Ökonomie die Physiologie der Gesellschaft war und die Organe der Industrie und des Handels mit Nährstoffen versorgte. David Hume, der Empiriker aus der Zeit der Aufklärung, griff die merkantilistische Theorie mit technischen Argumenten hinsichtlich des Geldkreislaufs an.

Diese biologischen Metaphern verlagerten das ökonomische Denken vom »doux commerce« von Smith und Kant auf etwas insgesamt weniger Großzügiges. Im Jahre 1786 kam der englische Kleriker Joseph Townsend vorübergehend zu Ruhm, als er einen Essay mit dem Titel *A Dissertation on the Poor Laws* (Untertitel: *By a well-wisher to mankind*) veröffentlichte, in dem er für die Abschaffung des Armenrechts und überhaupt aller staatlichen Fürsorgemaßnahmen eintrat. Unter Berufung auf das Gleichgewicht und die Ordnung der Natur erzählte er ein Gleichnis von Ziegen und Hunden, das auf Robinson Crusoes Pazifikinsel spielte. Townsend zufolge hatte der spanische Seemann Juan Fernández als Nahrungsvorrat für zukünftige Besuche eine Handvoll Ziegen mitgebracht und freigelassen. Sie waren für die englischen Freibeuter, die den spanischen Schiffen auflauerten, eine zuverlässige Nahrungsquelle geworden. Die Spanier rächten sich und setzten ein Windhundpaar auf der Insel aus, das sich vermehrte und die Ziegen dezimierte. Die überlebenden Ziegen lernten, auf den Felsen zu bleiben, außerhalb der Reichweite der Hunde, und so entstand »ein Gleichgewicht neuer Art«: Die behänden, tatkräftigen Ziegen und Hunde überlebten, während »die faulen früher oder später die Konsequenzen ihrer Trägheit tragen müssen«.[10] Townsend schloss: »Der Hunger wird auch die wildesten Tiere zähmen, er wird selbst die Viehischsten, Widerspenstigsten und Perversesten Anstand und Artigkeit, Gehorsam und Unterwerfung lehren.«[11]

Heute erinnert sich kaum noch jemand an Townsend. Zur damaligen Zeit wurde sein Werk jedoch viel gelesen und diskutiert; vielleicht hat er diese naturalistischen Ideen mehr als jeder andere ins englische Denken eingeführt. Sein Gleichnis vom Gleichgewicht der Natur und von der Notwendigkeit aufgrund der unveränderlichen Gesetze der Physiologie kam auch Charles Darwin und Thomas Malthus vor Augen, zwei der größten Denker aller Zeiten. Malthus übertrug es auf die menschliche Welt,

Darwin entwickelte daraus die Theorie, durch die wir die Evolution des irdischen Lebens verstehen. Beim ökonomischen Denken stellte der Gesellschaftsreformer und utilitaristische Fanatiker Jeremy Bentham sich auf die Seite von Townsend und betrachtete die Bedrohung durch die Armut als notwendige Motivation für das Funktionieren seines großen Industrieplans. Für Bentham war die Beinahe-Armut der vielen eine unabdingbare Voraussetzung für den Wohlstand der Gesellschaft. Das Selbstinteresse musste durch Hunger aufgezwungen werden, durch harte Disziplin, hinter der die höchste Moral überhaupt stand, denn: »Die Gesetze des Geschäftsverkehrs waren die Gesetze der Natur und somit die Gesetze Gottes.«[12] Die Schärfe dieser biologischen Metaphern ist weit von dem Wohlstand, der Empathie und dem immerwährenden Frieden entfernt, die man sich nur eine Generation früher vorstellte.

Die Denker der Aufklärung erkannten unveränderliche Naturgesetze, die bis in die graue Vorzeit zurückreichten. Die Geschichte und die Literatur zeigen jedoch, dass es anders war. Im Mittelalter wurde der Kreislauf des Wohlstands durch Kriege angetrieben. Land und Waffen wechselten auf dem Schlachtfeld ihre Besitzer, und der König beherrschte den Fluss des Reichtums durch seine überlegene militärische Macht. Die mittelalterliche Ökonomie sieht gar nicht viel anders aus als der Tausch von Gütern, den wir in der alten griechischen Welt der *Ilias* entdecken; dort halten die Kämpfer mitten in der Schlacht inne, um den Besiegten ihre glänzende Bronzerüstung zu rauben, und König Agamemnon bietet dem schmollenden Achilles als Belohnung für seine Rückkehr aufs Feld Edelmetalle, Land, Pferde und Frauen.

Die Wissenschaft, die am deutlichsten zeigt, dass ökonomische Aktivitäten ortsgebunden und spezifisch sind, ist jedoch die Anthropologie. Dem großen Wirtschaftshistoriker Karl Polanyi zufolge zeigen anthropologische Beweise, dass die »Gesetze des Geschäftsverkehrs« keineswegs natürlich, unveränderlich, universell oder überhaupt etwas anderes als das Produkt erlernter Verhaltensweisen sind, die aus örtlichen kulturellen Normen entstanden.[13] Von den 1920er-Jahren bis zur Mitte des 20. Jahrhunderts produzierte die Disziplin der »ökonomischen Anthropologie« immer mehr Beweise dafür, dass die Systeme der Ureinwohner schlicht nicht wie die Marktwirtschaften des Westens aussahen. Nach Ansicht der Anthropologen war das Konzept des Gewinns diesen Kulturen fremd, und der soziale Kitt, der ihre Gesellschaften zusammenhielt, war Gegenseitigkeit. Beim Kula-Ring der Pazifik-Inseln, den Bronislaw Malinowski in den 1920er-Jahren erforschte, vollzogen die Bewohner mit Parteien auf anderen Inseln einen ausgefeilten Tausch von Muscheln und banden sich so gegenseitig durch Netze von Verpflichtungen, die sich weit in die Vergangenheit und die Zukunft erstreckten. Die legendären Ahnen, die diese Tradition ins Leben gerufen hatten, wurden dadurch mit noch ungeborenen zukünftigen Generationen verbunden. Diese Gegenseitigkeit reichte nicht nur durch die Zeit, sondern bestand auch zwischen den Menschen und Orten. Beim ganz ungewöhnlichen Potlatch der nordamerikanischen Ureinwohner wurde – und das ist bis heute so – der Reichtum durch eine Geschenkzeremonie umverteilt und zerstört, wobei auch die Gesellschaftsstrukturen der Stämme gestützt wurden.

Der Kula-Ring und das Potlatch gleichen den zeitgenössischen westlichen Wirtschaftssystemen also kaum – und die Ökonomien im vorindustriellen Europa auch nicht. In einer überwiegend agrarischen Gesellschaft war das Dorf das Grundelement der Versorgung. Hergestellte Produkte wurden von monopolistischen Zünften geliefert; im 17. Jahrhundert hatten die Londoner Zünfte das Monopol für die Lieferung nahezu aller erdenklichen Waren. Nach Ansicht von Polanyi ist die Ökonomie, die wir kennen, das Ergebnis der außergewöhnlichen gesellschaftlichen Veränderungen (der »großen Transformation«), die Mitte des

19. Jahrhunderts innerhalb weniger Jahre über Europa, besonders Großbritannien, hinwegfegten.

Bei dieser Transformation handelte es sich um eine absichtliche Umgestaltung der bürgerlichen Gesellschaft. Durch die Einzäunung von Land wurden Familien vertrieben, die vorher von Dorfgemeinschaften abhängig waren, die sich größtenteils selbst versorgten. Wieso kam es nicht zu einer Revolution, wie in Frankreich? Der Wohlfahrtsstaat, der in den Armengesetzen verkörpert wurde, verhinderte den schlimmsten Hunger zunächst. Diese Zuwendungen, die ursprünglich als Lohnzusatz gedacht waren, stellten sicher, dass die Arbeiter auf jeden Fall ein Minimum bekamen – unabhängig davon, wie hart (oder wie wenig) sie arbeiteten und wie wenig der Arbeitgeber zahlte. Laut Polanyi dauerte es zwei Jahrzehnte, bis die arme Landbevölkerung den Mut verlor und die Kleinindustrie ruiniert war. Als die Armengesetze aufgehoben wurden, strömten die Arbeiter in die neuen Städte, wo sie für Hungerlöhne und unter schrecklichen Bedingungen arbeiten mussten. Tatsächlich: Der Hunger zähmte die wildesten Tiere und lehrte auch die Perversesten Gehorsam und Unterwerfung. Die Idee vom rationalen, vom Selbstinteresse geleiteten Individuum, die in der Aufklärung entstanden war, war durch die Erschaffung des Arbeitsmarktes und die unaufhörliche Bedrohung durch den Hunger umgesetzt worden.

Die Ökonomie des 19. Jahrhunderts – unsere moderne Ökonomie des industriellen Kapitalismus – entstand also weder als weltliche Manifestation transzendenter ökonomischer Regeln noch als unvermeidliches Ergebnis der darwinistischen Evolution der Gesellschaft. Sie war vielmehr das Ergebnis absichtlicher Änderungen bei den Gesetzen: der Abschaffung der Unterstützung für die Armen und der Inkraftsetzung robuster Eigentumsrechte beim Land und beim Kapital, zu denen noch die technologischen und organisatorischen Innovationen der industriellen Revolution – Maschinen, furchteinflößende Motoren, Fabriken und dunkle, teuflische Hütten und Walzwerke – und die Vertreibung einer ganzen agrarischen Bevölkerung kamen, sodass die Kleinbauern in eine Quelle industrieller Arbeit verwandelt wurden. All das wurde durch eine Konzeption des Marktes als Spiegel der Natur, physikalischer und daher göttlicher Gesetze und als Ort der *Wahrheit* gestützt. Mitten in dieser Transformation tauchte dann der ökonomische Mensch auf – von Selbstinteresse geleitet, den Bindungen an die Familie, die Kirche und den Staat entzogen, angesichts von universellem Mangel, der durch die marktbasierte Austauschbarkeit aller Dinge verursacht wird, nach Effizienz strebend.

Polanyi ist als Primitivist beschimpft worden, als Repräsentant einer romantischen Tradition, die sich nach einer alten Gesellschaft sehnt, die ihr als harmonisch und friedlich gilt und auf Gegenseitigkeit und Solidarität beruht. Tatsächlich warnt er davor, dass der zeitgenössische Mensch den »imaginativen Reichtum und die Kraft seines wilden Erbes« verlieren wird, und propagiert eine unrealistische Vorstellung vom edlen Stammesangehörigen.[14] Hier geht es jedoch um mehr als die jeweiligen Vorzüge »primitiver« und »moderner« Gesellschaften oder die Frage, ob der Austausch von Gaben ein natürlicheres und authentischeres Mittel der ökonomischen Interaktion ist als der Markt: Die Anthropologen wollten durch ihre Untersuchungen – ob nun bei alten Gesellschaften oder bei modernen Finanzkolossen – zeigen, dass *alle* Formen der ökonomischen Interaktion Produkte einer spezifischen, historisch, kulturell und geografisch verorteten Organisation sind. Das gilt heute noch genauso wie im 19. Jahrhundert.

Daraus folgt, dass unsere industrielle, vom Markt bestimmte Gesellschaft das besondere Charakteristikum aufweist, dass *alle* Güter und Produkte für den Kauf und Verkauf über den Markt organisiert werden und *nur* über den Markt erhältlich sind; und dass die Menschen nicht als Primitive, sondern als moderne Wesen, als ökonomische Männer und Frauen, handeln müssen.

Um mit dem bekannten Anthropologen George Dalton zu sprechen: »Die Organisation des Marktes ist der Faktor, der die Teilnehmer dazu zwingt, nach materiellen Gewinnen für sich selbst zu streben: Um die materiellen Mittel zum Überleben erlangen zu können, muss jeder etwas verkaufen, was im Markt einen Wert hat.« Die Idee des 19. Jahrhunderts vom »ökonomischen Menschen« habe sich in einen »bündigen Ausdruck dieser institutionellen Tatsache verwandelt«.[15]

Die Ökonomie der Freiheit

Für die Ökonomen der Aufklärung wurde der Markt also ein Ort der Wahrheit, ein Spiegel der Natur, eine Kraft, die von den repressiven sozialen Beziehungen des vorindustriellen Dorfes befreite. Das Selbstinteresse, die private Verfolgung von Profit, war durch die vorteilhaften Mechanismen des Handels die Quelle öffentlicher Tugend. Das Projekt des englischen Utilitarismus, das von Jeremy Bentham erdacht und von John Stuart Mill weiter ausgearbeitet wurde, wollte diese Tugenden in Gesetze übertragen und die Gefängnisse und Schulen gemäß der neuen Marktwirtschaft reformieren. So blieben die Dinge, bis im späten 19. Jahrhundert die Väter der modernen Ökonomie die Bühne betraten: die »Marginalisten«, die österreichischen Revolutionäre Carl Menger, Joseph Schumpeter, Ludwig von Mises und Friedrich August von Hayek, der Berühmteste von ihnen. Zusammen mit dem Engländer William Stanley Jevons (mit dem ich, wie ich zu meiner Freude herausgefunden habe, über fünf Ecken verwandt bin) und dem Franzosen Léon Walras erschufen sie die Ökonomie neu – als mathematisches Projekt.

Bis dahin war die Ökonomie nie ernsthaft der Mathematik unterworfen worden: Adam Smith und seine schottischen Mitstreiter waren ebenso sehr Philosophen und Literaten wie Ökonomen, denen es um das gute Verhalten der Menschheit ging. Jeremy Bentham ließ sich bei seinen intellektuellen Unterfangen von den taxonomischen Konventionen der Biologie des 18. Jahrhunderts leiten. Sein Traum von einem großen utilitaristischen Calculus, der alle Tugenden und Laster auf der Welt miteinander vergleichbar machen würde, wurde von seinem Nachfolger John Stuart Mill als rhetorischer Trick verworfen.[16] Im 19. Jahrhundert kam jedoch der Gedanke auf, dass die Nützlichkeit von Gütern durch eine kontinuierliche mathematische Funktion ausgedrückt werden konnte. Damals »entdeckten« Jevons, Menger und Walras nämlich unabhängig voneinander die Theorie des »Grenznutzens« (»marginal utility«).

Dieses doch recht unscheinbare Wort hatte unverhältnismäßig viel Einfluss auf die Organisation im 20. Jahrhundert. »Utility« bedeutet schlicht »Nutzen«, »Nützlichkeit« oder »Wert«, unterscheidet sich hier aber durch zwei wichtige Aspekte von allen früheren Definitionen des Wortes. Zum einen kann man diesen Nutzen nur insofern erkennen oder verstehen, als er das menschliche Verhalten beeinflusst. Der Nutzen der Dinge zeigt sich daran, in welchem Ausmaß Menschen aus dem Wunsch nach ihnen heraus handeln. Zweitens kann dieser Nutzen durch eine einzige numerische Funktion ausgedrückt werden. Der Analytiker braucht sich nicht mehr mit dem philosophischen Gezänk darüber herumzuschlagen, was das Wesen des Guten ist, sondern kann einfach anerkennen, dass die Menschen die Dinge unterschiedlich bewerten und dass sich das in ihrem Verhalten zeigt.

»Marginal« – dabei geht es um die Grenze der Verfügbarkeit – bezieht sich auf die Veränderung, die durch eine weitere Einheit eines Gutes bewirkt wird. Diese Veränderung kann positiv oder negativ sein. Bei der Fabrikproduktion können die Grenzkosten (»marginal cost«) fallen, wenn mehr hergestellt wird; ab einem bestimmten Punkt, an dem sich Ineffizienz in den Prozess einschleicht, dürften sie jedoch wieder steigen. Den Lehrbüchern zufolge sollte man mit der Herstellung eines Produkts aufhören, wenn die zusätzlichen Grenzkosten genauso hoch sind wie die zusätzlichen Grenzerträge. Der vielleicht wichtigste Aspekt des marginalistischen Denkens ist die Erkenntnis, dass der Nutzen aller Güter mit jeder zusätzlichen Einheit sinkt (Konzept des »sinkenden Grenzertrags«). Das ist wie bei einem Kuchen: Das zweite Stück liefert weniger Genuss als das erste, und das dritte und vierte liefern noch weniger Genuss. Wir können sofort sehen, dass es problematisch ist, dieses Argument bis zum Extrem zu treiben: Für einen zum Tode Verurteilten mag jeder weitere Tag seines Lebens von großem Grenznutzen sein. Als Faustregel für die Analyse des Verbrauchs ist es jedoch durchaus nützlich, und der Bewegung ging es darum, zu einer mathematisch produktiven Denkweise zu kommen. Jevons und andere, die bei der »marginalistischen Revolution« in der ersten Reihe standen, zeigten, dass diese abnehmenden Erträge sich arithmetisch vorhersagen lassen, und machten die Mathematik des Wertes zum Kernstück der Wirtschaftswissenschaft des 20. Jahrhunderts. Laut der Theorie, die hinter dem Trickle-down-Effekt stand, hatte auch Geld, wie alles andere, einen »Grenznutzen«; für diejenigen, die mehr Geld hatten, war es von geringerem Wert; sie gaben es eher aus, als es zu investieren, und kurbelten dadurch die Wirtschaft an.

Der Sprung zum mathematischen Formalismus veränderte die Ökonomie in vieler Hinsicht. Er hob sie beispielsweise auf einen neuen Standard bei den mathematischen Beweisen. Eine Ökonomie, die aussah wie die Physik – die im größten Teil des 20. Jahrhunderts als Königin der Wissenschaften galt –, genoss in der realen Welt erhebliche Autorität. Und die mathematische Ökonomie sah tatsächlich wie die Physik aus, sie glich ihr sogar sehr. Das hatte einen einfachen Grund: Sie war Physik! Den marginalistischen Revolutionären dienten nämlich die Wärmegleichungen des 19. Jahrhunderts als intellektuelles Modell.[17]

Der Zweite Weltkrieg trug dazu bei, dass der institutionelle Rang der Ökonomie weiter stieg. Die mathematischen Prozesse der aufstrebenden Disziplin wurden in die militärischen Anstrengungen einbezogen. Plötzlich arbeiteten Ökonomen an Berechnungsproblemen wie der Entschlüsselung von Codes und der frühen künstlichen Intelligenz, die bei Anwendungen wie Bombenabwurf-Zielvorrichtungen und automatischen Flugabwehrkanonen benutzt wurden. Einige der größten Ökonomen des 20. Jahrhunderts, zum Beispiel John von Neumann, waren auch Mathematiker und Operations Researcher und Konstrukteure von Atombomben. Diese Verschmelzung der Projekte existierte nach dem Krieg weiter; mathematische Ökonomen arbeiteten an den Projekten der US-amerikanischen Rüstungsindustrie und den Anstrengungen der USA im Kalten Krieg, wobei die finanzielle Unterstützung durch die Rüstungsindustrie die Abteilungen an den Universitäten und die Zahl der mit praktischen Problemen befassten mathematischen Ökonomen anschwellen ließ. In Labors der Rüstungsindustrie, zum Beispiel bei der RAND Corporation (einem von der Firma Douglas Aircraft gebildeten Thinktank, der für das Militär der Vereinigten Staaten »Research And Development« durchführen sollte), wurden die algorithmische Berechnung und das ökonomische Denken – die Spieltheorie und die Verhaltenssimulation – miteinander verbunden und Szenarien für die stets drohende nukleare Katastrophe durchgespielt.[18]

Die Einbeziehung der Ökonomie in die Maßnahmen gegen den sowjetischen Totalitarismus im Kalten Krieg war vielleicht eine natürliche Reflexion der politischen Dimension im Kern dieser ökonomischen Lehre des 20. Jahrhunderts. Obwohl sie sich so sehr auf die mathematische Abstraktion stützten, stellten ihre Gründerväter, wie Hayek und Friedman, weitreichende Behauptungen über die gegenseitige Abhängigkeit der Marktbeziehungen und der demokratischen Freiheit auf. Die Ökonomie mag eine Forschungsmaschine sein, doch sie wurde auch das Kernstück einer komplexen politischen Lehre: des Neoliberalismus.

Friedrich August von Hayek kam 1938, auf der Flucht vor den Nationalsozialisten, nach England. Er hatte einen Lehrstuhl an der London School of Economics angenommen, den Maynard Keynes ihm verschafft hatte. Bei Kriegsausbruch brachte der große englische Ökonom Hayek wegen der zu befürchtenden Bombenangriffe auf London nach Cambridge. Hayek meldete sich freiwillig zum Luftschutz; er soll viele kalte Nächte auf dem Dach des King's College verbracht und dem Dröhnen der deutschen Flugzeuge in der Ferne gelauscht haben. Während er dort zwischen den Spitztürmchen saß, dachte er darüber nach, was die Nazis an die Macht gebracht hatte. Seine Antwort war schlicht, aber unerwartet: Die Nazis verdankten ihren Aufstieg dem Sozialismus! Während Keynes und andere die zentrale Planung der Nazis, ihre protektionistische Politik und die Vergrößerung der Geldmenge als ökonomische Ungeheuerlichkeit betrachtet hatten, die durch ein despotisches Regime entstanden war, sah Hayek die Kausalität umgekehrt. Für ihn war die Entstehung des nationalsozialistischenStaates eine notwendige Konsequenz und ein unvermeidbares Ergebnis der sozialistischen Wirtschaftsdoktrin. Der Staatskorporatismus der ganz rechts Stehenden unterscheidet sich letztlich ja gar nicht so sehr vom sozialistischen Utopia. Die Nazis setzten auf die zentrale Kontrolle, auf Prachtbauten und große architektonische Entwicklungen und erzeugten das Gefühl, dass der Körper des Staates wichtiger war als die Körper derjenigen, aus denen er bestand. All das finden wir auch beim derzeitigen kommunistischen Regime in Nordkorea, um nur ein Beispiel zu nennen.

In *The Road to Serfdom (Der Weg zur Knechtschaft)* erläutert Hayek seine historisch-ökonomische Theorie. Das Buch erschien 1944 und verkaufte sich so gut, dass es aufgrund der Rationierung des Papiers bald vergriffen war. Erst durch die Veröffentlichung der Fassung von Reader's Digest im Jahre 1945 wurde es mehr Lesern zugänglich. Hayek greift die sogenannte Kontroverse um die sozialistische Berechnung wieder auf, die Ludwig von Mises im Jahre 1920 ausgelöst hatte. Mises zufolge machte das Fehlen der monetären Bewertung, die ein Markt bot, die Kalkulation unmöglich; er bezweifelte daher, dass eine Ökonomie mit zentraler Planung und Organisation möglich war.[19] Mises' Argument war ganz einfach: Die Preise sagen uns, was die Leute wollen, sodass die Unternehmen diese Dinge herstellen können. Ohne Preise können weder die Unternehmen noch der Staat erkennen, welchen Anforderungen und Vorlieben der Verbrauch der Individuen unterliegt. Die Berechnungskontroverse tobte in der Nachkriegszeit in einem intellektuellen Umfeld, das die interventionistische Politik und die zentrale Planung im Großen und Ganzen guthieß. Hayek stimmte Mises darin zu, dass sich bei einer sozialistischen zentralen Planung die endlosen Schwankungen von Angebot und Nachfrage nicht berechnen ließen, die man bei einer Volkswirtschaft kennen musste. Er ging aber noch weiter und untersuchte die Folgen einer Beibehaltung des Modells der zentralen Planung. Da ein Staat mit Planwirtschaft die Nachfrage nicht genau einschätzen könne, werde er Dinge produzieren lassen, die niemand wollte, und andererseits die Güter, nach denen großer Bedarf bestand, nicht herstellen lassen. Die Leute würden ihre Freiheit verlieren, so zu arbeiten, wie sie wollten, und die Waren zu kaufen, für die sie sich entschieden. Die zentrale Planwirtschaft werde den Bedürfnissen der Welt immer hinterherhinken, da ihre Organisation durch Ausschüsse und die Bürokratie, kleinliche Kabbeleien und Machtkämpfe behindert werde. Eher früher als später werde die Wirtschaft schließlich zusammenbrechen und es werde nicht nur Mangel herrschen, sondern auch zu weiteren Krisen wie der Hyperinflation im Deutschland der 1930er-Jahre kommen. Das Volk werde verlangen, dass der Staat handle, und in dieses Vakuum werde ein Despot treten. Die Herrschaft der Demokratie werde enden. Es werde Verbrechen aus Hass geben und sogar die Sprache werde, wie bei Orwell, zerrüttet werden. Die Arbeit, die Löhne und Gehälter, sogar die Freizeit – all das würden geplante Aktivitäten sein. Hitler war nur eines von vielen Beispielen für das, was Hayek als einen »zeitlosen historischen Mechanismus« ansah, da der Sozialismus sich immer wieder selbst verschlinge: »Daß der demokratische Sozialismus, die große Illusion der letzten Generationen, nicht nur nicht zu verwirklichen ist, sondern daß man nicht einmal versuchen kann, ihn durchzuführen, ohne etwas ganz anderes zu erreichen, so daß nur wenige, die sich jetzt für ihn einsetzen, sich mit den Konsequenzen abfinden würden ...«[20]

Diese Prinzipien durchdrangen rund 20 Jahre später auch die Arbeiten von Milton Friedman. Im Vorwort zu einer späteren Ausgabe von *Capitalism and Freedom*, das ein enorm einflussreiches und sehr bekanntes Werk der neoliberalen Ökonomie wurde, erinnerte er seine Leser an das intellektuelle Klima, in dem die Erstausgabe erschienen war. In den 1950er-Jahren sei die intellektuelle Orthodoxie von ihrer Einstellung her sozialistisch gewesen, und jene, die »tief besorgt waren über die Gefahr für die Freiheit und den Wohlstand durch das Wachstum des Staates, den Triumph des Wohlfahrtsstaates und der keynesianischen Ideen, waren eine kleine, bedrängte Minderheit, für die große Mehrheit der anderen Intellektuellen Exzentriker.«[21] Als das Buch 1962 erschien, wurde es von den Rezensenten der großen US-amerikanischen Publikationen ignoriert und nur vom Londoner *Economist* besprochen. Seither sind 400 000 Exemplare verkauft worden, und das Buch ist auch heute, über 50 Jahre später, noch erhältlich – was allerdings eher den Umwälzungen bei der politischen Lehre zu verdanken sein dürfte als Friedmans gleichmütiger Prosa. Friedman war Amerikaner, und die Sprache der in der Verfassung verankerten Freiheit klingt sehr stark aus seinen Werken, doch im Herzen seines Buches liegen die Axiome des Liberalismus. Wir sehen dort die Schatten von Mill, Locke und Hobbes. Friedman schreibt gleich am Anfang: »Für den freien Bürger ist sein Land ... die Versammlung der Individuen, die es bilden, nichts außerhalb oder gar über ihm Stehendes.«[22]

Was kann denn die übermenschliche Aufgabe bewältigen, die Verteilung der Produkte und die Allokation der Arbeit zu organisieren? Was wird dort Erfolg haben, wo die zentrale Planung scheitern muss? Was wird uns vor den Schrecken des Sozialismus und des Totalitarismus retten? Die Antwort lautete natürlich bei all diesen Herausforderungen: der Markt.

Für Hayek und seine geistigen Erben war das Grundproblem, wie man erfahren kann, was die Leute wollen, wie sie die Produkte bewerten und ihre Entscheidungen treffen. Ihre Lösung bestand darin, sich von den Leuten *zeigen* zu lassen, was sie wertschätzen, und zwar durch die Bezahlung. Da das Geld ein universelles Medium ist, kann es nicht nur alle Präferenzen eines Individuums ordnen, selbst wenn es um eine heterogene Wahl von Waren und Dienstleistungen geht, sondern auch *alle* Präferenzen *aller* Individuen. Bedarf, Wunsch und Notwendigkeit werden sämtlich in eine einzige Messgröße gepackt, die durch den wundervollen Markt automatisch ermittelt wird.

Dieser Gedankengang endet hier aber noch nicht. Wie viel eine Person oder eine Firma für irgendetwas zu zahlen bereit ist, hängt von dem Wert ab, den sie dadurch gewinnen zu können glaubt. Ihre Erwartungen wiederum hängen von ihren eigenen Produktionsfähigkeiten im finanziellen, intellektuellen, materiellen oder körperlichen Bereich ab. Die entscheidende Tatsache ist: Wenn jeder auf der Grundlage der von ihm erwarteten Erträge im Konkurrenzkampf um ein Gut antritt, werden diejenigen gewinnen, die es am besten nutzen können; das Ergebnis dieses Wettbewerbs wird somit das für die Gesellschaft als Ganzes beste sein, zumindest im Hinblick auf die Lieferung der höchsten Erträge aus den verfügbaren Gütern. Auf dem Arbeitsmarkt wird ein Unternehmen von »höherer Qualität« also mehr für eine Person von »höherer Qualität« zahlen, weil es sich davon höhere Erträge verspricht. Wir brauchen nicht schon vorher zu wissen, welches Unternehmen oder welche Person die höchste Qualität aufweist – das wird der Markt selbst ermitteln.

In der Mitte des 20. Jahrhunderts erlebte die Ökonomie die endgültige Verschmelzung der auf der Vorsehung beruhenden Annahme der Aufklärung mit den mathematischen Bestrebungen der Marginalisten. Nach Ansicht der Neoliberalen aus der Zeit des Kalten Krieges würde der vom freien Wettbewerb geprägte Markt die Demokratie schützen und dafür sorgen, dass die Welt alles bekam, was sie brauchte. Der Wettbewerb ist das einzige Koordinierungsmittel, bei dem kein Zwang erforderlich ist, und das Geld ist ein großes Instrument der Freiheit; es bietet uns die Möglichkeit, unsere Präferenzen bei einem Universum von Gütern zum Ausdruck zu bringen und unsere Arbeit so zu verkaufen, wie wir möchten. Der Markt ist der einzige »Computer«, der groß genug ist, um diese Aufgabe zu bewältigen; Hayek vergleicht die Unternehmer mit Ingenieuren, die, nachdem sie ein paar Anzeigen beobachtet haben, ihre Aktivitäten an die vom Preissystem aufgezeichneten Daten anpassen können.[23]

Hier ein noch einfacheres Beispiel: Wir wollen uns eine ferne, vormoderne bäuerliche Gesellschaft vorstellen, die auf irgendeine Weise neoliberale Organisationsweisen übernommen hat. Es gibt viele Bauern, aber nur einen einzigen Pflug. Manche der Bauern haben einen »grüneren Daumen« als andere, und die Bodenqualität ist unterschiedlich. Der Bauer, der bereit ist, am meisten für den Pflug zu bieten, ist der mit dem grünsten Daumen und dem besten Land, denn er kann sich den höchsten Preis leisten. Wenn er sich den Pflug sichert, wird die ganze Gesellschaft davon profitieren. Wir wollen nun annehmen, dass verschiedene Feldfrüchte angebaut werden. Da die Käufer nach ihrem Bedarf und ihren Bedürfnissen gehen, haben sie alle unterschiedliche Preise. Jetzt geht der Pflug an den Bauern, der die größte Menge des gefragtesten Gutes produzieren kann. Der Markt wird sich auf das Wetter, die Ernten und die Veränderungen bei den Vorlieben einstellen. Schon in einer geschlossenen Welt sind die Berechnungen, durch die sich vorhersagen lässt, welcher der Bauern durch den Pflug den besten Ertrag erreichen wird, knifflig. Wenn wir sie öffnen und weitere Faktoren berücksichtigen, wie die Auswirkungen des Handels und der verschiedenen Werkzeuge und Geräte, wird die Komplexität ganz schnell unendlich. Hayeks Argument lässt sich nicht widerlegen – der Markt ist tatsächlich ein wundervoller Computer!

Neoliberale Visionen

Für Townsend (von dem ja das Gleichnis von den Ziegen und Hunden stammt) und die liberale Tradition, die auf ihn zurückgeht, brauchen die Regierungen nichts anderes zu tun, als in den Hintergrund zu treten und die natürlichen Prozesse ihren Lauf nehmen zu lassen. Für die Neoliberalen erwies das Laissez-faire sich jedoch nicht als ausreichend, um den Wettbewerb hervorzubringen, auf dem der ganze Prozess beruht. Die Erzeugung eines stabilen Musters beim ökonomischen Tausch – mag er nun auf Altruismus, Gegenseitigkeit oder dem Markt basieren – hat sich vielmehr als harte Arbeit erwiesen.

In den 1950er- und 1960er-Jahren stritten sich die Fachleute darüber, wie man Lateinamerika dazu verhelfen konnte, seine ökonomischen Schwierigkeiten zu bewältigen.[24] Die eine Seite wollte den Binnenmarkt durch eine Interventionspolitik entwickeln, mit Importzöllen, Manipulationen der Wechselkurse und steuerlichen Maßnahmen. Führend war im Hinblick auf dieses »strukturalistische« Verfahren die Wirtschaftskommission der Vereinten Nationen für Lateinamerika mit Sitz in Chile; zu dieser

Zeit genoss sie im In- und Ausland eine klare politische Dominanz. Die andere Seite bestand aus den neoliberalen Ökonomen, die gerade derartige Interventionsmaßnahmen für das Elend in Chile verantwortlich machten und erklärten, der freie Markt – ein wirklich freier Markt – sei die einzige Lösung für die Probleme der lateinamerikanischen Länder.

In den 1950er-Jahren war der Neoliberalismus eine kleine, entschlossene und gut organisierte politische Bewegung. Sie lässt sich bis zu dem »Projekt des freien Marktes« der University of Chicago Law School aus dem Jahre 1946 zurückverfolgen, und zu der Gesellschaft, die 1947 in einem Schweizer Dorf gegründet wurde und sich nach ihm benannte, Mont Pèlerin. Ihr zentrales Anliegen war die Förderung der demokratischen Freiheit und der freien Märkte. Wir haben ja gesehen, dass diese beiden Konzepte im neoliberalen Denken praktisch Synonyme geworden waren: Demokratische Freiheit bedeutete kleine Staatsapparate und heftigen Wettbewerb. Milton Friedman, der das bekannteste Mitglied jener Gesellschaft wurde, listet in *Kapitalismus und Freiheit* die staatlichen Maßnahmen auf, die er aus seiner neoliberalen Perspektive heraus als unverantwortlich betrachtet. Dazu gehören die Unterstützung für die Landwirtschaft, Importsteuern oder Restriktionen für Exporte, die staatliche Überwachung der Produktion, Mietkontrollen, gesetzlich festgelegte Mindestlöhne, die genaue Regulierung der Wirtschaft, Pflichtprogramme für die soziale Sicherheit, der gemeinnützige Wohnungsbau, die Nationalparks und die Wehrpflicht.[25] Friedmans Liste verläuft quer über die traditionellen Grenzen zwischen rechts und links, insbesondere bei der Ablehnung der Wehrpflicht. Sie ist eine intellektuell strikte Aussage über die Demokratie des freien Marktes, die im Gegensatz zu einem Großteil des politischen Denkens in den Nachkriegsjahren stand, bei dem es vor allem um die Währungskontrolle, den Goldstandard, das keynesianische Eingreifen des Staates und den Gesellschaftsvertrag mit denen ging, die im Zweiten Weltkrieg ihr Leben aufs Spiel gesetzt hatten.

Das neoliberale Kollektiv lernte bald, seine Anliegen über politische Kanäle durchzusetzen. Der durch Forschungen unterstützte Thinktank der Free Market Society (später Chicago School of Economics) bildete mit seinen nützlichen politischen Vorschlägen und seiner großzügigen finanziellen Ausstattung durch Beziehungen zu Unternehmen und zur Rüstungsindustrie ein leicht reproduzierbares Modell, das dann in der gesamten angelsächsischen Welt aufgegriffen wurde.[26] Zusammen mit dem Mont-Pèlerin-Kollektiv gelang es ihm, die neoliberalen Überzeugungen vom Rand des Wirtschaftslebens in die dominante intellektuelle Philosophie der politischen und sozialen Wissenschaften am Ende des 20. Jahrhunderts zu rücken. Der große Erfolg des neoliberalen Projekts zeigt sich darin, wie stark seine Ziele insbesondere in den USA in das alltägliche Wirtschaftsleben übernommen worden sind und wie leicht Maßnahmen, die im Zusammenhang mit den Regelungen nach dem Zweiten Weltkrieg stehen, als »sozialistisch« gebrandmarkt werden können.

Die vielleicht berüchtigtste neoliberale Intervention erfolgte 1955, als die wirtschaftswissenschaftliche Fakultät der Katholischen Universität von Chile in Santiago eine Überwachungsvereinbarung mit der Chicago School of Economics schloss und in den folgenden zwölf Jahren 30 ihrer besten Mitarbeiter (29 Männer und eine Frau) nach Chicago schickte. Die »Chicago Boys«, wie sie bald genannt wurden, gerieten dann in den Bann von Friedman. 1968 wurde nach dem Modell der Free Market Society ein neoliberaler Thinktank (den bis heute alle Gruppen von Ökonomen brauchen, die Anhänger für ihre Ansichten gewinnen wollen) eingerichtet, der zunächst allerdings keinen großen Einfluss auf die chilenische Politik hatte. 1970 wurde dann Salvador Allende von einer wachsenden Bewegung sozialistischer Arbeiter demokratisch gewählt. In den Jahren von 1970 bis 1973 gewann seine Regierung zunehmend die Unterstützung der Bevölkerung, da die wirtschaftliche Lebensqualität sich verbesserte: 1971 stieg das Bruttosozialprodukt um 8,9 Prozent und die Arbeitslosenquote sank von über 8 Prozent auf 3,8 Prozent.[27] Auf dem Höhepunkt des Kalten Krieges waren die Politiker in den USA auf einen blühenden marxistischen Staat in Lateinamerika jedoch überhaupt nicht scharf; 1973 riss General Augusto Pinochet die Macht mit Unterstützung der USA durch einen Militärputsch an sich. Die Armee setzte ein brutales Regime ein, das die Folter institutionalisierte und seine Kritiker verfolgte. Ein Jahr lang passierte an der ökonomischen Front kaum etwas, da die Armee nur kleinere Veränderungen vornahm. Dann eröffneten die internationalen Ölkrisen und der Zusammenbruch der Exporte den Chicago Boys jedoch eine große Chance; sie redeten dem General ein, sie könnten die rohe Gewalt des Regimes durch ihre intellektuellen Fähigkeiten ergänzen. Im März 1975, als sie ein Seminar zur neoliberalen Wirtschaftspolitik organisierten, für das viel geworben wurde und an dem sogar Milton Friedman persönlich teilnahm, hatten sie die chilenische Wirtschaft unter Kontrolle. Da es aufgrund der brutalen Vorgehensweise des Militärs unmöglich war, daran Kritik zu üben, begann ein zügelloses Experiment einer Liberalisierung, die als Schock kam.

Die Reformen, die die Chicago Boys in Gang gesetzt hatten, hatten eine messianische Aura. Wenn man einen Staat transformieren will, reicht es nicht, Bürokraten zu feuern. Ein freier Markt braucht eine Infrastruktur für die Regulierung, insbesondere beim Eigentums- und Vertragsrecht, wenn er funktionieren soll. Bestimmte Transaktionen müssen legalisiert, andere hingegen verboten werden. Das Beispiel des Wohnungsbaus am Anfang dieses Kapitels hat ja gezeigt, dass die Einführung oder Entwicklung von Märkten weniger eine Frage der Deregulierung als der Neuregulierung ist. Die Chicago Boys führten daher »sieben Modernisierungen« ein, neue Arbeitsgesetze, die Privatisierung des Gesundheitswesens, die Verlagerung der Organisation der Bildung und der Verwaltung auf die lokale Ebene usw. Zudem schafften sie die Preiskontrolle ab, öffneten die Grenzen, regten zu Exporten an und privatisierten staatliche Branchen – alles positive Eingriffe, die neue Regulierungen erforderten.[28] Die freie Wirtschaft ist nicht weniger das Produkt einer sorgfältigen Organisation als die Kommandowirtschaft. Die Absichten hinter der Regulierung unterscheiden sich allerdings: Der Neoliberale reguliert *auf einen freien Markt hin*, nicht von ihm weg.

Es kann nicht überraschen, dass diese Reform sich wie eine Zusammenfassung von Friedmans Empfehlungen in *Kapitalismus und Freiheit* anhört – dieses Buch übernahmen die Chicago Boys nämlich, zusammen mit Hayeks *Weg zur Knechtschaft*, als einen ihrer Schlüsseltexte. Hayek lehrte inzwischen in Chicago, allerdings an der philosophischen Fakultät; auch er reiste regelmäßig nach Chile und unterstützte das neoliberale Regime. Wie kam es, dass zwei der größten Befürworter der ökonomischen Freiheit als Mittel zur individuellen Freiheit unverblümte Unterstützer der Wirtschaftspolitik eines Regimes wurden, das seine Kritiker folterte und ermordete? Friedman griff zur ältesten (zumindest bei den Wissenschaftlern) aller Ausflüchte: Er habe die chilenische Regierung lediglich in »technischer ökonomischer Hinsicht« beraten, obwohl er ihr politisches System »zutiefst« ablehne.[29]

Ist das ökonomische Experiment der Chicago Boys ein Erfolg geworden? Das ist umstritten. Kurzfristig war die Lage sehr schlecht. Der im Exil lebende Ökonom und Diplomat Orlando Letelier beschrieb im August 1976 in *The Nation* die Schmerzen, die die Schocktherapie zunächst hervorgerufen hatte: eine Inflation von 341 Prozent und eine Arbeitslosenquote von über 20 Prozent.[30] Im Juli 1976 hatte rund ein Viertel der Bevölkerung keinerlei Einkommen; humanitäre Hilfsmaßnahmen erregten bei der Polizei der Junta Misstrauen und Feindseligkeit. Der perfekte

Wettbewerb, von dem man in Chicago träumte, entpuppte sich in Chile als reine Farce; erst kurz zuvor verstaatlichte Branchen wurden wieder privatisiert, und mächtige, etablierte Interessengruppen nutzten diesen Prozess, um sich die eigenen Taschen zu füllen. Laut Letelier, einem eingefleischten Sozialisten, war der Putsch in diesem Sinne ein Erfolg gewesen, eine von der Mittelklasse, die ihr Ansehen und ihr Kapital unbedingt von den Arbeitern zurückhaben wollte, angeführte Revolution. Der Höhepunkt dieser Revolution war eine neue Verfassung, die 1980 in Kraft gesetzt wurde, die »Freiheitsverfassung«, die eindeutig Hayeks Einfluss zu verdanken war.

Mittelfristig, nach dem Schock, verbesserte sich die Lage jedoch dramatisch: Gegen Ende der 1970er-Jahre war die Inflation niedrig, die Wirtschaft gesund. Das Wachstum war jedoch durch Kredite aus dem Ausland finanziert worden, und das bot – zusammen mit der zurückhaltenden Regulierung, die die Ideologie des freien Marktes verlangte – der finanziellen Spekulation fruchtbaren Boden. Zu Beginn der 1980er-Jahre führten ein Zusammenbruch der Spekulationen und die dadurch entstandene Panik zu einem abrupten Abfallen des nationalen Outputs. Daraufhin sank die Macht der Chicago Boys vorübergehend, da die Marktmechanismen entgegen ihren Versprechungen kein erneutes Gleichgewicht herstellen konnten. 1984, als ein immer schwächer werdender Pinochet den Dialog mit immer wichtigeren Oppositionsführern von der politischen Rechten und der Mitte suchte und Vereinbarungen mit ihnen traf, entzog man den verbliebenen Chicago Boys ihre Macht. 1985 übernahm Hernán Büchi, ebenfalls ein Neoliberaler, das Amt des Finanzministers, das er dann bis zum Sturz der Pinochet-Regierung im Jahre 1989 innehatte.[31]

Da es jetzt wieder eine demokratisch gewählte Regierung gab, konnte Friedman verkünden, die freien Märkte hätten bei ihrer Wiederherstellung ein »Wunder« gewirkt; dabei ignorierte er geflissentlich, dass Chile vor Pinochet durchaus schon demokratisch regiert worden war und dass in der Zwischenzeit Zehntausende gefoltert und ins Gefängnis gesteckt und viele sogar ermordet worden waren. Gary Becker bezeichnete Chile als »Rollenmodell für die gesamte noch nicht entwickelte Welt«.[32] Die Chicago Boys hatten während ihrer kurzen Herrschaft jedoch nicht nur eine ökonomische Liberalisierung erreicht, sondern auch die Art und Weise, auf die Chile regiert wurde, von Grund auf verändert.

Eines der Axiome der modernen Welt besagt, dass die Wahrheit in der Wissenschaft zu finden ist und Objektivität in Zahlen; dass die Autorität der wissenschaftlichen Methode alles sonstige Wissen übersteigt. Die Chicago Boys präsentierten sich von Anfang an »als Träger des absoluten Wissens über die moderne Wirtschaftswissenschaft und bestritten, dass es ökonomische Alternativen gab«.[33] Aus dieser Position heraus konnten sie behaupten, gegenteilige Ansichten oder Kritik beruhten auf Ignoranz und fehlendem Verstehen des wahren Wesens der Ökonomie. Sie gestatteten einer brutalen Diktatur den Zugang zu Reservoiren eines respektablen intellektuellen Kapitals, auf dessen Grundlage sie mit ausländischen Firmen und Banken verhandeln konnte. Nachdem die gesamte politische Debatte in den Bereich der wissenschaftlichen Ökonomie gezerrt worden war, war Opposition nur noch in der Sprache der ökonomischen Fachausdrücke möglich. Oppositionelle Gruppen gründeten eigene wissenschaftliche Thinktanks und Forschungsinstitute, und als die Regierung Pinochet schließlich durch ein oppositionelles Regime abgelöst wurde, strömten ökonomische Berater aus den neuen Instituten und boten ihre eigene linksgerichtete ökonomische Technokratie an. Was die Chicago Boys auch sonst noch schafften – es ist völlig klar, dass sie eine dauerhafte Transformation im Hinblick darauf erreichten, wie man die Beziehung zwischen Wirtschaft und Staat heute in Chile versteht: Die ökonomische Technokratie ist ein fester Bestandteil des chilenischen Staates geworden.

Für Neoliberale wie Hayek bietet der Markt eine Alternative zum Staat: Mehr Markt bedeutet notwendigerweise weniger Staat. Die Technokratisierung in Chile zeigt, dass der Markt Dinge, die vorher Sache des Staates waren, so viel besser erledigen kann, dass er ein Maßstab für die Qualität des Staates wird. Für die Neoliberalen sind die Märkte besonders gut dabei, den Wettbewerb anzuregen und effiziente Lösungen für Zuteilungsprobleme zu finden, sodass der Wettbewerb und die Effizienz die Hauptkriterien für die Leistung des Staates werden; die Beamten werden dann nach Kriterien beurteilt, die über den Markt entwickelt wurden. An diese Kriterien haben wir uns so gewöhnt, dass wir vielleicht gar nicht mehr auf all die anderen Dinge achten, die ein Staat tun könnte: für Gerechtigkeit sorgen, sich um die schwächeren, verwundbaren und verarmten Mitglieder der Gesellschaft kümmern, die Kreativität anregen, nach Gleichheit streben – und vieles andere.

Wenn wir solche Transformationen sehen wollen, brauchen wir gar nicht bis nach Chile zu blicken. Osteuropa erlebte in den 1990er-Jahren, nach dem Zusammenbruch der Sowjetunion, seinen eigenen Liberalisierungsschock. In Großbritannien erfolgte die Umwandlung in eine Gesellschaft des freien Marktes durch eine Umgestaltung des staatlichen Wohnungswesens und der Infrastruktur und die Privatisierung nationaler Industrien. Bei der Regierung selbst kam es zu einer ebenso dramatischen Transformation der Prinzipien, nach denen Entscheidungen gefällt werden. Dave O'Brien von der London City University beispielsweise hat sich mit den Entscheidungsprozessen im britischen Ministerium für Kultur, Medien und Sport befasst. Er stellt fest, dass die oberen Ränge davon besessen waren, dass der Markt scheitern könnte, und sich geradezu sklavisch an das Green Book des Finanzministeriums hielten, das Richtlinien für politische Eingriffe in den »Markt« für Kultur bietet, in einem ökonomischen Rahmen.[34] Um die Effizienz bei der Bereitstellung von Kultur und die Ertragsgrößen bei der Analyse des Wertes des Geldes, das für die Kunst ausgegeben wird, tobt sogar ein ständiger, erbitterter Krieg zwischen den politischen Entscheidungsträgern und den kulturellen Institutionen.

Eine Ökonomie der Menschheit

Der neoliberalen Ökonomie ist es gelungen, Netzwerke beim Kapital und beim politischen Einfluss zu mobilisieren und institutionellen Unternehmen Hebel in die Hand zu geben, die nicht nur die Organisationen verändern, sondern ganze Staaten. Die Ökonomie des 20. Jahrhunderts ließ es aber nicht dabei bewenden, die gesellschaftliche Welt umzugestalten – die Ökonomen hatten auch bestimmte Vorstellungen vom Wesen der Menschheit selbst.

1932 erschien ein Aufsatz von Lionel Robbins, in dem er von einer auf der Ökonomie beruhenden einheitlichen Theorie des menschlichen Handelns träumte; der Titel lautete: »An Essay on the Nature and Significance of Economic Science.« Darin schrieb Robbins: »Die Wissenschaft, die sich mit dem menschlichen Verhalten als Beziehung zwischen Zielen und knappen Mitteln, die auch anderweitig eingesetzt werden könnten, befasst, ist die Ökonomie.«[35] Gegen Ende des vorhergehenden Jahrhunderts hatten Jevons und die anderen »Marginalisten« den Standpunkt vertreten, dass der Wert oder Nutzen eines Gutes mit jeder weiteren Einheit abnimmt. Robbins ging mit seiner neuen Ökonomie sogar noch weiter – er baute die Zeit in seine Analyse ein: Wenn die Zeit und die Mittel zum Erreichen der Ziele begrenzt sind und auch anders eingesetzt werden könnten und man die Ziele nach ihrer Bedeutung ordnen kann, nimmt das Verhalten notwendigerweise die Form einer Wahl an.«[36]

Für Robbins können Arbeit und Freizeit zu den Zielen gehören, aber auch die Nahrung und der Schlaf. Der entscheidende Punkt ist, dass sie alle durch Zeit und die meisten auch durch Arbeit gekauft werden und dass die Menschheit weder das eine noch das andere in ausreichender Menge hat. Sobald durch den Markt alles austauschbar geworden ist, wird Knappheit logischerweise unvermeidlich; Robbins weist darauf hin, dass wir aus dem Paradies vertrieben worden sind: Der ökonomische Mensch kann schlicht nie genug haben – selbst Freundlichkeit kann als knapp betrachtet werden. Daher konnte Dennis Robertson 1956 bemerken, die Aufgabe des Ökonomen bestehe darin, die »Liebe« zu ökonomisieren.[37]

Der wichtigste Vertreter der Ökonomie des menschlichen Verhaltens ist Gary Becker, dem es bei seiner Arbeit darum geht, die Prinzipien der rationalen Entscheidungsfindung auf die alltäglichen Entscheidungen der Menschen anzuwenden. Seiner Ansicht nach beurteilt das Individuum unaufhörlich die Kosten und Gewinne der verschiedenen Optionen, die ihm offenstehen – bei der Ehe, dem Verbrechen, der Ausbildung und sogar beim Tod. Dabei brauchen die Kosten und Gewinne nicht finanzieller Natur zu sein, da die Individuen »das Wohl so maximieren, *wie sie es betrachten*, unabhängig davon, ob sie selbstsüchtig, altruistisch, loyal, gehässig oder masochistisch sind«.[38] Becker reduziert somit das gesamte Spektrum der menschlichen Zuneigung, Erfahrungen und Emotionen auf vergleichbare und skalare Variable: auf Zahlen.

Die Logik hinter Beckers Standpunkt ist entwaffnend einfach und scheinbar unwiderlegbar. Wir Menschen streben immer danach, aus unseren Mitteln und Optionen das Beste für uns herauszuholen. Oft konkurrieren andere mit uns um dieselben Mittel – Arbeitsplätze, die Aufnahme an bestimmten Schulen, Lebenspartner –, und es entstehen Märkte. Letztlich wird derjenige die verfügbaren Mittel bekommen, der sie am besten und effizientesten nutzen kann, da er bereit sein wird, die höchsten

Kosten zu tragen. Was für Hayeks Unternehmer gilt, gilt auch für Beckers Individuen. Diese Argumentation macht aus jedem Individuum einen Unternehmer von sich selbst. Wir sollten nicht nur unsere Arbeit, sondern *alle Aspekte unserer Person* als Quelle zukünftiger Einnahmen begreifen; diese Einnahmen können wir durch eine bessere Ausbildung vergrößern, durch die Investition von wertvoller Zeit und von Finanzkapital in den Aufbau unseres menschlichen Kapitals, sei es nun im intellektuellen oder im körperlichen Bereich.[39] Unsere Entscheidung, das zu tun, darf nur auf unserer Einschätzung der durch diese Investition erzielbaren Erträge beruhen; wir werden eine Produktionsmaschine, die nach den gleichen Maßstäben bewertet wird wie jeder andere Aktivposten. Unsere Entscheidungen und Lebenspläne werden Faktoren bei der Kosten-Nutzen-Analyse, die wir auf uns selbst fokussieren müssen.

Was unter Adam Smith als Analyse des Handels und des nationalen Wohlstands begann, hat eine lange Entwicklung durchlaufen. Im 20. Jahrhundert leitete es Margaret Thatcher und Ronald Reagan bei ihren Reformen in Großbritannien und den USA; es löste die Aufstände für den freien Markt in Lateinamerika und die Schockmodernisierung in Osteuropa aus. Es wurde von Politikern und institutionellen Unternehmern aufgegriffen und hat die Welt, in der wir leben, drastisch verändert, durch Eingriffe in die Politik und die Gesellschaft.

Es hat sich aber auch mit den größten Fragen des menschlichen Verhaltens beschäftigt. Ein so außergewöhnlicher Schritt kann nur auf der Überzeugung beruhen, dass wir in den ökonomischen Transaktionen eine existentielle Wahrheit über das Wesen des menschlichen Seins finden können. Wo die Neoliberalen der Mont Pèlerin Society sich damit zufriedengaben, den freien Markt als Quelle der demokratischen Freiheit aufrechtzuerhalten, entdecken Becker und seine intellektuellen Erben in der ökonomischen Theorie universelle Erklärungen für das Menschsein.

Manche, beispielsweise der Philosoph Daniel Dennett, gehen sogar noch weiter. Für Dennett ist die ökonomische Entscheidungsfindung der fundamentale Mechanismus der Evolution. Die Kosten-Nutzen-Analyse erweist sich als »generelles Prinzip der praktischen Überlegung«, über das die Evolution arbeitet, da die Lebensformen die Kosten und den Nutzen der verschiedenen Handlungsmöglichkeiten miteinander vergleichen.[40] Die Ökonomie hat endlich das Ziel jener mathematischen Pioniere erreicht und ist zu einer großen Wissenschaft von allem erblüht. Das ist ein Riesenschritt, doch wenn wir akzeptieren, dass die Evolution und die Ökonomie ein und dasselbe sind, sind wir nur noch wenige Augenblicke von einer großen, einheitlichen Theorie entfernt, die uns wirklich den Sinn des Lebens bietet.

Heute wird die Ökonomie uns tatsächlich als Wissenschaft von allem präsentiert. Sie kann nicht nur Politiker stürzen und sich Staaten unterwerfen, sondern ist mit ihren Erklärungen auch kulturell und intellektuell allgegenwärtig geworden. Ganze Bücherregale biegen sich unter dem Gewicht der zunehmend selbstsicheren Werke aus dem Genre »die Ökonomie erklärt alles«. Am berühmtesten ist vielleicht das Buch, aus dem ich mir Allie geborgt habe, *Freakonomics* von Levitt und Dubner, das den Untertitel *A Rogue Economist Explores the Hidden Side of Everything* trägt, doch daneben existieren noch viele andere, beispielsweise Robert Franks *The Economic Naturalist: Why Economics Explains Almost Everything*, oder der zweite Band aus Tim Harfords ungemein erfolgreicher Reihe »Undercover Economist«, *The Logic of Life: The New Economics of Everything*.[41] Zwischen der Trivialität der gestellten Fragen – Weshalb ist Kaffee an den Bahnhöfen so teuer? Sind Swimmingpools gefährlicher als Kanonen? Und als Krönung: Wenn attraktive Menschen intelligenter sind und blond als attraktiv gilt, wieso gibt es dann so viele Witze über »dumme Blondchen«? – und der Ernsthaftigkeit, die wir gegenüber der Ökonomie an den Tag legen sollen, besteht ein fast skurriler Gegensatz.[42] Vielleicht lässt sich das gar nicht vermeiden: Eine Wissenschaft des gesamten menschlichen Verhaltens wird eine Wissenschaft der menschlichen Banalitäten sein.

Trotzdem sollten wir das ernst nehmen. Dann werden wir sehen, dass eine Ökonomie von allem auf drei Hauptannahmen beruht: Die erste, explizite ist, dass wir uns vom Selbstinteresse leiten lassen und auf Anreize reagieren. Die Modelle der Ökonomie haben eine mechanistische Färbung, sie gehen davon aus, dass wir mit der gleichen Vorhersagbarkeit und Regelmäßigkeit auf Reize reagieren wie ein Motor auf seinen Schalter. Die zweite Annahme ist ein fundamentaler Individualismus: die Idee, dass wir unsere Entscheidungen selbst fällen, dass wir individuell auf die Anreize reagieren, die wir in unserer Umgebung vorfinden. Dass die verschiedenen Formen der Motivation – Hunger, Gier oder Böswilligkeit, Großzügigkeit, Mitleid oder Liebe – sich bei dem Modell auf Input-Variable reduzieren lassen. Diese beiden Annahmen sind mit Sicherheit zweckmäßig, solange der Zweck darin besteht, Modelle davon zu entwickeln, wie das Individuum auf Anreize reagiert; gleichzeitig sind sie aber reduktiv, sie quetschen die ganze Vielfalt der menschlichen Vernunft, Erfahrungen und Entscheidungen in eine einzige, fast lineare Skala.

Wäre die Ökonomie wirklich eine objektive, deskriptive Wissenschaft, würde das aber alles keine Rolle spielen – dann würden wir nämlich durch die dritte Annahme der Ökonomen isoliert: dass die Ökonomie lediglich beschreibt. Mit dieser Annahme müssen wir uns jetzt beschäftigen.

3 Die Ökonomie als Macherin

Wir wollen uns zunächst mit Allie befassen, der »glücklichen Prostituierten«. Wir begegnen ihr in *Superfreakonomics* von Levitt und Dubner, wo sie im Rahmen einer Hintergrundgeschichte über zwei langweilige Ehen und eine erfolgreiche, aber öde militärische und zivile Karriere eingeführt wird. Sie ist

> *gescheit, fähig, technisch versiert und zudem eine attraktive Erscheinung, eine üppige, freundliche Blondine, deren Vorzüge Kollegen und Vorgesetzte sehr wohl zu schätzen wussten. Nur hatte sie einfach keine Lust, so hart zu arbeiten. Also wurde sie eine Unternehmerin und gründete eine solche Eine-Frau-Firma, die es ihr ermöglichte, mit nur zehn oder fünfzehn Arbeitsstunden pro Woche das Fünffache ihres bisherigen Gehalts zu verdienen.*[43]

Für Allie gibt es nur eine Möglichkeit, die Erträge aus ihren körperlichen und persönlichen Attributen zu maximieren: sie zu verkaufen. Levitt und Dubner erzählen uns, dass Allie, als sie ihren Weg bei ihrem neuen Beruf findet, Experimente im Hinblick auf die Elastizität der Nachfrage durchführt, indem sie den von ihr verlangten Preis erhöht. Bei einem Preis von 300 Dollar pro Stunde schlägt die Nachfrage förmlich über ihr zusammen;

daher steigert sie ihren Stundenlohn auf 350 Dollar; auch bei 400 Dollar kommt es nicht zu einem Abflauen der Nachfrage. Selbst bei 500 Dollar pro Stunde ist sie noch genauso gut im Geschäft. Sie verkauft jetzt allerdings nicht nur Sex, sondern geht vorher mit ihren Kunden aus, sodass sie mehr gutes Essen bekommt und weniger Sex hat. Levitt und Dubner zufolge war sie eine »Unternehmerin, die … die Möglichkeiten der Preisdiskriminierung zu nutzen lernte und das Spiel von Angebot und Nachfrage gut verstand«. Sie erhöhte den Preis, um Freier abzuschrecken, stellte jedoch fest, »dass die meisten ihrer Klienten, ökonomisch ausgedrückt, *preisunempfindlich* reagierten«.

Am Ende ihrer Beschreibung von Allie stellen Levitt und Dubner die Frage, weshalb es nicht mehr Frauen wie sie gibt: Sie führen an, dass die Bezahlung gut und die Arbeitszeit flexibel ist und bringen die Ansicht zum Ausdruck, dass die Gefahr von Gewalt oder einer Verhaftung gering sei. Natürlich muss man Opfer bringen – man muss beispielsweise auf einen Ehemann verzichten und kann über den unmittelbaren Kreis ihrer Kolleginnen hinaus kaum Freundschaften schließen … »Diese Schattenseiten fallen bei einem Stundenlohn von 500 Dollar aber vielleicht nicht so sehr ins Gewicht.«[44]

Diese Frage kann nur ein Ökonom stellen. Man geht dabei ja von der Voraussetzung aus, dass alle Faktoren bei der Entscheidung vergleichbar sind: dass die Opfer – kein Ehemann, keine Freundinnen – negative Aspekte sind, die gegen die positiven wie den hohen Lohn gesetzt werden können, und dass sich alles anhand eines großen Rechenschiebers ausarbeiten lässt. Trotz der erwiesenen Vorteile ist die Karriere einer Prostituierten der Luxusklasse jedoch etwas, was die meisten Frauen wohl abstoßend finden würden: Sex zu verkaufen verstößt gegen tiefverwurzelte kulturelle und moralische Normen, die außerhalb des engen Rahmens einer ökonomischen Entscheidung liegen. Es würde die Ökonomen viel Mühe kosten, derartige Faktoren »exogen« zu machen, sie aus der Entscheidung herauszubekommen, sagen zu können, die Prostitution sei wie der Dienst beim Militär oder die Programmierung von Computern, nur besser bezahlt.

Allie ist jedoch anders. Sie *hat* ihre Wahl getroffen – eine, die die Autoren offenbar für klug halten. Das liegt zweifellos daran, dass Allie selbst eine Ökonomin ist oder zumindest wie eine denkt. Sie muss ja schließlich von der *apriorischen* Erwartung ausgegangen sein, dass hohe Preise die Nachfrage nach ihren Diensten verringern würden – das hätte sie nämlich mit Sicherheit nicht selbst, anhand ihrer eigenen erfolglosen Versuche der Preisdiskriminierung, entdecken können; in ihrem Fall senkten die höheren Preise die Nachfrage ja nicht. (Sie veränderten allerdings den Inhalt der Stunden, für die sie bezahlt wurde. Durch eine Schlussfolgerung hätte sie auch noch etwas anderes über den Zusammenhang zwischen der Moral und Sex lernen können, etwas viel Subtileres: Wenn man genug bezahlt, scheint der Akt gar nicht gekauft zu werden.) Es ist ja schließlich ein ökonomischer Lehrsatz, dass die Nachfrage sinkt, wenn die Preise steigen: Die Nachfragekurve fällt immer ab. Allie hat gelernt, in Begriffen der Ökonomie zu sprechen und zu denken, selbst angesichts von Umständen, die das Gegenteil zu beweisen scheinen. Als sie Levitt vorgestellt wurde, lag sogar ein Exemplar von *Freakonomics* bei ihr auf dem Kaffeetisch, und als sie sich aus dem ältesten aller Berufe zurückzog, entschied sie sich für den neuesten: Sie ging wieder an die Uni, um Wirtschaftswissenschaften zu studieren.

Allies Experimente mit der Preisdiskriminierung sind eine Synekdoche für die Frage, die im Zentrum dieses Buches steht: Erschließt eine intelligente, technisch versierte Person, eine Frau wie Allie, die Gesetze von Angebot und Nachfrage aus der Welt um sie herum, oder handelt sie auf eine Weise, die bereits auf der ökonomischen Theorie beruht? Sind die Gesetze der Ökonomie in der Welt immanent, zeitlose Wahrheiten, auf die wir unvermeidlich stoßen werden, wenn wir in ihr herumtappen – oder

sind sie nützliche intellektuelle Regeln, die von Ökonomen erschaffen wurden und uns bei der Navigation durch die chaoti-
schen Wasser des täglichen Lebens helfen?

Wieso liefert die Ökonomie so gute Erklärungen?

In der Erzählung »Tlön, Uqbar, Orbis Tertius« von Jorge Luis
Borges gerät der Erzähler in eine Fantasiewelt, die so heißt. Er
entdeckt sie durch einen Eintrag in einem Lexikon, in einer illegalen Ausgabe eines amerikanischen Almanachs, und erfährt
dann mehr Details aus den Papieren des Freundes seines Vaters,
Herbert Ashe, eines inzwischen verstorbenen Ingenieurs bei der
Southern Railway Company. Es erweist sich, dass Tlön das Werk
einer Geheimgesellschaft ist, die gegründet wurde, um sich eine
neue Welt von der Spitze bis ganz unten vorzustellen, in der die
Ideen als real betrachtet werden und die Realität auf unangenehme Weise falsch ist. In einem großen Teil seiner Geschichte
spekuliert Borges über die Grammatik und Philosophie von Tlön.
Dann geschieht jedoch etwas Seltsames: Plötzlich beginnen Artefakte aus dieser Fantasiewelt in der realen Welt aufzutauchen: ein
Kompass, auf dessen Scheibe Buchstaben aus dem tlönischen
Alphabet stehen; ein unglaublich schwerer Metallkegel, ein Ab-
bild der Gottheit aus der anderen Welt. Am Ende berichtet der
Erzähler, dass unsere eigene Realität zusammengebrochen ist, als
die Funde und Details überhandnahmen; an den Schulen wird
jetzt die tlönische Geschichte gelehrt, das Tlönische hat Franzö-
sisch und Spanisch abgelöst. Die Menschheit kann der Exaktheit
und der logischen Pracht dieser Fantasiewelt nicht widerstehen.
»Wie sollte man sich nicht Tlön unterwerfen, der minutiösen
und umfassenden Evidenz eines geordneten Planeten?«, fragt der
Erzähler. »Überflüssig zu erwidern, daß auch die Wirklichkeit
geordnet ist. Mag sein, daß sie es ist, aber in Übereinstimmung

mit göttlichen Gesetzen – ich übersetze: mit unmenschlichen Gesetzen –, die wir niemals begreifen werden.«[45]

Bei der Geschichte von Borges geht es um den Unterschied zwischen einer Welt, die geordnet ist, weil wir sie so gemacht haben, weil die Regeln das Ergebnis der menschlichen Vernunft sind, und einer Welt – unserer Welt! –, die, falls sie überhaupt geordnet ist, Gesetzen unterliegt, die sich allzu oft unserem Verständnis entziehen. Borges schreibt, wir Menschen seien nicht in der Lage, dem Gesetz dieser starken, exakten, logischen Regeln zu widerstehen, und würden es unterlassen, danach zu fragen, *weshalb* sie so gut funktionieren; doch sicherlich, weil man sich die Welt von Tlön gemäß diesen Regeln vorgestellt hat, gemäß Regeln, die gleichzeitig beschreiben und erschaffen.

Im realen Leben gibt es ein Gegenstück zu Borges' Fiktion, eine Welt von verführerischer Ordnung und Klarheit, die sehr detailliert durch einen Satz von Regeln beschrieben wird: die Ökonomie. Dass diese Regeln die Ökonomie so gut erklären, liegt jedoch gerade daran, dass sie durch diese Regeln beherrscht, strukturiert und organisiert wird.

Wir sind es nicht gewohnt, die Ökonomie auf diese Weise zu betrachten. Wir sind es vielmehr gewohnt, die Ökonomie als Beschreibung von etwas anzusehen, was bereits existiert und nicht von dieser Beschreibung abhängig ist: Wir begreifen sie als eine Wissenschaft. Abgesehen davon, dass alle wissenschaftlichen Beschreibungen ebenso sehr Produkte unserer eigenen wissenschaftlichen Methoden, Instrumente und Sprache sind wie der natürlichen Welt, besteht zwischen den Naturwissenschaften und der Ökonomie ein entscheidender Unterschied: Das wissenschaftliche Bemühen wird ständig durch die Welt, die es untersucht, diszipliniert; es sucht nach kausalen Beziehungen, die schon lange existierten, bevor die Wissenschaft sie einholte. Wo wir das können, spannen wir sie für uns ein und werden Baumeister der Welt – wir benutzen beispielsweise das Bernoulli-

Prinzip, um Flugzeuge zum Fliegen zu bringen; die Luftmoleküle, die uns das ermöglichen, bleiben davon jedoch unberührt, sie werden dadurch nicht verändert. So wird Bernoullis Erklärung jedes Mal, wenn ein Flugzeug von der Startbahn abhebt, gegen die Realität getestet. Wäre sie unzulänglich, würden wir das ganz schnell merken. Die Ökonomie hingegen untersucht die menschliche Welt, sie konzentriert sich auf Dinge, die innerhalb eines spezifischen geschichtlichen und kulturellen Kontextes existieren – vor allem auf die moralischen und finanziellen Werte –, und die Beschreibungen, die sie bietet, beschreiben diese Welt nicht nur, sondern erzeugen sie gleichzeitig. Die Ökonomie und die Welt, die sie untersucht, werden durch verborgene, aber starke Feedback- und Interaktionsschleifen zusammengehalten.[46]

Wie die Naturwissenschaften kann sich auch die Ökonomie nie aus den dichten Verschlingungen von Fachkenntnissen, Instrumentierung und Sprache befreien; im Gegensatz zu den Naturwissenschaften misst die Ökonomie sich aber selbst.

Die positive Ökonomie und die Macht der Sprache

Wenn wir die wissenschaftlichen Ansprüche der Ökonomie des 21. Jahrhunderts und die Tatsache, dass sie in die Irre führen, verstehen wollen, müssen wir in die Nachkriegszeit zurückkehren; damals wurde die Philosophie der Wissenschaft von dem Wiener Philosophen Karl Popper beherrscht, der einen Lehrstuhl an der London School of Economics bekam, und von dem Oxforder Philosophen A. J. Ayer, dem Meister des logischen Positivismus. Der Positivismus ist eine Tradition der wissenschaftlichen Untersuchung, die bis zur Aufklärung zurückreicht. Er stellt physische, sensorische Daten über philosophische Rangeleien, während das »Logische« sich auf die Struktur der Sprache selbst bezieht. Ayer und seine Mitstreiter im »Wiener Kreis« wollten die Sprache von dem reinigen, was sie »Metaphysik« nannten: Sätzen, die auf Dingen wie den Gefühlen und Emotionen beruhten. Sie hofften, dass dann eine klare, logische Sprache (daher der Name) übrigbleiben würde, mit der man eine getreue, reine Beschreibung der Realität geben konnte.

Popper wendete sich besonders gegen die alltägliche »induktive« Methode der empirischen Wissenschaft, bei der man Regelmäßigkeiten beobachtet und daraus wissenschaftliche Gesetze ableitet. Ein Beispiel: Wahrscheinlich haben wir schon oft beobachtet, dass Wasser bei 100 Grad Celsius kocht, und halten das für eine Regel. Für Popper zog eine unendliche Zahl von Beobachtungen nicht logischerweise eine Regel nach sich; auf Grundlage der Beobachtungen allein gibt es keinen logischen Grund dafür, dass Wasser beim nächsten Mal wieder bei 100 Grad kochen sollte. Und tatsächlich: Wenn man Salz zusetzt oder in eine größere Höhe geht, ändert sich der Siedepunkt. Das Fehlen von Gegenbeispielen war also kein logischer Beweis dafür, dass es keine geben konnte. Popper führte die schwarzen Schwäne an, die in Europa unbekannt waren, bis Forscher in Australien eintrafen: Es war nie logisch vernünftig gewesen zu behaupten, alle Schwäne seien weiß, und schließlich fand man empirische Beweise, die das bestätigten. Poppers Ansicht nach sollte die Wissenschaft sich voranbewegen, indem sie Hypothesen aufstellte und versuchte, sie zu widerlegen; wir sind nie ganz sicher, sondern werden nur immer spezifischer bei dem, was wir noch nicht widerlegt haben.[47] Wir können nur die Hypothese aufstellen, dass Wasser bei 100 Grad Celsius kocht, und müssen uns bemühen zu beweisen, dass das nicht stimmt – indem wir Salz zusetzen oder auf Berge steigen –, und unsere Hypothesen verfeinern und ein immer umfassenderes Bild der Dinge zusammentragen, die noch nicht widerlegt worden sind.

In der Wissenschaftsphilosophie erfreuen Poppers Argumente sich schon seit Langem keiner Beliebtheit; man kann sich leicht vorstellen, dass diese Form philosophischer Finesse auch auf die Alltagspraxis der Wissenschaft keinen großen Eindruck machte. Auf die Ökonomie hatte sie jedoch großen Einfluss. Die meisten fortgeschrittenen Studenten begegneten Poppers Ideen in der überdachten Form von Milton Friedmans »Methodology of Positive Economics«.[48] Friedman zufolge war die Ökonomie ein Motor für die wissenschaftliche Untersuchung, eine Möglichkeit, auf Grundlage von Annahmen Dinge herauszufinden, um empirisch überprüfbare Vorhersagen bieten zu können.

Friedman ging weit über das hinaus, was Popper vielleicht noch gutgeheißen hätte. Seine Schriften erwecken den Eindruck, dass es keine Rolle spielt, wenn Annahmen unzutreffend sind, solange sie falsifizierbare Vorhersagen liefern, und dass Annahmen sogar gerade wegen ihrer Ungenauigkeit eine Tugend sein können – in dem Sinne, dass sie gut erklären.[49] Dieses Buch ist voll von unzutreffenden, aber nützlichen Annahmen, die die Untersuchungen der Ökonomie steuern, wohin sie auch geht. So wird Gary Beckers Ökonomie der Ehe nur durch die Annahme möglich gemacht, dass Männer und Frauen die zukünftigen Gewinne aus einer Partnerschaft rational berechnen. Anders ausgedrückt: Die ökonomischen Ehemodelle operieren so, als ob das der Fall wäre. Manchmal kann das allerdings auch zu einer Katastrophe führen: Als die Finanzkrise von 2008 sich abzuzeichnen begann, benutzten die Investoren »Als ob«-Modelle, die es ihnen nicht ermöglichten, den Zusammenbruch zu verstehen – nicht einmal im Nachhinein. Das Argument, dass unzutreffende Hypothesen nützliche Erfindungen seien, hat es der Ökonomie erlaubt, einen schönen Taschenspielertrick durchzuführen: Sie konnte sich von der Verpflichtung befreien, ihre Theorien auf die Beobachtung der Welt um sie herum zu gründen, und dennoch behaupten, die höchsten Standards der wissenschaftlichen Strenge zu erfüllen.

Diesem Gedankengang lag eine weitere, allerdings fundamentalere Annahme zugrunde, auf der all seine Argumente und sogar alle anderen wissenschaftlichen Methoden basierten: die Idee, dass es möglich ist, die Welt schlicht zu beschreiben. Zur gleichen Zeit betrat ein weiterer Denker die Bühne. John L. Austin, Ayers großer Rivale in Oxford, zeigte, dass das nicht stimmt.

Austin war ein strenger Mann, kalt und abweisend, der »einem unergründlichen Marabu glich, kahlköpfig und eckig«, und im Zweiten Weltkrieg unter Eisenhower als Stratege beim militärischen Geheimdienst gearbeitet hatte.[50] Er spielte zu Hause gern Partiten von Bach auf der Geige und »neigte dazu, so über Aristoteles zu sprechen, als sei er ein interessanter, aber ein bisschen nervtötender Kollege, der ein Stockwerk höher wohnte.[51] Er versammelte die klügsten jungen Oxforder Philosophen am Samstagmorgen in Salons, wo er ihre Arbeiten zerriss oder ihnen, wenn er sie bewunderte, das Kompliment erwies, sie völlig zu ignorieren.[52] Er war somit ein Mann, der nahtlos in seine Zeit passte, andererseits aber ein visionärer, schöpferischer Denker, der die Tür zu einem neuen intellektuellen Zeitalter öffnete.

1955 hielt Austin in Harvard eine Reihe von Vorlesungen, aus denen dann ein kurzes Buch entstand: *How to Do Things with Words*. Im Laufe von zwölf Vorlesungen nahm er das Konzept einer neutralen, leidenschaftslosen Sprache sorgfältig auseinander. Schon der Titel macht ja deutlich, dass Worte etwas *tun*: Sie handeln in der Welt und greifen in sie ein.

Austin unterscheidet zunächst zwischen zwei einfachen Aussageformen. Die meisten Sätze, beispielsweise »Das Hemd ist blau«, bezeichnet er als »konstantiv«; wir würden dafür vielleicht eher das Wort »deskriptiv« wählen. Diese Sätze können wahr oder falsch sein; sie lassen sich beweisen oder widerlegen. Dann wendet er sich aber einem anderen Aussagetyp zu, den er »performativ« nennt und der sich nicht beweisen oder widerlegen lässt: Performative Äußerungen verändern den Zustand der Welt, und zwar allein dadurch, dass sie ausgesprochen werden. Beispiele sind »Ich danke dir!«, »Hiermit erkläre ich euch zu Mann und Frau« und »Ich taufe dieses Schiff«. Performative Sätze sind häufig Augenblicke des Übergangs, wie die blumigen lateinischen Aussagen bei Graduierungszeremonien. Austin wies zu Recht darauf hin, dass solche Sätze einen gesellschaftlichen Kontext haben, dass es für die gelungene (Austin selbst benutzte das Wort »felicitous«) Durchführung eine Gruppe notwendiger Bedingungen gibt. An der University of St Andrews, an der ich arbeite, muss der lateinische Text, der einen akademischen Grad verleiht, von einer Berührung am Kopf mit der Spitze der Mütze eines alt-ehrwürdigen Gelehrten begleitet werden; er muss bei einer Graduierungszeremonie gesagt werden, der die Würdenträger und die Dekane der Fakultäten vorsitzen, wobei sie von drei besonderen Amtsstäben flankiert werden, die alle über 500 Jahre alt sind und die Macht der Institution symbolisieren. Der Universitätsdekan spricht in seiner Einleitung von Übergängen: Bei der Zeremonie werden Studenten Magister, Magister Doktoren und Doktoren Professoren. Das sind klassische gelungene performative Sprechakte.

Dabei ließ Austin es aber nicht bewenden. In der zweiten Hälfte seines Buches bewegt er sich im Zickzackkurs auf ein viel umfassenderes Verständnis der performativen (dieses Wort bezeichnete er selbst als »neu« und »hässlich«: es sei aber »zumindest nicht inhaltsschwer«) Sprechakte zu, laut dem *alle* Aussagen in einem gewissen Maß performativ sind. So verändert eine schlichte Beschreibung wie »Mein Hemd ist dünn« die Welt gleich in mehrfacher Hinsicht: Der Sprecher *wird* eine Person, die das sagt (unabhängig davon, ob es stimmt); die Welt *wird* ein Ort, an dem gesagt wurde, ein Hemd sei dünn. Es kann allerdings auch sein, dass die »wahre« Bedeutung des Satzes überhaupt nichts mit jenem Hemd zu tun hat: Falls es kalt ist, könnte der Betreffende in Wirklichkeit *jammern*; falls es heiß ist, könnte er seinem Begleiter *versichern*, dass er sich in dem Hemd wohlfühlt; sein Satz könnte sogar eine *Bitte* um ein anderes Hemd sein, oder die *Weigerung*, sein Hemd weiterzugeben. Die Frage, ob der Satz sich beweisen oder widerlegen lässt, geht völlig am Kern der Sache vorbei; er ist nämlich nicht die Versicherung einer Tatsache, sondern eine Handlung, und zwar eine, die alles mit dem Kontext zu tun hat, in dem sie vollzogen wird, und möglicherweise überhaupt nichts mit der Dünnheit des Hemdes.

So betrachtet haben alle Beschreibungen die Macht, die Beziehungen zwischen den Menschen und der Welt um sie herum auf unendlich viele Weisen zu verändern, und der »wahre« Inhalt einer Beschreibung hängt ganz davon ab, von wem sie kommt und in welchem Kontext sie steht. Denken Sie doch mal darüber nach, welche Macht manche ganz einfachen Sätze haben: »Ich gebe zu, dass ich das getan habe«, oder: »Ich bin nicht deine Mutter!«. Wenn sie im Spaß oder gegenüber einem Freund geäußert werden, haben sie längst nicht so viel Kraft wie vor Gericht oder gegenüber einem Menschen, der glaubt, er sei Ihr Kind. Vor allem können solche Dinge, wenn sie einmal ausgesprochen wurden, nie mehr ungesagt gemacht werden: Die Handlung, die sie vollziehen, lässt sich nicht rückgängig machen, so heftig der Sprecher später auch abstreiten mag, diese Worte gesagt zu haben, oder darauf beharren mag, dass sie falsch verstanden wurden. Austins Innovation hat hohe Wellen geschlagen und in der Literaturtheorie und auch anderswo hitzige Diskussionen entfacht. Die berühmte Theoretikerin Judith Butler hat sogar die Ansicht vertreten, dass auch das Geschlecht performativ sei, ein Bündel gesellschaftlicher Praktiken und Werte, die durch die Sprache an ihrem Platz gehalten würden.[53]

Austins Theorie ist für die Ökonomie ungemein relevant. 1998 veröffentlichte Michel Callon *The Laws of the Markets*, in dem er die radikale Ansicht vertrat, dass die Ökonomie ihre eigene Welt erzeugt. Er schrieb, das, was wir die »Ökonomie« nennen, über das die Akademiker und die Weisen diskutieren und an dem die

Politiker herumpfuschen, sei ein Produkt der Wirtschaftswissenschaft (mit seinen eigenen Worten: Es sei in die Wirtschaftswissenschaft »eingebettet«). Und der ökonomische Mensch, der instrumentell rationale Solipsist der modernen Wirtschaftstheorie, sei ein Wesen, das im Labor der Ökonomie geboren, vielleicht sogar erschaffen worden sei: ein Repertoire gesellschaftlicher Kompetenzen, die durch ein Fachvokabular, ökonomische Regeln und Verfahren und die materielle Architektur der ökonomischen Welt zusammengehalten (mit Austins eigenen Worten: »performed«) werden.[54]

Ich möchte jetzt zu meiner Entscheidung darüber zurückkehren, ob ich den Bus oder das Auto nehmen soll, denn daraus lässt sich ein ganz einfaches Beispiel ableiten. Die Sprache der Ökonomie fasst meine Entscheidung in Termini wie Berechnungen des Grenznutzens und der Opportunitätskosten – was kosten mich die beiden Transportmethoden in Relation zu dem, was sie mir liefern? Sie erzeugt einen bestimmten Zustand der Welt – ich bin eine Person geworden, die das Problem auf diese Art betrachtet. Eben die Sprache vom Preis, Nutzen und Preis-Leistungs-Verhältnis verändert sowohl mich als auch den Charakter des Problems; unabhängig davon, ob der »Preis« und der »Nutzen« der Realität entsprechen, leben und arbeiten diese Konzepte durch mich. Die Welt gibt nach, wenn die Regeln und Argumente der Ökonomie sie füllen. Die Ökonomie sagt uns, wo die Grenzen einer Entscheidung gesetzt werden sollten, was eine Rolle spielt und was nicht – und dadurch setzt *sie* die Grenzen. Die Sprache der ökonomischen Rationalität ist der Faktor, der es uns ermöglicht, Allies hohe Einkünfte auf einer einzigen Skala mit den Opfern zu vergleichen, die sie für ihren Beruf bringen muss.

In der Favela Fakten schaffen

In den 1970er-Jahren packten die Postmodernen die ehrwürdige Disziplin der »Wissenschaftsgeschichte« und brachten die »Soziologie des wissenschaftlichen Wissens« zur Welt.[55] Denker wie David Bloor in Edinburgh stießen sich an der Idee, dass die Wissenschaft ein Entdeckungsprozess sei, bei dem die Fakten unsichtbar sind, bis die Fackeln der wissenschaftlichen Untersuchung Licht auf sie werfen. Seiner Ansicht nach war das weit von der Wahrheit entfernt: Fakten würden gemacht. Wie konnte es sein, dass wir das so lange nicht erkannt hatten? Das zeigt doch schon die Etymologie des Wortes »Fakt« – es ist nämlich von dem lateinischen Wort »facere« abgeleitet, das »machen« bedeutet.[56] An der Front der Naturwissenschaften werden Fakten sorgfältig in den riesigen Detektoren der Teilchenbeschleuniger gesammelt, auf den Labortischen von Workshops zur Genetik; die Expertenkreise debattieren über sie, und schließlich erscheinen sie gedruckt auf den Seiten renommierter Zeitschriften.[57] Das Hauptkennzeichen eines akzeptierten Fakts ist, dass wir uns nicht mehr mit den Umständen seiner Erzeugung befassen; es steht ihm frei, beispielsweise über die Wissenschaftskolumnen der Zeitungen in die weite Welt zu reisen; es wird ein Baustein für zukünftige naturwissenschaftliche Experimente und braucht nicht repliziert oder erneut bewiesen zu werden.

Wenn Fakten gemacht werden, wenn sie, wie ein Soziologe sagen könnte, »gesellschaftlich konstruiert« werden, folgt daraus mit Sicherheit, dass nichts gewiss und alles Politik ist. Erst wenn wir anerkennen, dass die Naturwissenschaftler lediglich eine Gruppe von Experten unter anderen sind, allerdings eine besonders mächtige mit speziellen Interessen, können wir beginnen, den übergroßen Einfluss der Wissenschaft aufzuzeigen. Die Wissenschaft ist bösartig, ungewählte Politik, die einen Laborkittel trägt. Zumindest hat die Soziologie der Wissenschaft uns das erzählt.

Heute, 40 Jahre später, sehen wir, dass die relativistische Einstellung uns Probleme bereiten wird. Wenn die wissenschaftliche Fachkenntnis allein über das »Fachwissen« beurteilt wird, können auch andere Gruppen von »Experten«, beispielsweise die Homöopathen, ihre Argumente vorbringen – wer könnte denn sagen, Ihre Ansicht sei besser als meine? Die Medizin antwortet darauf natürlich, indem sie Daten, Methoden und Instrumente anführt: indem sie auf die hingebungsvolle Kleinarbeit bei den Experimenten und Versuchen verweist, die in den Aufbau der medizinischen Praxis eingeflossen ist. Die Homöopathen haben sich auf einen schlechten Kampf eingelassen: Die Medizin ist eine schmutzige, empirische Disziplin, die die hohe Theorie zugunsten der täglichen, praktischen Beweise scheut. Wie sieht es aber mit dem Klimawandel aus? Und mit den Auseinandersetzungen im Hinblick auf den Zusammenhang zwischen dem Tabak und Krebs vor gar nicht so vielen Jahren? Auch hier gibt es Zweifler und selbsternannte Experten, die gegen einen Corpus empirischer Daten wettern; Branchenlobbys und Gruppen mit vor Kraft strotzenden politischen Muskeln, die ihre eigenen besonderen Interessen verfolgen und sich in einen Kampf einmischen, bei dem es darum geht, was als allgemein akzeptierter wissenschaftlicher Fakt gelten kann. Die Naturwissenschaftler haben gar keine andere Möglichkeit, als auf ihre Beweise, Daten und Instrumente zurückzugreifen, auf die Last der Beweise, die sie Tag für Tag und Jahr für Jahr zusammengetragen haben. Ihnen bleibt nichts anderes übrig, als ihre Techniken öffentlich zu machen und zu verteidigen und ihre Instrumente zu erklären. Darum geht es bei der demokratischen Wissenschaft ja schließlich! Sie müssen, um mit Bruno Latour zu sprechen, *den Preis* für ihr angesammeltes Wissen *zahlen*, dafür, dass sie Wissenschaft betreiben.[58]

Durch welche Prozesse macht die Wirtschaftswissenschaft denn ihre Fakten? Wir wollen ihre Behauptung, wissenschaftlich objektiv zu sein, jetzt überprüfen – nicht, indem wir die Theorie angreifen, auf der sie beruht, sondern indem wir, wie bei dem folgenden Beispiel, ihre Beweise, Daten, Techniken und Instrumente untersuchen.

Bis 2004 förderte die Weltbank ein Programm in Peru, durch das Bürgern, die in eine Stadt gezogen waren und jetzt illegal in großen, amtlich nicht zugelassenen Barackensiedlungen lebten, formelle Eigentumsrechte gewährt wurden.[59] Den Plan hatte der peruanische Ökonom Hernando de Soto entwickelt; man wollte dadurch die Bereitschaft der Banken zur Vergabe von Krediten steigern und damit die Wirtschaftsaktivität ankurbeln; Personen, die gern Unternehmer werden wollten, bekamen so etwas, was sie als Sicherheit anbieten konnten. Dieses Programm sprach eine der am tiefsten verwurzelten Überzeugungen des neoliberalen Glaubens an: dass Eigentumsrechte eine unverletzliche und notwendige Grundlage für wirtschaftliches Wachstum sind. Das angegebene Ziel, die Banken zur Vergabe von Krediten anzuregen, konnte nicht erreicht werden. Die Banker, die ja auch nur Menschen sind, waren nicht bereit, den einzigen Aktivposten armer Familien als Sicherheit anzunehmen. Daher war es eine große, von viel Jubel begleitete Überraschung, als Erica Field, damals Doktorandin an der wirtschaftswissenschaftlichen Fakultät der Princeton University, heute fest angestellte außerordentliche Professorin in Harvard, in den Daten etwas Unerwartetes entdeckte.

Field konnte zeigen, dass diejenigen Bewohner dieser Häuser, denen das Eigentumsrecht an ihrem Zuhause übertragen worden war, länger arbeiteten, ihre Kinder jedoch weniger, und bot eine Erklärung für dieses Phänomen an.[60] Laut ihrer Hypothese, die sie durch ihr sorgfältig konstruiertes »natürliches Experiment« überprüfte, mussten Menschen ohne Eigentumstitel zu Hause bleiben, um ihren Besitz vor Dieben oder ihresgleichen zu schützen. Da die Erwachsenen das besser konnten als die Kinder, mussten Letztere arbeiten gehen. Nach der Gewährung des Titels konnten die Erwachsenen arbeiten, sodass die Kinder zur Schule gehen konnten. Fields Forschungen machten sofort Schlagzeilen. Alan Krueger beispielsweise besprach sie in der *New York Times*; er schrieb: »Harte Beweise deuten darauf hin, dass an de Sotos Argument etwas dran sein könnte – wenn auch aus Gründen, mit denen er nicht gerechnet hatte.«[61]

Fields Studie ist exemplarisch, ein Meisterwerk der ökonomischen Analyse. Sie hat alle erdenklichen Variablen durchdacht und getestet und bringt überzeugende Beweise dafür bei, dass die Bewohner der Favelas Zeit und Mittel dafür aufwenden, ihren Besitz vor Diebstahl und sogar vor der Räumung durch den Staat zu schützen; und dass das ihre Fähigkeit, außerhalb ihres Zuhauses zu arbeiten, erheblich beeinträchtigt. Außerdem zeigt sie, dass Programme zur Gewährung von Eigentumstiteln zu weiteren 16 Stunden pro Woche beim Arbeitsangebot führen, die vor allem auf die erwachsenen Männer entfallen, während die Arbeitszeit der Kinder abnimmt, insbesondere bei den kleineren Familien (über die Mechanismen hinter dieser Veränderung kann sie allerdings nur Vermutungen anstellen). Die Größe des Haushalts spielt laut Field eine wichtige Rolle, da bei großen Familien gewöhnlich immer jemand zu Hause ist, während kleine Familien sich bewusst dafür entscheiden müssen, zu Hause einen Aufpasser zu haben. Field zeigt auch, dass es in der Folge des Titelprogramms zu einem beträchtlichen Anstieg der Investitionen und der Verbesserungen beim Zuhause kommt. Bei den »harten Beweisen«, von denen Alan Krueger spricht, handelt es sich um Fields sorgfältigen Vergleich von Daten aus 2750 Haushalten, die im März 2000, am Ende des Projekts, befragt wurden.

De Sotos Reformen und Fields Analyse scheinen also eines der großen Axiome der modernen Wirtschaftswissenschaft zu bestätigen: dass Eigentumsrechte eine notwendige Grundlage für ökonomisches Handeln sind. De Sotos Standpunkt fand große Akzeptanz. Er wurde beispielsweise schon 2006, noch vor der Veröffentlichung von Fields Studie, in einem Dokument der Weltbank, »Doing Business«, abgedruckt, in dem Besitztitel als Anreiz für unternehmerische Aktivitäten empfohlen wurden.[62]

Den Kern von Fields Analyse bildet allerdings die Annahme, dass die Verleihung des Titels die Veränderungen *verursacht*. Es erscheint jedoch höchst unwahrscheinlich, dass der von Field postulierte zentrale Mechanismus tatsächlich Auswirkungen dieser Art haben würde. Die Titelprogramme veränderten ja weder die Geografie der Stadt noch die Lage der Häuser, die in gedrängten städtischen Slums liegen, in die die Polizei sich kaum hineinwagt. Wenn es nicht einmal eine Polizei gibt, die die Sicherheit von Eigentum in legalem Besitz garantiert, wird ein ansonsten identisches Haus ja nicht plötzlich weniger anfällig werden, nur weil es in Privatbesitz übergegangen ist! Und wenn das Haus beschädigt würde, würden die Bewohner keine zusätzlichen finanziellen und ökonomischen Mittel bekommen, damit sie vor Gericht ziehen könnten. Selbst wenn eine ganze Gegend zur gleichen Zeit Titel bekäme, sodass sich niemand am Eigentum anderer vergreifen müsste, beruhen die Ergebnisse der Studie auf einer Konzeption von verwahrlosten Barackensiedlungen, die Tag und Nacht bewacht werden müssen, bis sie durch die Gewährung der Titel plötzlich auf wundersame Weise gesetzesfürchtig werden.

Das wirkliche Leben ist komplizierter. Timothy Mitchell, Professor für theoretische Politik an der Columbia University (dieses Beispiel stammt von ihm), hat gezeigt, dass geografisch und zeitlich parallel zu dem Titelprogramm Faktoren wirkten, die zur Veränderung der Arbeitsmuster führten (wie die Gentrifizierung von Gebieten und die Verbesserung der Infrastruktur).[63] Kurz gesagt: Die Bürokraten arbeiteten zuerst in den Gebieten, wo sie sich am sichersten fühlten, weil sie sich *bereits* verbesserten: Die steigende Teilnahme am Arbeitsmarkt beruhte nicht auf der bürokratischen Zuteilung formeller Eigentumstitel, sondern *beide* Phänomene waren *Auswirkungen* ein und derselben Ursachen.

Die wichtige Lehre aus Mitchells Vignette ist, dass die Ökonomie ein ausgefeiltes und dauerhaftes Mess-, Test- und Analyseprojekt ist, das ganz auf sich selbst verweist. Die Ökonomen betrachteten Erica Fields Annahme unabhängig von ihrer Richtigkeit als nützlich, weil sie es ihr erlaubte, ein innovatives und interessantes ökonomisches Experiment durchzuführen. Wir stoßen hier erneut auf den Unterschied zwischen der Ökonomie und den Naturwissenschaften: Die Hypothesen der Naturwissenschaften werden auf vorhandenen, durch Experimente bestätigten, wissenschaftlichen Erkenntnissen aufgebaut, während die Hypothesen der Ökonomie der Gründungs-Charta dieser Disziplin entnommen werden: rationale Entscheidungsfindung, individuelles Handeln und Eigentumsrechte. Die Naturwissenschaften betrachten unzutreffende Annahmen als Problem – sie gehen beispielsweise davon aus, dass eine Veränderung der Luftstruktur bedeuten könnte, dass Flugzeuge effizienter fliegen können werden; das ist jedoch keine Annahme, die man gern getestet sehen würde. Die Naturwissenschaften bemühen sich, ihre Annahmen zutreffender zu machen; die Ökonomie geht in die Gegenrichtung. Wie Tlön ist das von der Ökonomie konstruierte Bild der Welt in seiner Ordnung und Detailliertheit verführerisch, »ein von Menschenhand erschaffenes Labyrinth, das von Menschen entschlüsselt werden soll«. Dank de Sotos Experiment »wissen« die Ökonomen jetzt etwas mehr über die ökonomischen Konsequenzen der Eigentumsrechte als vorher. Für uns andere, für die Nicht-Ökonomen, ist die Schlussfolgerung aus Fields Ergebnissen, wie Mitchell es höflich ausdrückt, »völlig unglaubwürdig«.[64]

Wo stehen wir jetzt? An diesem Punkt könnte der skeptische Leser fragen: »Die ökonomische Theorie mag ja auf sich selbst verweisen – aber welche Auswirkungen hat das für mich? Das ist doch bestimmt wieder nur ein akademischer Disput?« Austin hat aber doch zu zeigen begonnen, dass unser Wissen und unsere Sprechweise allmählich verändern, wer wir sind. Mag Adam

Smith auch gesagt haben, die Menschheit unterscheide sich von anderen Lebewesen durch ihre Fähigkeit, zu tauschen und zu kaufen und verkaufen – das moderne Selbstinteresse ist eine komplexe technische Errungenschaft, die von der Schaffung von Fakten und der Rolle der wissenschaftlichen Praxis abhängt. Wir wollen uns nun die spezifischen Prozesse ansehen, durch die diese Errungenschaft sich letztlich auf uns alle auswirkt.

4 Die Erschaffung des ökonomischen Menschen

Karl Polanyi verortet die Geburt des *modernen* Selbstinteresses in der Philosophie der Aufklärung und der industriellen Revolution, Timothy Mitchell hingegen im späteren 20. Jahrhundert. Beide sind der Ansicht, dass es mit der Struktur der Marktwirtschaft zusammenhängt, in der es fungiert, und dass es ein zentraler Zug des seltsamen Wesens ist, das wir *Homo oeconomicus* nennen. Merkwürdigerweise sind die Ökonomen sich im Hinblick auf die Existenz des ökonomischen Menschen selbst nicht einig: Für sie ist das ein soziologisches Problem, das weit außerhalb ihres Interessenbereichs liegt. Wenn man einen neoklassischen Ökonomen drängen würde, würde er wahrscheinlich sagen, der ökonomische Agent sei eine imaginäre Figur, eine wenig überzeugende, aber nützliche Annahme. Die Verhaltensökonomen haben sehr viel Zeit darauf verwendet zu beweisen, dass der ökonomische Mensch niemals existieren könne, da die Menschen von ihrem System her nicht in der Lage seien, ihre evolutionären, vorgeschichtlichen Denkweisen zu überwinden.[65] Die Ökonomen verhalten sich aber so, *als würde* der Homo oeconomicus doch existieren; und – darauf deuten Allies Eskapaden ebenso hin wie Austins Erkenntnisse – die ökonomische Theorie lässt ihre Vorhersagen und Annahmen gewöhnlich Realität werden. Kann man daher, als erster Schritt bei der Argumentation, behaupten, dass eine auf dem Selbstinteresse beruhende Ökonomie wahrscheinlich zu vom Selbstinteresse bestimmten Verhalten führen wird?

Wird das Selbstinteresse erlernt?

Für die Untersuchung dieses Prozesses kann es keinen besseren Ort geben als eine Universität, wo man Studenten der Wirtschaftswissenschaften mit denen vergleichen kann, die andere Fächer studieren. Letztere bilden eine natürliche Kontrollgruppe, die zumindest noch nicht formell an ökonomische Denkweisen gewöhnt worden ist. Natürlich gibt es eine Reihe von Studien dazu, wie »ökonomisch« diese beiden Gruppen junger Menschen in Relation zueinander sind. Eine dieser Studien umfasste eine Reihe von Experimenten im Hinblick auf das »Schnorrer-Problem«.[66] Der ökonomischen Standardtheorie zufolge werden die Individuen bei der Bereitstellung von »öffentlichen Gütern« »schnorren«, wenn das möglich ist. Das bedeutet: Wenn sie das können, werden sie zu kollektiven Anstrengungen weniger beitragen, als sie sollten, sich aber trotzdem ihren vollen Anteil am Nutzen nehmen. Die Experimente mit studentischen Versuchskaninchen aus anderen Fächern ergaben, dass diese Studenten bereitwillig 40 bis 45 Prozent ihrer verfügbaren Mittel zu kollektiven Anstrengungen beisteuern würden. Falls die Gegenleistung die Form eines Gutes haben würde, an dem man sich nur kollektiv erfreuen konnte – in diesem Fall handelte es sich um eine Musikanlage oder eine Semesterabschlussfete, doch es hätten auch ein Park, eine Brücke oder frische Luft sein können –, gaben die Studenten dafür sogar 84 Prozent ihrer finanziellen Mittel, obwohl sie nicht über die Verwendung des Geldes entscheiden durften. Dann machte man dieselben Experimente mit fortgeschrittenen Studenten der Wirtschaftswissenschaften – und sie boten im Durchschnitt lediglich 20 Prozent ihrer Mittel an, nicht einmal die Hälfte der Beiträge ihrer Kommilitonen aus anderen Fächern, obwohl sie sich von der Musik oder der Fete ebenso viel Vergnügen versprachen. Schnorrer scheint es also tatsächlich zu geben – allerdings nur unter den Ökonomiestudenten! Eine Parallelstudie zeigte, ohne dass die Forscher das beabsichtigt hätten, wie sehr wir in unterschiedlichen Situationen verschiedene Personae bewohnen: Um den Studenten ein bedeutungsvolles Ja zu entlocken, erinnerten die Konstrukteure der Tests sie daran, dass sie *als Ökonomen* antworten sollten, und schrieben in der Anleitung: »Wie sollen Sie spielen? SIE WÜRDEN UNS EINEN GEFALLEN TUN, WENN SIE SCHLICHT DARAN GEHEN WÜRDEN, IHRE GEWINNE ZU MAXIMIEREN!«[67]

Auch das Spiel »Das Gefangenen-Dilemma« ist ein gutes Beispiel. Seine Grundzüge sehen so aus: Zwei Verbrecher, Partner bei ihren Taten, getrennt untergebracht und befragt, können sich dafür entscheiden, zu schweigen oder ihren Komplizen zu belasten. Beide sehen sich den gleichen Möglichkeiten gegenüber: Wenn beide schweigen, bekommen beide milde Strafen; wenn der eine schweigt, während sein Komplize ihn belastet, bekommt Ersterer ein hartes Urteil, und der andere wird freigesprochen; wenn sie sich aber gegenseitig belasten, bekommen beide eine mäßige Strafe. Logischerweise sollte jeder der Gefangenen annehmen, dass sein Partner ihn verraten wird; also sollte er selbst das auch tun, da das für ihn selbst das am wenigsten schlimme Ergebnis bringen wird, unabhängig davon, wofür der andere Spieler sich entscheidet. Die Spieltheoretiker bezeichnen dieses am wenigsten schlimme Ergebnis als »dominante Strategie«, und die Managementtheoretiker lehren ihre Studenten, das sei der sicherste Weg aus dem Dilemma des Wettbewerbs zwischen den Unternehmen.

Im Leben muss die Logik allerdings nicht immer der beste Ratgeber sein, und das erkennen die meisten Menschen instinktiv; unter Dieben hat es immer eine Ehre gegeben. Bei Experimenten neigen die Leute dazu zu schweigen – es sei denn, sie studieren Wirtschaftswissenschaften! Bei einem Experiment, das Robert Frank und seine Kollegen im Jahre 1993 durchführten, zeigte sich, dass Studenten der Wirtschaftswissenschaften den Partner eher belasten als Studenten anderer Fächer; die Forscher zogen daraus folgenden Schluss: »Wenn die Leute dem Modell des Selbstinteresses ausgesetzt sind, das gemeinhin in der Ökonomie verwendet wird, ändert sich das Ausmaß, in dem sie sich bei ihrem Verhalten vom Selbstinteresse leiten lassen.« Anders ausgedrückt: Selbstinteresse kann gelehrt und gelernt werden. Ökonomiestudenten wissen, dass das *rationale* Handeln darin besteht, den Mittäter zu verraten, auch wenn gerade das möglicherweise dazu führt, dass *alle schlechter dran sind.* Und das Selbstinteresse schlittert auf ganz natürliche Weise in Kunstgriffe und sogar Unehrlichkeit: Bei einer anderen Reihe von Experimenten zeigte sich, dass Studenten der Wirtschaftswissenschaften eher auf Kosten ihrer Freunde von Verkäufern Schmiergeld annehmen.[68]

Welche Schlussfolgerungen können wir hier ziehen? Wir können zumindest sagen, dass »ein Effekt einer Ausbildung in Wirtschaftswissenschaften darin besteht, den Glauben an die Allgegenwart, Angemessenheit und Erwünschtheit des vom Selbstinteresse geleiteten Verhaltens zu stärken, was dann wiederum zu mehr vom Selbstinteresse geleitetem Verhalten führen sollte«.[69] Dass Studenten der Wirtschaftswissenschaften eine besonders große Selbstsucht angeboren ist, können wir hier ebenfalls ausschließen. Franks Experimente haben gezeigt, dass selbst Studenten der Wirtschaftswissenschaften, die zum Teil bereits am Anfang sehr großes Selbstinteresse haben, lernen können, sich noch stärker von ihrem Selbstinteresse leiten zu lassen. Frank untersuchte eine Studentengruppe; die eine Hälfte ließ er durch einen Spieltheoretiker (der per definitionem alle Theorien auf die

Motivation durch das Selbstinteresse gründet) in Mikroökonomie unterrichten, die andere hingegen durch einen Experten für die wirtschaftliche Entwicklung im kommunistischen China. Am Ende des Kurses zeigten die Studenten, denen der Spieltheoretiker zugewiesen worden war, einen höheren Grad von Selbstinteresse als die andere Gruppe.[70]

Allgemeiner scheint bei den Ökonomen jedoch die erworbene Ansicht zu herrschen, dass das Selbstinteresse die einzige Motivationskraft auf der Welt ist. Zudem ist es ein starker Verhaltensstandard, es wird zunehmend als Grundlage für die richtige Handlungsweise betrachtet, bis zu dem Punkt, wo die Leute auch bei wirklich großherzigem Handeln Selbstinteresse als Motivation unterstellen oder Vorurteile auf der gleichen Basis rechtfertigen: Eine weitere Studie hat ergeben, dass weiße Amerikaner, die gegen gemischtrassige Schulbusse waren, Argumente wie die Sicherheit der Kinder und den Wert der Grundstücke und Häuser vorbrachten, auch wenn sie gar keine Eltern oder Hauseigentümer waren.[71]

Das ist sicher alles interessant, aber meiner Ansicht nach gehen diese Experimente am entscheidenden Punkt vorbei. Vielleicht liegt das daran, dass sie von Ökonomen durchgeführt wurden, die in einem zweiten Axiom verwurzelt sind: dass die Entscheidungsfindung individueller Natur ist. Im wirklichen Leben sind wirtschaftliche Entscheidungen jedoch in komplexe Berechnungsnetzwerke eingebettet, die in den Instrumenten des Alltags verborgen sind – sie erfolgen in der Welt, nicht im Labor. Bei den Experimenten mit Studenten fehlen diese Verwicklungen; sie finden ja in sorgfältig vorbereiteten Labors statt, und die Regeln werden vorher deutlich gemacht: Man sollte wie ein Ökonom denken.

Es ist somit sinnvoller, einen anderen Gedankengang zu verfolgen: Wir sollten nicht fragen, ob das Selbstinteresse erlernt werden kann, sondern ob der ökonomische Mensch, der durch berechnendes, rationales Selbstinteresse definiert wird, *gemacht werden* kann. Wenn wir das herausfinden wollen, müssen wir den alltäglichen Entscheidungen in der realen Welt Beachtung schenken und die Verwicklungen und die Instrumentierung untersuchen, die sie ermöglichen. Wir müssen untersuchen, wie wir von der Ökonomie beherrscht werden.

Jeremy Bentham, Gefängnisplaner

Über den englischen Philosophen und Sozialreformer Jeremy Bentham, der von 1748 bis 1832 lebte, sollte man drei Dinge wissen.

Erstens glaubte er, bei der menschlichen Existenz sei nur eines wichtig: das Streben nach Glück. Auf dieser Basis begründete er den Utilitarismus, die Lehre vom größten Wohl für die größte Zahl. Bentham hatte – das dürfen wir nicht vergessen – nichts gegen ein bisschen Elend bei den Arbeiterklassen; ich habe ja schon erwähnt, dass er den Hunger als Grundlage für das reibungslose und gedeihliche Funktionieren der Gesellschaft betrachtete.

Zweitens hinterließ er Anweisungen für die Mumifizierung seines Körpers; er sollte bekleidet sein und in einer Vitrine von der Größe eines Kleiderschrankes sitzen. Seine seltsame Schöpfung, die »Auto-Ikone«, befindet sich heute im Besitz des University College London. Wie viele andere exzentrische Projekte von Bentham war auch die Auto-Ikone kein unumschränkter Erfolg. Thomas Southwood Smith, Freund und Schüler Benthams, der die Mumifizierung nach dessen Anweisungen ausführen sollte, benutzte dabei neuartige Techniken für die Einbalsamierung zu Hause und produzierte schließlich einen Kopf, der eher einem Stammesartefakt ähnelte als einem philosophischen Schrein. Dass Benthams gebräuntes und runzliges Gesicht so abstoßend wirkte, hat allerdings ganze Generationen von Studenten nicht daran gehindert, es stehlen zu wollen; heute wird sein Kopf – gut gesichert – getrennt aufbewahrt.

Drittens sollte jeder über Bentham wissen, dass er ein Gefängnis entwarf, das er »das Panoptikum« nannte. Das Gebäude war ein Musterbeispiel für Benthams Genialität als Sozialreformer. Es war mit keinem anderen Gefängnis vergleichbar. Die Kerker früherer Zeiten mit ihrem Gestank und Dreck und ihren Ratten, die überfüllten, dunklen Gefängnisse der volkstümlichen Vorstellung, waren verschwunden. Benthams Gefängnis war hell, luftig und sauber. Vor allem aber war es effizient. Das Gebäude sollte rund sein, die Zellen sollten an der Außenseite liegen. Nur winzige Fenster ließen Licht von draußen herein. Dafür waren die Zellen an der Innenseite offen und gingen auf einen kreisförmigen Innenhof hinaus. Da das Gefängnis mehrere Stockwerke hatte, konnten Dutzende von Zellen zum Innenhof hin liegen, wie die Nischen im Kolosseum. Sie waren jedoch an der Innenseite zugesperrt. In der Mitte des Hofes befand sich ein Turm, der mit Wachpersonal besetzt war.

Benthams besondere Innovation bestand darin, dass die Turmfenster so groß waren, dass die Wachen die Häftlinge jederzeit sehen konnten, aber andererseits so klein, dass die Häftlinge die Wachen *nicht* sehen konnten. Die Insassen mussten also davon ausgehen, dass die Wachen sie beobachteten, und sich gut verhalten, was die Überwachung internalisierte. Benthams Ziel war natürlich ein möglichst effizienter Bewachungsprozess; plötzlich reichte eine Handvoll Männer, um eine um ein Vielfaches größere Zahl von Häftlingen zu beobachten. Nach Benthams Meinung eignete sich das Panoptikum-Design auch für andere Zwecke, beispielsweise für Fabriken und Armenhäuser und alle institutionellen Gebäude, bei denen eine Beaufsichtigung und ein gewisser Zwang erforderlich waren.

Benthams Panoptikum wurde nie gebaut, doch sein Design wurde zur Inspiration für viele Gebäude. Das berühmteste ist vielleicht das Stateville Correctional Center in Illinois, das 1952 erbaut wurde. Hier werden die Insassen in große kreisförmige Gebäude gesperrt, deren Zellen sich zu einer ebenfalls kreisförmigen Leere unter einem gewölbten Dach und Tageslicht hin öffnen; sie werden rund um die Uhr von einem in der Mitte liegenden, mit Suchscheinwerfern übersäten Turm aus überwacht. Bei den Industriebauten findet man ebenfalls Beispiele: In Henry Fords River-Rouge-Werk gab es Überwachungsgalerien, die sich über die Produktionsstätte spannten, und in unserem postindustriellen Zeitalter können die Arbeiter durch elektronische Mittel ständig überwacht werden. Dahinter steht immer dieselbe Absicht: »die Schaffung eines bewußten und permanenten Sichtbarkeitszustandes beim Gefangenen, der das automatische Funktionieren der Macht sicherstellt. Die Wirkung der Überwachung ist permanent, auch wenn ihre Durchführung sporadisch ist.« Anders ausgedrückt: Die Personen, die unter Überwachung stehen, überwachen sich schließlich selbst.[72]

Das stammt von dem radikalen französischen Intellektuellen Michel Foucault, der das Panoptikum als Metapher für die Industriegesellschaft auffasste. Foucault schreibt außerdem, die zeitgenössische Gesellschaft beinhalte einen »Kerker-Archipel«, eine ganze Reihe von Panoptiken, durch die wir nützliche Mitglieder der Gesellschaft würden.[73] In seinen letzten Lebensjahren betrachtete er die Ökonomie als eines der wichtigsten Panoptiken.

Foucault beginnt sein berühmtes Werk *Überwachen und Strafen* mit einer an die Nieren gehenden Schilderung der öffentlichen Hinrichtung des Vatermörders Damiens im Jahre 1757. Damiens war dazu verurteilt worden, auf drastische, entsetzliche Weise hingerichtet zu werden: Das Fleisch sollte ihm mit Zangen von den Knochen gerissen werden, auf die Wunden sollte eine ätzende Mischung von Schwefel und kochendem Wachs gegossen werden, sein Körper sollte von Pferden in Stücke gerissen und die

Überreste sollten zu Asche verbrannt werden. Foucault erzählt voller Schadenfreude, dass diese Todespantomime fehlschlägt. Die speziell angefertigten Zangen versagen trotz aller Anstrengungen des Scharfrichters, die an diese grausige Arbeit nicht gewöhnten Pferde machen nicht mit, und die ganze Zeit über klammert sich der arme, tapfere Damiens an sein Leben und leidet, bis die Menge schließlich von Mitleid für den Verbrecher und von Wut auf den König erfüllt ist. Dann überspringt Foucault mal eben 80 Jahre und findet in Paris Häftlinge, die um fünf aufstehen und gemäß dem Zeitplan der zuständigen Behörden arbeiten, essen und beten müssen. Dass das Gefängnis abgebrühten Verbrechern diesen anderen Existenzmodus aufzwingt, ist zwar nicht so drastisch wie die spektakuläre Rache, die dem Körper des Verbrechers durch Folter und Hinrichtung auferlegt wird, dafür aber heimtückischer, effektiver und vor allem effizienter.

Wir können es mit Foucault halten und zwischen der Verschiebung von der öffentlichen, dramatischen Bestrafung zu institutionellen Regimes und der Bewegung von der Marktwirtschaft des 19. Jahrhunderts zur totalen Institution der Ökonomie im 21. Jahrhundert Parallelen sehen. Es ist sogar möglich, die Entwicklung dieses ökonomischen Panoptikums sehr genau durch das 20. Jahrhundert zu verfolgen. Für ihre Vollendung könnte Allie typisch sein – eine Frau, die das Regime der Ökonomie so stark internalisiert hat, dass sie eine Unternehmerin von sich selbst geworden ist und in einem »überfüllten Markt« »ein Geschäft« führt, mit der Preiselastizität ihrer eigenen Person experimentiert und dafür sorgt, dass sie für ihre intimsten Güter den bestmöglichen Ertrag erhält. Am anderen Ende des 20. Jahrhunderts steht Frederick Winslow Taylor, der Erfinder des »Scientific Management«.[74]

Frederick Taylor und das Scientific Management

Frederick Winslow Taylor stammte aus einer privilegierten Familie, brach die Schule aber ab, bevor er Harvard erreichte. Stattdessen machte er eine handwerkliche Lehre; so kam es, dass er im frühen 20. Jahrhundert Manager einer Maschinenhalle wurde. Seine Karriere nahm gerade zu der Zeit Schwung auf, als die Spezialisierung der Produktion über Amerika hinwegzufegen begann. 1901 gründete Henry Ford seine eigene Firma, und mit dem Bau seines riesigen River-Rouge-Werks, des weltweit größten seiner Art, wurde 1917 begonnen. Taylor blieb seinen Wurzeln treu; während seiner gesamten Zeit in der Produktionsstätte sah er die Welt vom Standpunkt der Fabrikbesitzer aus. Er war insbesondere davon überzeugt, dass die Arbeiter sich der Trödelei schuldig machten, dass sie sich Zeit nahmen und die Produktion absichtlich verminderten.

Taylor erkannte, dass er von seinen Leuten am besten »ordentliche Arbeit« bekommen konnte, wenn er ihre Aufgaben aufspaltete und so stark wie möglich zur Routine machte und sie so ihrer einzigen Machtquelle beraubte. Sobald die handwerklichen Fertigkeiten Eigentum des Fabrikbesitzers und nicht mehr des Arbeiters waren, konnte der Preis der Arbeit nach unten gedrückt werden, da der Arbeiter außer seiner eigenen nackten Anstrengung nichts mehr zu verkaufen hatte. »Ein ordentlicher Lohn für ordentliche Arbeit« wurde zum Schlachtfeld zwischen den Arbeitern und den Arbeitgebern: Für Erstere ist es eine vernünftige Entschädigung für die Hergabe ihrer Fertigkeiten und ihrer Fachkenntnis während des Arbeitstages, für Letztere der maximale Wert, den der Arbeitgeber auf Dauer aus einem Arbeiter ziehen kann. Wenn ein Hersteller eine teure Maschine kauft, wird er ja wollen, dass sie möglichst lange und schnell läuft, ohne kaputtzugehen. Unter Scientific Management ist es im Hinblick auf die Arbeiter genauso.

Taylor sah sich dem Problem gegenüber, dass die Aufgaben in der Produktionshalle kompliziert waren und das verborgene Wissen eines Handwerkers einen sehr großen Bereich von Operationen umfasste. Daher beinhaltete einer der bemerkenswerten frühen Erfolge der Management-»Wissenschaft« etwas so Unkompliziertes wie eine Analyse des Hebens und Tragens.

1899 kam Taylor mit dem Klemmbrett in der Hand zur Bethlehem Steel Company, wo er auf einem Feld neben dem Werk 80 000 Tonnen Masseleisen vorfand. »Masseleisen« ist die Bezeichnung für die rohen Barren, die in den Hochöfen erzeugt werden; es entsteht, wenn man geschmolzenes Metall in eine Hauptrinne gießt, von der kleine Rinnen zu Formen in zusammengepresstem Sand führen. Das Ganze gleicht einer Sau, die ihren Wurf säugt. Ende des 19. Jahrhunderts hatte der Krieg in Europa die Eisenpreise nach oben getrieben, und die Besitzer des Masseleisens wollten es jetzt zu Geld machen. Jeder dieser Barren wog etwa 42 Kilo, und sie mussten von Hand von den Haufen in offene Güterwagen geladen werden, die auf in das Feld gebauten Gleisen standen.

Taylor ermittelte schnell, dass jeder der Männer am Tag 12,5 Tonnen bewegte, was nach meiner Rechnung etwa 300 Eisenbarren entsprach, also bereits schwere Arbeit war. Irgendwie errechnete er, dass jeder dieser Männer etwa 48 Tonnen am Tag bewegen »sollte«, also das vierfache Gewicht; bei richtigem Management des Prozesses würden die Männer seiner Ansicht nach zudem »glücklicher und zufriedener« sein als vorher. Er befasste sich mit den 75 Männern, die mit dem Masseleisen arbeiteten, und suchte sich vier aus, die ihm für diese Aufgabe geeignet schienen. Aus diesen vier wählte er einen aus, der Schmidt hieß, »einen kleinen Holländer aus Pennsylvania, den er abends nach der Arbeit ungefähr 1,6 Kilometer nach Hause hatte laufen sehen, und zwar ziemlich genauso frisch, wie er morgens zur Arbeit gekommen war«. Schmidt hatte sich ein kleines Stück Land gekauft, auf dem er sich morgens vor der Arbeit und nach Feierabend ein Häuschen baute. Am wichtigsten war für Taylor aber, dass es hieß, er sei scharf auf Geld: »Für ihn sieht ein Penny ungefähr so groß aus wie ein Wagenrad«, hatte man Taylor erzählt.

Taylors mühsames Gespräch mit Schmidt, der nur schlecht Englisch sprach, möchte ich hier nicht wiedergeben. Schmidt sagte jedenfalls, er wisse nicht, was Taylor mit einem hohen Preis meine. (Das weiß ich übrigens auch nicht …) Es gelang Taylor aber letztlich, Schmidt dazu zu überreden, für einen höheren Lohn (1,85 Dollar gegenüber 1,15 Dollar) die volle Last zu verladen. Außerdem sagte er zu ihm: »Morgen wirst du genau das machen, was dieser Mann [der Vorarbeiter?] dir sagt – vom Morgen bis zum Abend! Wenn er sagt, du sollst das Eisen hochheben und laufen, machst du das; und wenn er sagt, du sollst dich hinsetzen und dich ausruhen, machst du das auch!« Unter dieser Anleitung, sagt Taylor, belud Schmidt in den nächsten drei Jahren die Güterwagen, ohne ein einziges Mal hinter seinem Pensum zurückzubleiben.

In den Folgejahren nahmen Rationalisierungsfachleute sich Taylor zum Vorbild und entdeckten viele andere Möglichkeiten, Arbeit einzusparen. Zu den berühmtesten Männern, die Taylors Ideen nachahmten und weiterentwickelten, gehörte der Bauunternehmer Frank Gilbreth, ein selbsternannter Rationalisierungsexperte. Mit einem wirklich wissenschaftlichen Fehlen jeglicher Ironie begann er seine Karriere auf diesem Gebiet bei der New England Butt Company, wo er ein neuartiges »Mikrobewegungs«-Gerät benutzte, das aus einer Filmkamera und einem Chronografen bestand, um beim Legen von Ziegeln und beim Weben einen größeren Output zu erreichen. Er verwendete die Mikrobewegungstechnik, um Taylor übertreffen zu können, und seine Frau Lillian schrieb Bücher, in denen sie ihn als den nächsten großen Effizienzforscher präsentierte. Dieses Image pflegte er auch weiter, obwohl ihm keine realen, tatsächlichen Verbesserungen der Produktivität gelangen.[75]

Der große marxistische Arbeitstheoretiker Harry Braverman macht Taylor in seinem Buch über die »Degradation of work in the twentieth century« (so lautet der Untertitel) zu einem der Dreh- und Angelpunkte: Die Destillation der Arbeit, um zu ihrer ganz abstrakten Essenz zu gelangen, und die Bestimmung des Maximums, das in einer gegebenen Zeit aus ihr gezogen werden kann, seien die wesentlichen Modi der Arbeitsbeziehungen unter Kapital.

Ich möchte jetzt in eine andere Richtung gehen und mich mit den Veränderungen bei der Beziehung zwischen Anreizen, Disziplin und Arbeit beschäftigen. Taylor ging davon aus, dass seine Arbeiter sich durch das Versprechen eines höheren Lohns antreiben lassen würden. Dennoch erzählt er uns ganz offen, dass er aus den 70 Männern einen auswählen musste, dem der höhere Lohn so wichtig war, dass er bereit war, eine so viel größere Last auf sich zu nehmen. Schmidt wird auf individueller Basis überwacht und lernt von Taylor, wie er seine Bewegungen organisieren muss. Die Macht ist zu einem sehr großen Teil extern und kommt in der ständigen Feindseligkeit zwischen Taylor und seinen Männern zum Ausdruck.

Taylor und seine Nachfolger führten eine neue Managementform ein, bei der Kalkulationssysteme, seien es nun Klemmbretter und Zeitmesser oder das moderne Gegenstück, suggestive Kästchen und Produktivitätsanalysen, den Arbeitern eine besondere Daseinsweise aufzwingen. Diese Dinge sind aber immer noch extern, sie funktionieren nur bei enger Überwachung und Kontrolle des körperlichen Verhaltens. Die Macht ist sichtbar, extern und hierarchisch. Der nächste Schritt bei der Konstruktion eines ökonomischen Panoptikums, der Prozess, bei dem die Machtbeziehungen voll automatisiert und dauerhaft gemacht werden, muss darin bestehen, dass das Individuum seine ökonomische Subjektivität internalisiert. Die Ökonomie muss ihre Handlungen durch die Gestaltung ihrer Berechnungen und ihrer

Beurteilung des Wertes kontrollieren. Mit anderen Worten: Sie muss ändern, was zählt.

Vom Jäger zum Makler: Die Geschichte des Fischers

Das folgende Beispiel stammt von den Norwegern Petter Holm und Kåre Nolde Nielsen.[76] Es betrifft die Einführung von Fischereiquoten in Norwegen in den 1990er-Jahren und gehört zu meinen Lieblingsstudien, denn es ist eine wunderbare Bouillabaisse aus »faulen« Kochmetaphern und sorgfältiger Gelehrsamkeit. Es ist eine Geschichte darüber, wie der Mensch einen weiteren Teil, wie Polanyi hätte sagen können, seines wilden Erbes verliert; darüber, wie der edle Fischer, der Jäger auf der offenen See, etwas völlig anderes wurde.

Hintergrund der Geschichte ist ein Zusammenbruch der Kabeljaubestände in den späten 1980er-Jahren, der auf einer Überfischung des Kabeljaus und seiner Beutetiere beruhte. Die Ökonomie hat die »Tragödie des Gemeinschaftsbesitzes« schon lange als besonderes Versagen des Marktes erkannt; Ressourcen, die allen gemeinsam gehören, gehören niemandem, und deshalb kümmert sich auch niemand um sie. Der Zusammenbruch der Fischbestände in den Meeren, eine Folge der industriellen Fischerei, gilt als so eine Tragödie. Der norwegische Staat kam dann zu dem Schluss, dass die beste Gegenmaßnahme die Einführung von Fangquoten für die Fischer war. Praktisch betrachtet ist eine Quote ein Eigentumsrecht, und wenn Quoten ausgegeben werden, wird Gemeinschaftsbesitz zu Privateigentum; wer über keine Quote verfügt, darf nicht einfach hinausfahren und seine Netze auswerfen. Daher waren die Quoten für die Fischer, die nun plötzlich Eigentümer wurden, eine sehr gute Nachricht.

Eigentum bringt allerdings bestimmte Pflichten mit sich und unterwirft den Besitzer besonderen Zwängen. Als Margaret Thatcher den öffentlichen Wohnungsbestand in private Hände gab, übertrug sie den neuen Besitzern auch die Verantwortung für die Überwachung, die Instandhaltung und sogar die Sicherheit, für die bis dahin der Staat zuständig gewesen war. Die Fischer mussten feststellen, dass sie plötzlich auf andere Weise kontrolliert wurden und anderen Regeln unterlagen. Holm und Nielsen schreiben: »Vor 20 Jahren ... war der Fisch Gemeinschaftsbesitz. Die Fischer waren gewissermaßen Jäger. Heutzutage ... sind die Fische oder zumindest die Fangquoten *Eigentum* geworden. Die Fischer sind jetzt Besitzer von Quoten und Eigentumsverwalter.«[77]

Die Konstruktion dieses speziellen Panoptikums war alles andere als direkt. Die Etablierung von Eigentumsrechten ist nie einfach, insbesondere, wenn das fragliche Eigentum glitschig ist und sich in den Tiefen der Ozeane befindet. Eigentumsrechte beziehen sich auf konkrete Dinge, die durch Gesetze identifiziert und auf Karten und Plänen eingezeichnet werden können. Wenn ein Gut verteilt werden soll, müssen wir wissen, wie groß es ist und wo wir es finden können. Ja, ein englisches Sprichwort sagt, dass es im Meer noch viele Fische gibt – aber wie viele genau? Die Ökonomie hat eine Methode entwickelt, durch die man das ermitteln kann – die »Virtual Population Analysis« (Analyse der virtuellen Population), ein komplexes Modell, das auf Annahmen im Hinblick auf die Geburten und die Sterblichkeit sowie den sehr soliden Techniken des Ausmachens und Verfolgens beruht. Doch selbst wenn man genau wusste, wie viele Fische es im Meer gibt, wusste man ja noch nicht, wie viele im Jahr gefangen werden sollten. Um diese Entscheidung treffen zu können, entwickelten die Behörden mithilfe von noch mehr Meeresbiologie, Arbeit mit Modellen und Statistik das Konzept des »Total Allowable Catch« (zulässiger Gesamtfang), eine zentral festgelegte Menge, die dem

Modell zufolge aus dem Meer geholt werden durfte, ohne dass der Bestand sich merklich verringern würde.

Die ersten Quoten wurden 1989 eingeführt. Sie waren nur grob und setzten den zulässigen Fang niedrig an. War diese Menge erreicht, durfte nicht mehr gefischt werden. Die kommunalen Beschränkungen hatten jedoch ganz andere Auswirkungen, als die Planer gewollt hatten. Sie brachten den größeren, stärkeren Booten mit besserer Ausrüstung, die weiter aufs Meer hinausfahren und früher im Jahr mit dem Fischen beginnen konnten, nämlich erhebliche Vorteile. Das Prinzip, dass der Erste sich auch zuerst bedienen durfte, führte zu einem Wettrüsten beim Bootsbau, bei dem die kleineren Boote verdrängt wurden. Die Behörden, die an ökonomische Ideen gefesselt waren, betrachteten das als unwirtschaftlich; hier wurde ja ohne Rücksicht auf die sozialen Konsequenzen Geld in unnötige Ressourcen gesteckt. 1991 führten sie dann individuelle Fangquoten ein, teilten den Gemeinschaftsbesitz auf und gestatteten es den einzelnen Fischern, jeweils eine bestimmte Zahl von Fischen zu fangen.

Durch die Einzelquote veränderte die Rolle der Fischer sich völlig. Wenn uns etwas gehört, können wir es ja genauso leicht verkaufen wie behalten. Weshalb sollten wir auf die eiskalte, stürmische Nordsee hinausfahren, wenn wir uns doch genauso gut gemütlich im Sessel zurücklehnen und das Recht zu fischen – unser Eigentum – verkaufen können? Fischer mit einem größeren Kutter, die billiger und in relativer Sicherheit fischen können, dürften uns für unsere Quote einen guten Preis bieten. Vielleicht werden sie uns sogar mehr zahlen, als wir selbst verdienen könnten, weil sie damit mehr Gewinn machen können. Wie bei den Bauern und dem Pflug sollten die Ressourcen (in diesem Fall: die Quoten) in einem freien Markt an diejenigen gehen, die daraus den größten Nutzen ziehen können.

Zudem gab es ein technisches Problem, das die Möglichkeit, ihre Quoten zu verkaufen, für die kleinen Fischer noch verlockender machte. Die fischverarbeitende Industrie verlangte bei den Fängen eine bestimmte Größe, da ihr Geschäft sich sonst nicht gelohnt hätte; trotz der Technologie, die den modernen Fischern zur Verfügung steht, machen die realen Fische sich heutzutage aber manchmal einfach zu rar. Die Beschränkung der Mengen, die die einzelnen Fischer fangen durften, würde wahrscheinlich die Gesamtmenge des an Land gebrachten Fischs reduzieren. Dadurch wuchs aber die Gefahr, nicht auf den geforderten Mindestfang zu kommen. Daher wurde die Summe der individuellen Quoten so hoch angesetzt, dass sie den zulässigen Gesamtfang überstieg; man ging von der Annahme aus, dass kein Boot in der Lage sein würde, seinen vollen Anteil aus dem Meer zu ziehen. Wieder hatten die größeren Boote durch das System mehr Vorteile als die kleineren – sie wurden effizienter und profitabler.

Die Privatisierung der Fischerei erschütterte die Fischergemeinden; die völlige Vermarktung der Quoten musste die norwegischen Wähler verärgern, denen die Idee des tapferen kommunalen Fischers wichtig war. Um die Wogen der Empörung zu glätten, legte der Staat fest, dass Quoten nur zusammen mit Booten verkauft werden durften; diese Einschränkung war notwendig, damit Fischer, die sich aus dem Arbeitsleben zurückzogen, ihren einzigen wertvollen Besitz zu Geld machen konnten. Bald entstand jedoch ein Markt für Boote und Quoten; zu dieser Zeit existierte der tapfere kommunale Fischer nur noch im Kopf des norwegischen Wählers. Der Verkauf von Quoten schien jetzt unvermeidlich, und als 2003 erneut ein formeller Markt für Quoten vorgeschlagen wurde, gehörte der Fischereiverband, der jetzt die Quotenbesitzer und Eigentumsverwalter repräsentierte, zu den größten Befürwortern.

Was sagt uns diese Geschichte über technische Innovation, ökonomische Planung und Techniken, Überfließen und unbeabsichtigte Folgen? Erstens, dass Besitzen das neoliberale Allheilmittel ist. Wenn knappe Ressourcen den Regeln des Marktes unterworfen werden, kann man sich darauf verlassen, dass vernünftige, gelehrige und produktive ökonomische Menschen angemessen mit ihnen umgehen werden. Besitz bedeutet aber mehr, als gutes Verhalten durchzusetzen: Er definiert die Welt neu, in die er gekommen ist. Wenn das Quotensystem einmal eingerichtet worden ist, gibt es kein Entrinnen, keine Außenseite. Der Gemeinschaftsbesitz wird dann eingefriedet, der Fischer wird als etwas völlig anderes konstituiert. Am offenen Zugang zu den Fanggebieten hing eine ganze Lebensweise; in den nordischen Gewässern zu fischen ist schwierig und gefährlich. Diese Aktivität wurde von Küstengemeinden unterstützt, in denen man zusammenhielt. Es gab zumindest für die Männer klare Aufstiegsmöglichkeiten, da sie schon früh auf die Boote gehen und sich dort nach oben arbeiten konnten, bis sie schließlich ein eigenes Boot besaßen, auf dem sie der Kapitän waren. Der in den 1920er-Jahren gegründete Fischereiverband verkörperte die Werte der Dörfer an der Küste, die auf dem offenen Zugang zum Gemeinschaftsbesitz aufgebaut waren. Die Auferlegung der Quoten ließ bei dieser Gesellschaft nichts unberührt.

Diese Quoten kann man zweifellos als Panoptikum betrachten. Der Fischer verinnerlicht die Gesetze des Marktes, er übernimmt marktspezifische Werte und verhält sich entsprechend. Er zieht es vor, das Risiko zu senken und den Ertrag zu maximieren. Durch die sorgfältige Implementierung eines neuen »Komplexes von nüchternen Programmen, Berechnungen, Methoden, Apparaten, Dokumenten und Verfahren« wird er zum rationalen, instrumentellen, auf sich selbst zentrierten ökonomischen Menschen, und gleichzeitig werden sein Leben, die Gemeinde, die gesamte Welt um ihn herum von Grund auf verändert.[78]

Die geschlossene Welt des Privatanlegers

Fischer werden also eher ökonomische als soziale Menschen – Quotenverwalter in weichen Sesseln statt furchtloser Jäger auf den rauen nordischen Gewässern; sie werden Unternehmer. Wir brauchen aber gar nicht bis nach Norwegen zu blicken – auch bei uns können wir ein Beispiel für eine noch heimtückischere Ökonomisierung finden: in der seltsamen, geschlossenen Welt des Privatanlegers.

Margaret Thatcher verkaufte nicht nur den Wohnungsbestand – durch eine Reihe massiver Privatisierungen machte sie außerdem Tausende von Menschen zu Aktionären. Die Deregulierungswelle, die sie auslöste, um die schläfrigen Londoner Monopole aufzubrechen (damals, im Oktober 1986, wurde sie als »Big Bang« bezeichnet), öffnete London der Unverfrorenheit der Wall Street. Und sie ermöglichte es dem »Mann auf der Straße«, Aktien zu kaufen und zu verkaufen. Innerhalb weniger Jahre erschuf Thatcher den Privatanleger.

In Großbritannien wurde die Privatisierung durch die Kampagne »Sagen Sie es Sid!« (»Tell Sid«) beworben, eine virale Reklamebotschaft in der Zeit vor den Social Media: Ein Briefträger wird von einem Durchschnittsmann, der gerade aus dem Pub kommt, von seinem Rad gestoßen. Der Mann sagt: »Schön, dass ich Sie treffe – das hier wird Sie interessieren ... Diese Aktien von British Gas kommen im November auf den Markt ... Wenn Sie Sid sehen, sagen Sie ihm das doch bitte!« Der Briefträger gibt die Botschaft an eine ältere Dame weiter und fügt dabei noch einen Schnörkel hinzu: »Es ist ganz einfach, welche zu kaufen ... Wenn Sie Sid sehen, sagen Sie ihm das doch bitte!« Der Name »Sid« war eine gute Wahl – mit seinem Beiklang der Solidität der unteren Mittelklasse, des eingefleischten Thatcher-Anhängers, der sich erst vor Kurzem ein Haus gekauft hat und am Wochenende seinen geliebten Ford Sierra wienert, bis er blitzt.

Über die Privatanleger haben die Leute, die sich mit der Finanzwelt auskennen, schon immer den Kopf geschüttelt. Sie scheinen im Markt nicht besonders gut abzuschneiden, denn sie erreichen die verschiedenen Bezugsmarken fast nie. Fairerweise muss man allerdings sagen, dass das bei den meisten professionellen Investoren auch nicht anders ist, aber das ist hier nicht wichtig: Privatanleger gelten dann jedoch zumindest als dämlich oder rücksichtslos. Gewohnheiten wie zu große Selbstsicherheit drücken die Erträge (Männer sind hier viel schlimmer als Frauen, was sie zusätzlich 1,4 Prozent im Jahr an entgangenen Erträgen kostet).[79] Trotzdem investieren sie weiter. Wieso?

In meiner Promotionszeit machte ich mich daran, dieses Rätsel – mit dem ich selbst meine Erfahrungen gemacht hatte – zu lösen. In den Jahren des Internetbooms und des nachfolgenden Platzens der Blase hatte ich eine Weile als Journalist im Bereich der Aktien und Anteile gearbeitet. Schließlich landete ich im Vorstand eines kleinen börsennotierten Unternehmens, das sich auf die Lieferung von Informationen an andere kleine Unternehmen spezialisiert hatte. Außerdem spezialisierte es sich darauf, das Geld der Aktionäre so schnell auszugeben, dass es gar keinen Profit abwarf. Schon nach ein paar Monaten am Ruder ging ich wieder von Bord. In dieser Zeit hatte ich immerhin Einblick in die Welt der Privatanleger bekommen: gar nicht dämlich, gar nicht dumm! Sie waren Besitzer eines schönen Sümmchens, das sie gewöhnlich einer erfolgreichen Karriere irgendwo anders verdankten. Trotzdem investierten sie immer noch in kleine Unternehmen (wie das, für das ich damals arbeitete, und die anderen, die ich kannte), bei denen gute Ideen und Träume in der kalten Realität des Handels schnell sauer werden und Verluste und Enttäuschungen bringen konnten.

Ich wanderte also mit einem Klemmbrett herum, führte Gespräche und besuchte Veranstaltungen für Investoren – und kann jetzt voller Stolz sagen, dass andere, die zur gleichen Zeit in den

USA und Australien solche Forschungen durchführten, zu ähnlichen Schlussfolgerungen kamen wie ich: Die Privatanleger führen ihr Investitionsleben in einer Art Panoptikum, einer in sich geschlossenen Welt, die ihre Gewohnheiten bei der Investition leitet. Die Techniken, Artefakte und Instrumente, die es Individuen ermöglichen, bei den Aktienmärkten mitzumachen, konfigurieren sie auf eine bestimmte Weise. Was es bedeutet, »Privatanleger« zu sein, ist von der Welt, in der sie leben, nicht trennbar.

Ihre Geschichten glichen sich fast immer aufs Haar: Menschen wurden Investoren, weil sie von der schlechten Performance und den fetten Honoraren der »sogenannten Profis« die Nase voll hatten. Sie wollten die Verantwortung für ihr finanzielles Schicksal selbst übernehmen; sie zogen ihre Ersparnisse und Investitionen, manchmal sogar auch ihre Pensionsansprüche, aus Investmentfonds ab und fingen an, sich Kenntnisse über das Finanzwesen anzueignen. Ihre Projekte sind eine Manifestation von Margaret Thatchers Unternehmenskultur, die, um es mit den Worten des bekannten Soziologen Nikolas Rose zu sagen, »eine verführerische Ethik des Ichs und eine herbe Kritik an der zeitgenössischen institutionellen und politischen Realität mit einer scheinbar in sich stimmigen Gestaltung für die radikale Transformation der aktuellen sozialen Arrangements verbindet«.[80] Und so wagen sie sich allein auf den Weg. Sobald dieser Schritt getan ist, werden sie durch eine hartnäckige Erzählung von »wir gegen die« aufrechtgehalten, von dem Drang, die Financiers mit ihren »Hunderten und Aberhunderten hochbezahlter Analysten« zu übertreffen.[81]

Zu lernen, wie man investiert, ist nicht leicht. Es wird erwartet, dass man zur Business School geht und die Grundlagen der Preisbildung für Vermögenswerte und des Portfolio-Managements lernt, bevor man eine Karriere im Finanzwesen beginnt, doch für Privatanleger gibt es keine Vorbedingungen dieser Art. Nein, man muss sich alles selbst beibringen und Veranstaltungen zum Investment besuchen, Bücher oder Zeitschriften lesen, im Internet browsen und mit anderen chatten, die sich in derselben Lage befinden. Die Websites zum Investieren sind blühende Gemeinschaften, wo man Ideen austauschen, über Strategien diskutieren und Erfolge bejubeln oder Misserfolge betrauern kann. Die Beziehungen, die man zu elektronischen anderen aufbaut, sind für die Investmentpraxis oft nützlicher als die Beziehungen in der realen Welt, die sich bei Präsentationen und Seminaren bilden. Auf diese Weise lernen die Investoren, wie der Markt funktioniert und wie sie ihn verstehen sollten, und erwerben gleichzeitig Mechanismen dafür, den Markt sichtbar und verfolgbar zu machen. Sie können »Chartisten« sein, die Fibonacci-Zahlen quer durch den Markt jagen, oder »fundamentale« Investoren, die in den Märkten der kleineren Unternehmen nach verborgenen Werten suchen; so oder so bezahlen sie dafür, sich von der Last der Marktberechnung befreien und am Markt beteiligen zu können.

Wie im Grunde zu erwarten ist an den Technologien, die Privatanleger benutzen, nichts Besonderes. Manche kaufen sich Computerprogramme, die Investitionschancen analysieren oder ausgefeilte Diagramme für die Entwicklung der Aktienpreise liefern, während andere Börsenbriefe und Zeitschriften abonnieren. Wieder andere besuchen Veranstaltungen und sprechen mit den Managern von Firmen, die investieren wollen. Diese nüchternen Technologien, Programme und Artefakte erlegen den Benutzern jedoch ganz besondere Verhaltensweisen im Markt auf. In sie alle sind Berechnungen eingebaut, die die Investoren auf spezielle Weise konfigurieren. Durch diese Technologie des Selbst-Unternehmertums werden sie nicht nur ökonomische Menschen, sondern *spezialisierte* ökonomische Menschen, die darauf ausgerichtet sind, den maximalen Nutzen zu bieten – aber nicht etwa den Investoren selbst, sondern den Besitzern der Technologien, die sie benutzen.

So hat mir ein Investor, den ich hier Terry nennen möchte, von den magischen Zahlen erzählt, von denen seiner Ansicht nach die scheinbar zufälligen Bewegungen der Preise abhängen:

Fibonacci-Quotienten gibt es überall – in der Kunst, im menschlichen Körper … Wenn Sie den Abstand von Ihren Schultern zu Ihren Knöcheln messen und dann den Abstand Ihres Arms, werden Sie sehen, dass das ein Fibonacci-Quotient ist; ich denke, ungefähr 1,618 oder 0,618, oder dass Ihr Arm ein Fibonacci-Quotient Ihres Körpers ist.

Wie kann man einen so komplexen Code im Lärm der Preise am Aktienmarkt entdecken? Für das bloße Auge ist er natürlich unsichtbar, und Investoren, die Fibonacci-Quotienten finden wollen, müssen für die Suche danach viel reales Geld ausgeben. Als ich mit Terry sprach, hatte er bereits Tausende von Pfund für Trainings-CDs, Schaubildprogramme und Kurse ausgegeben und seine Freizeit neun Monate lang größtenteils damit verbracht, neue Methoden auszuprobieren, in der Hoffnung, in der nahen Zukunft ein hauptberuflicher Investor zu werden. Wenn er von einer Methode enttäuscht war, versuchte er es einfach mit der nächsten. Er sagte, sein System sei eben noch nicht ganz perfekt, und ignorierte die andere, genauso plausible Erklärung: dass es beim Aktienmarkt keine magischen Zahlen gibt – zumindest keine, die magisch genug wären.

Die Institution, die die Privatanleger umgibt, vereinnahmt sie so stark, dass sie nicht über sie hinausblicken können. Das Versprechen der unabhängigen Zukunft als Unternehmer baumelt vor ihnen und verbindet sich mit dem Gefühl, dass es tatsächlich ihre Pflicht ist, ihr Leben zu verbessern, ein gutes Polster für ihr Alter anzulegen, ihr Schicksal selbst in die Hand zu nehmen und es entsprechend zu gestalten.

Jemand anders hat mir allen Ernstes erzählt, er würde zwar für seine Mutter und seine Schwester erfolgreich in Dividenden zahlende multinationale Unternehmen investieren, doch seine eigenen Investitionen in kleinere, hochriskante Firmen seien »immer eine Katastrophe gewesen«. Als ich ihn drängte, mir doch zu sagen, weshalb er trotzdem damit weitermachte, erwiderte er, wenn er nur seine Gefühle ausschalten *könnte*, wenn er rational handeln *könnte, sollte* das ein guter Weg sein, an Geld zu kommen.

Die Privatanleger werden auf allen Seiten durch schiere Kalkulationsmacht in die Zange genommen: Sie sind eingekeilt zwischen den professionellen Investoren mit riesigen Kapitalreserven und »den ganzen Doktoren der Philosophie« auf der einen Seite und den Investmentfirmen, die auch dann bezahlt werden wollen, wenn sie verlieren, auf der anderen Seite. Wieso agieren sie dann überhaupt weiter im Markt? Einen großen Teil der Schuld tragen die geistige Buchführung, bei der beispielsweise die Gewinne und Verluste voneinander getrennt werden, und schlichte Selbsttäuschung. Ich habe schon oft gehört: »Abgesehen von den Schlechten hab ich ziemlich gut abgeschnitten!«, oder: »Die Profis haben den Markt manipuliert!«, oder: »Gerade an dem Tag, an dem ich die Gewinne mitnehmen wollte, ist die Aktie abgestürzt!«. Noch schädlicher war jedoch ein tiefes Gefühl, dass das Goldene Ei gleich um die Ecke liege, dass der Erfolg nur ein paar winzige Änderungen am System oder kleine Anpassungen bei der Strategie entfernt sei, dass der Anleger selbst schuld sei, weil er emotional geworden sei oder Zuneigung zu einer bestimmten Aktie gefasst habe. Die Möglichkeiten, reich zu werden und Erfolg zu haben, und die Vorstellung, in irgendeinem tropischen Badeort am Pool zu liegen und über den Laptop zu arbeiten, sind stark genug, um die Investoren für die hässliche Realität finanzieller Verluste blind zu machen. Je exotischer das Produkt und je höher das Risiko ist, desto stärker wird dieser Leitgedanke des letztendlichen Durchbruchs und Entkommens. Nur in einem einzigen Fall habe ich einen Investor Zweifel an der

Möglichkeit äußern hören, mit einem bestimmten Zweig der Investmentaktivitäten Geld zu machen. Und deshalb, so erzählte er mir und nippte nachdenklich an seinem Bier, würde er jetzt stattdessen ein Chartist werden.

Leute zu interviewen kann schwierig sein. Der Sozialwissenschaftler muss unbeteiligt bleiben und darf nicht eingreifen, selbst wenn der nette Mann, mit dem er spricht, ihm erzählt, dass er seine Rücklagen für das Alter gerade in ein Spread-Betting-Portfolio verschiebe. Und wenn ich ihm deswegen Vorwürfe gemacht hätte, hätte er mir wahrscheinlich entgegnet, dass die professionellen Fonds-Manager schon so viel von seinem Geld verschlungen hätten, dass er den Rest lieber selbst verlieren würde. Was hätte ich darauf erwidern können? Die Privatanleger befinden sich in einem Panoptikum, das wesentlich tückischer ist als das der Fischer: Ihre Bestrebungen, Energien und persönlichen Ersparnisse sind in ein System eingebunden, in dem sie immer zu verlieren scheinen. Natürlich existieren auch anständige Investmentfirmen – ich habe selbst mal für eine gearbeitet –, doch selbst noch so großer Anstand kann die Tatsache nicht abschwächen, dass es ein enormes Strukturproblem gibt: Die Mainstream-Finanz lässt den Einzelnen im Stich, sodass er in einem unfreundlichen Markt allein zurechtkommen muss, und so wird er zur Beute eben dieser Finanzinstitutionen. Zudem wird dieses Arrangement uns im Rahmen eines Sozialabkommens angeboten, bei dem von uns erwartet wird, dass wir uns bei unserer Altersvorsorge befreit und gestärkt fühlen.

Was haben das Heben von Roheisen, das Quotenmanagement und die Jagd nach Werten bei den Aktien kleiner Unternehmen gemeinsam? In allen drei Fällen gibt es unbeabsichtigte schmerzhafte Konsequenzen. Taylor zeigte ganzen Generationen von Managern, wie man mehr Wert aus der Arbeit herauspressen konnte, war aber schockiert, als er sehen musste, dass seine Arbeiter, die ja einen höheren Output erzielten, wie jedes andere Investitionsgut behandelt wurden. In Norwegen endete eine politische Maßnahme, die mit den besten Absichten (nämlich die Fischbestände zu erhalten) durchgeführt wurde, mit der Industrialisierung und Ökonomisierung der Fischer, wodurch der nationalen norwegischen Identität eine für sie zentrale Figur genommen wurde. Und im Fall der Anleger dürfte der Versuch, sich aus den Klauen der Großfinanz zu befreien, selbst die Verantwortung für die eigene Zukunft zu übernehmen und das eigene Schicksal durch Intelligenz und Anstrengungen zu verbessern, in eine schwierige und unsichere Zukunft führen.

Der wichtigste Punkt ist jedoch, dass sich in allen drei Fällen das Wesen der auf dem Selbstinteresse beruhenden ökonomischen Überwachung ändert: Aus der Kontrolle von Taylors Männern über Klemmbrett und Stoppuhr, die unmittelbar mit mehr Geld am Ende des Tages verbunden war, wird eine subtile, selbstgeleitete und schließlich ehrgeizige. Während Taylor – trotz einer Berufslaufbahn, die voll von Gegenbeweisen war – annimmt, dass zusätzliches Geld mehr Arbeit gleichkommt, und seinen Männern diese Ansicht durch explizite Mechanismen der Kontrolle von außen aufzwingt, ist bei den beiden anderen Beispielen kein derartiger Zwang nötig. Dass Fischer neu definieren, was wichtig ist – dass sie die Verwaltungssysteme so umgestalten, dass der Besitz und die Kapitalrentabilität bei der Entscheidung über das eigene Verhalten die Hauptfaktoren sind –, reicht, um aus einem Beruf, der angesichts der großen körperlichen Anstrengung und des wirtschaftlichen Risikos auf der Gemeinschaft und Solidarität basierte, eine einsame Beschäftigung zu machen, bei der man vom Sessel aus nach Kapitalrenditen strebt. Und bei den Privatanlegern wird das Selbstinteresse in eine Verpflichtung verwandelt, die Versprechungen macht und Zwang ausübt, auch wenn sie den Betreffenden Nachteile bringt.

Diese Beispiele zeigen, dass man Selbstinteresse aufbauen kann. Die Kontrolle der Ökonomie erzeugt eine Reihe von geschlossenen Institutionen – Panoptiken –, die unser tägliches Verhalten regeln und bestimmen. Und in diesem panoptischen Archipel wird der Homo oeconomicus geboren, das rationale, berechnende, klinisch von Selbstinteresse geleitete ökonomische Individuum. Indem wir die ökonomischen Verhaltensregeln und Erwartungen internalisieren – zum Beispiel, dass nur wir selbst für die Beschaffung unseres künftigen Wohlstands verantwortlich sind –, werden wir genau das Wesen, auf dem die ökonomische Theorie beruht.

Es reicht jedoch nicht zu sagen, der ökonomische Mensch sei allein das Ergebnis der Sprache oder einer dramatischen Politik, die wir in unserem Alltag internalisieren und umsetzen. Ohne die Hilfe der alltäglichen Welt um uns herum könnten wir nicht alle ökonomisch sein. Natürlich haben große Strukturen wie die Arbeit, Politik und Finanz zur Entstehung des ökonomischen Einzelnen beigetragen, doch der Hauptteil der Arbeit wird woanders gemacht, von den alltäglichen Geräten und Instrumenten, ohne die wir in der Welt nicht navigieren könnten. Diese materiellen Artefakte helfen dem Homo oeconomicus in seinem täglichen Leben, beim Einkaufen, Lernen, Heilen und Lieben. Wir wollen uns jetzt ansehen, wie sie funktionieren.

TEIL 2

5 Die Ökonomie in der Wildnis

Zurück zu einem Beispiel, das Ihnen schon vertraut ist. Ich möchte jetzt eine elementare Frage stellen: Wie ist es möglich zu behaupten, der Bus sei teurer als das Auto? Die Kosten für den Bus sind leicht zu erkennen: der Fahrpreis, der bar zu zahlen ist. Die Kosten für das Auto sind komplexer – da werde ich ein bisschen rechnen müssen. Der volle Tank kostet eine bestimmte Summe, ich bekomme soundso viele Kilometer pro Tank, und die Hin- und Rückfahrt zur beziehungsweise von der Arbeit ist soundso lang. Mit etwas Arithmetik habe ich meine Zahl schnell raus. Wenn ich das wollte, könnte ich bei meinen Berechnungen genauer sein – vielleicht ist ja ein kleiner Computer in das Armaturenbrett eingebaut, der mir diese Arbeit abnimmt. Ich weiß, was mich ein voller Tank kostet, da der Literpreis an der Tankstelle angezeigt wird und die Pumpe die Menge misst, die ich in meinen Tank fülle, und einen entsprechenden Betrag von mir verlangt. Ich kann der Pumpe vertrauen, da sie regelmäßig von einem qualifizierten Techniker überprüft wird, gemäß vorgeschriebenen Gewichten und Volumina. Die Instrumente in meinem Auto sind ebenfalls nach Standardmaßen kalibriert. An den Straßen gibt es Schilder, auf denen die Entfernung steht; ich könnte auch eine Karte oder einen digitalen Routenplaner zurate ziehen. Falls ich mir die Karte ansehe, erfordert der Maßstab eine

Umrechnung; Google und mein Navi werden das jedoch blitzschnell für mich erledigen.

Schon an diesem einfachen Beispiel wird deutlich, dass so eine Berechnung bis nach ganz unten geht; sie bildet eine endlose rückläufige Bewegung, aus der es nur einen einzigen Weg gibt: dem Urteil, der Fachkenntnis oder der Rechenkunst eines anderen Menschen zu vertrauen. Je komplizierter die Systeme werden, desto weniger können wir die Berechnung selbst durchführen. Mein Großvater, ein Physikdozent mit einem Hang zum Katalogisieren, schrieb sich die Meilen und die Tankpausen immer in ein kleines Notizbuch, das er im Handschuhfach aufbewahrte, sodass er seinen Benzinverbrauch mit der Hand berechnen konnte. Heute erledigt das der Computer in unserem Armaturenbrett.

Sieht das denn nicht wie eine gute Sache aus? Wenn ich weniger Zeit für die Einträge in mein Notizbuch brauche, habe ich ja mehr Zeit für andere, schönere Dinge. Doch Foucault wurde es nie müde, uns daran zu erinnern, dass Wissen Macht ist, selbst – besonders – in seinen kleinsten und langweiligsten Manifestationen. Berechnungen sind eine Form des Wissens und werden daher ein Kanal für die Ausübung von Macht. Aus ihnen entspringt der panoptische Archipel, über den ich im vorigen Kapitel gesprochen habe. Seine Berechnungen ermöglichten es Taylor, das Handwerk vom Arbeitsplatz zu vertreiben: Er fing zwar mit Effektivitätsstudien des Hebens und Ladens an, doch am Ende seiner Laufbahn war es ihm gelungen, das Dreherhandwerk zu systematisieren. Dafür hatte er 26 Jahre gebraucht, in denen er sich durch über 360 000 Kilo Eisen schnitt, in 50 000 Tests – doch er schaffte es! Ab 1906 benutzten die Maschinenschlosser nicht mehr ihr eigenes Urteilsvermögen, sondern seinen »Rechenschieber«. Die Transformation der norwegischen Fischerei wird durch noch komplexere Kalkulationen gestützt; die Berechnung der Fischbestände, der Geburts- und Sterberaten und einer akzeptablen Kapitalrendite. Die Berechnungen führen nicht die Fischer selbst durch, sondern Bürokraten, und diese Gleichungen verkörpern ihre Macht über das Volk. Und die Privatanleger sind aufgrund der Notwendigkeit, viele der für Investitionen erforderlichen Berechnungen zu kaufen, gegenüber denen, die diese Berechnungen liefern, ständig im Nachteil.

Die Kalkulation ist Macht

Uns bleibt gar nichts anderes übrig, als Informationen auszutauschen. In einer technologisch fortgeschrittenen Gesellschaft können wir nur existieren, wenn wir die Berechnungen an andere verteilen. Zunehmende Komplexität erfordert mehr Delegation, und so müssen wir uns immer mehr in die Hände derjenigen geben, denen wir unsere Berechnungsbemühungen übertragen.

Der Begriff »distribuierte Kalkulation« wurde von dem amerikanischen Marinewissenschaftler Edwin Hutchins geprägt, in seinem großartigen Buch *Cognition in the Wild*.[1] Er zeigt am Beispiel eines Kriegsschiffs, das in gefährlichen Gewässern navigieren muss, wie man komplizierte kognitive Aufgaben unter Benutzung von Spezialinstrumenten und Koordination durch Systeme und Regeln in einfache Phasen zerlegen kann. Niemand auf dem Schiff kennt das Gesamtbild. Unter Deck lesen Matrosen an einem Tiefenmesser die Tiefe ab, während woanders die Geschwindigkeit aufgezeichnet wird. Hoch oben im Ausguck peilen andere Seezeichen und Orientierungspunkte auf der Backbord- und der Steuerbordseite an. All diese Erkenntnisse werden an den Kartenraum weitergegeben – und Hutchins ist es sehr wichtig, dass wir verstehen, wie viel Berechnungsarbeit schon in den Karten selbst steckt –, wo die Position des Schiffs bestimmt wird; diese Information wird dann an die Brücke gesendet. Der ganze Prozess wird durch die Prozeduren der Marine koordiniert, die in einem dicken Handbuch verzeichnet sind, und durch regelmäßige Übungen gefestigt, bis eine schwierige Kalkulationsaufgabe so stark verinnerlicht worden ist, dass sie selbst in der Hitze des Gefechts, selbst wenn einzelne Mannschaftsmitglieder ausfallen, weiter richtig durchgeführt werden kann.

Im Alltagsleben ist es nicht anders. Schon die einfachste Entscheidung – ob wir beispielsweise den Bus oder das Auto nehmen wollen – ist nur innerhalb der Infrastruktur für Berechnungen möglich, die die Ökonomie zur Verfügung stellt. Die Ökonomie »in der Wildnis« ist eine Gruppe technischer Mess- und Berechnungspraktiken, die in die Artefakte und Instrumente eingebettet ist, die uns die ganze Zeit umgeben, und auf sie verteilt wird: Fahrkarten, Münzgeld, Benzinpumpen und Kilometerzähler, Schilder und Karten, Multiplikation und Division. Der ökonomische Mensch ist eine Mischung aus all dem, er benutzt für spezifische Aufgaben spezifische Netzwerke von Artefakten, deren rationale Kalkulation durch eine Konstellation von Instrumenten, Messgeräten und Rechnern ermöglicht wird. Die Geräte werden, wie Michel Callon es ausdrückt, »Prothesen« für das ökonomische Handeln; in der Soziologie der Märkte wird zur Beschreibung dieser Konstellation von Menschen und Geräten ein anderes Wort benutzt: »Agencement«. Das ist ein nützliches Wort, weil es uns daran erinnert, dass Geräte wirkende Kräfte (»agency«) haben: dass sie handeln (»act«).[2]

Diese »Agencements« werden jedoch rasch unsichtbar. Das Busbeispiel zeigt, wie schnell die harte Berechnungsarbeit im Hintergrund verschwindet. Im Gegensatz zu dem Kriegsschiff, auf dem die operativen Verfahren ständig durch Drill und Übungen (auf deren Sichtbarkeit bewusst geachtet wird) trainiert werden, ist die Kalkulation, auf der das tägliche Leben basiert, vor uns verborgen. Jede technische Innovation verdrängt eine Prozedur, die sonst vielleicht per Hand durchgeführt worden wäre. Karte, Notebook und die geistige Arithmetik gehen in den Computer im Armaturenbrett über. Jetzt können wir mehr machen. Es ist uns möglich, dem Benzinverbrauch unseres Autos viel mehr Aufmerksamkeit zu widmen: Mit dem Computer in meinem Armaturenbrett ist das viel einfacher als durch die Berechnungen meines Großvaters mit der Hand. Allmählich betrachten wir die Produktion eines Fakts – denn das ist unsere Zahl für die pro Liter zurückgelegten Kilometer – als selbstverständlich. Wir verlieren aus dem Blick, wie diese Zahl gemacht worden ist, und fangen an, sie zu benutzen, wenn auch vielleicht nur bei einer Auseinandersetzung an der Bar, bei der es um die Pluspunkte verschiedener Autos geht.

In unserem Supermarkt, wo wir es mit einer Berechnungskraft zu tun haben, die unsere eigene weit übersteigt, finden wir ein weiteres Beispiel: den Einkaufswagen aus Draht. Er ist teils ein Transportmittel, teils aber auch ein Kalkulator und kann unsere kognitiven Schwächen ausnutzen. Die Supermärkte haben schon lange ein Problem erkannt: dass disziplinierte Kunden mit der Auswahl von Waren aufhören können, bevor sie ihr ganzes Geld ausgegeben haben, sei es auch nur, um einer peinlichen Situation an der Kasse zu entgehen. Der nicht zu übersehende Korb am Einkaufswagen bietet durch seine Größe ein ungefähres Maß für die Ausgaben, er macht aus einer schwierigen mentalen mathematischen Aufgabe eine schnelle Schätzung und nutzt die Kalkulation zum Vorteil des Marktes, indem er den Kunden erlaubt, weiter Produkte in ihren Wagen zu legen.[3]

Die Supermärkte befinden sich ständig im Wettbewerb, und in der letzten Zeit hat ihr Kampf sich noch stärker auf den Preis konzentriert, da die Kunden den Gürtel wegen der Rezession enger geschnallt haben. Die Märkte vergleichen ihre eigenen Preise mit denen der Konkurrenz, konzentrieren sich bei ihren Senkungen auf das, was ihren erwählten Kunden wichtig ist – Weißbrot, tiefgekühlte Garnelen, Orangensaft der Luxusklasse –, und behaupten, bei ihnen würden die Kunden bei jedem Einkauf sparen. Man kann von den Kunden aber nicht erwarten, dass sie bei jedem Produkt im Supermarkt Preisvergleiche vornehmen. Das wäre für sie selbst viel zu mühsam und für den Supermarkt zu riskant; wenn die Supermärkte ihre Kunden über die Zahlen informieren würden, würden sie ihnen Macht zurückgeben und Gefahr laufen, dass sie zu unerwünschten Schlussfolgerungen kommen.

Wir erhalten also einzelne, vorgefertigte Fakten, zum Beispiel einen Kassenzettel, auf dem steht, wie viel wir theoretisch gespart haben, oder eine Prozentzahl, die während einer Werbung in Leuchtbuchstaben auf dem Fernseher eingeblendet wird. Diese Fakten sagen uns etwas darüber, wie wir einkaufen sollten. Falls ein bestimmter Markt billiger ist als die Konkurrenz, sollten wir dort einkaufen. Alle anderen Faktoren – die Lage, der Geschmack oder die soziale Demografie – sollten uns gleichgültig sein. Wenn diese Kampagnen Erfolg haben – und ihre Langlebigkeit deutet darauf hin, dass das der Fall ist –, liegt das daran, dass es ihnen gelungen ist, auf dem Primat der ökonomischen Logik als Mittel zur Lenkung von Einkaufsentscheidungen zu beharren. Eine verborgene, distribuierte Infrastruktur der Kalkulation verwandelt uns in Kunden, die zuallererst auf den Preis schauen.

Wenn wir durch die Gänge wandern, wobei unsere Bewegungen durch die Architektur des Supermarkts bestimmt werden, erregen die sorgsam koordinierten Produktangebote in den Regalen unsere Aufmerksamkeit. Schilder und Zeichen führen uns durch den Markt, steuern unsere Beurteilung der Waren und erleichtern uns so den Vergleich zwischen den Produkten verschiedener Hersteller. Die Etikettensysteme in den Supermärkten verbreiten eine unerbittliche ökonomische Logik – sie zeigen uns den Preis und das Gewicht oder Volumen an und erleichtern es uns, nicht nur verschiedene Versionen ein und desselben Produkts zu vergleichen, sondern auch völlig unterschiedliche Waren, durch die Übersetzung in den Kilopreis oder etwas Äquivalentes. Im Supermarkt können wir tatsächlich Äpfel mit Birnen vergleichen, denn das Preisschild ist bei seiner Analyse unerbittlich.

Ein Marxist würde die Käufer dazu drängen, am Artefakt vorbeizuschauen und die Arbeitsbeziehungen zu sehen, die darin eingebettet sind. Diese Bananen existieren gar nicht wirklich – sie sind die Essenz der ausgebeuteten Arbeit, die die Gestalt einer Ware annimmt. Für viele geht dieser Trick des Verschwindenlassens jedoch einen Schritt zu weit, und die Bananen bleiben physisch im Regal. Wenn man das jedoch mit einem Schild versucht, funktioniert es. Da das Schild nur den Preis der angebotenen Waren anzeigt, kann es bei unserer Entscheidung alle anderen Faktoren effektiv ausblenden, selbst wenn wir genau wissen, dass die Ersparnis, die der Supermarkt bietet, irgendwo anders bezahlt wird, durch intensive Landwirtschaft, intensive Arbeit oder ausbeuterische Arbeitsbedingungen.[4] Was uns gegenüber den Umständen bei der Produktion einer Ware blind macht, ist das Etikett. Es bestimmt unsere Entscheidung, es leitet uns im Hinblick darauf, was wichtig ist und was nicht.

Das ist der Grund dafür, dass die Gestalter von Kampagnen für bessere Bedingungen für die Arbeiter oder das Vieh oder für gesünderes Essen den Kampf um die Beschilderung als so wichtig ansehen. Versuchen Sie den Schildertrick doch noch einmal, jetzt aber umgekehrt: Dieses Hemd wurde von einer Frau genäht, in Fronarbeit – sie heißt Runa und bekommt 7,95 Pfund im Monat. Dieses Telefon wurde von einem Mann hergestellt, der sich das Leben genommen hat; angeschmutzte Ware, um 25 Prozent reduziert. Eine »Fair Trade«-Kennzeichnung auf der Verpackung bringt das Thema der Arbeitsbedingungen ins Theater des Supermarkts zurück, und ein Schild mit der Aufschrift »Freilandhaltung« oder »organischer Anbau« macht bei Vieh und sogar bei Obst und Gemüse dasselbe. Es tut das allerdings auf kontrollierte Weise, gemäß der ökonomischen Natur der Supermarktaktivitä-

ten. Der Umgang mit Fronarbeit und den Produkten aus Ausbeutungsbetrieben ist keine Frage der moralischen Schande mehr –
»Du sollst dieses Hemd nicht kaufen«, als wäre das ein biblisches
Gebot –, sondern eine feine, abgestufte Entscheidung der Kunden. Die Supermärkte bieten etablierte Beschilderungshierar-
chien, bei denen Verbesserungen bei der Qualität der Landwirtschaft oder ein ausreichender Lohn sich in steigenden Preisen
widerspiegeln und der Kunde den Preis seines Gewissens selbst
festlegen kann. Im Supermarkt hat sogar die moralische Tugend
eine ökonomische Dynamik.

Der Supermarkt ist ein Theater der ökonomischen Aktivität –
wir müssen uns dort so verhalten, wie ein ökonomischer Schau-
spieler sich verhalten sollte. Wenn wir uns mit den unmittelbaren
wirtschaftlichen Problemen konfrontiert sehen, die durch die
Schilder zum Ausdruck gebracht werden, werden vage Sorgen
wegen unsicherer Arbeitsbedingungen in der Ferne und der Mas-
senproduktion zur Seite gedrängt. Wie der französische Soziologe Franck Cochoy beobachtet hat, gibt es beim Ballett eines
Supermarkts Regeln. Wir interagieren nicht miteinander und
schon gar nicht mit den Menschen, die die Produkte angebaut,
aufgezogen oder genäht haben, sondern mit den Regalen, den
Schildern und den Waren. Um sein Bild zu verwenden: Es ist ein
Garten der ökonomischen Entscheidungen, der sorgfältig von
Gärtnerinnen und Gärtnern gepflegt wird.[5]

Im Zusammenhang mit meiner Busfahrt zur Arbeit ist mir
aufgefallen, dass der Ökonom Externalitäten als *Fehlschläge* des
Marktes betrachtet, als Orte, die der Markt nicht erreichen kann.
Umweltverschmutzung, Lärm, Ausbeutung bei der Arbeit und
intensive Produktion würden sämtlich verschwinden, wenn der
Markt sie vollständig in die Kosten der Entscheidungen integrie-
ren könnte – anders ausgedrückt: wenn wir die Kosten, die wir
anderen durch unser Handeln auferlegen, erkennen, ganz verstehen und bezahlen würden. Das Beispiel des Supermarkts deutet

aber darauf hin, dass dem nicht so ist: dass die Beseitigung der Notwendigkeit, solche Kosten zu erkennen, zu verstehen und zu bezahlen, ein Triumph des Marktes ist. An diese Kosten dürfen wir nicht erinnert werden, da uns sonst schlechte Gefühle daran hindern könnten, unser Geld auszugeben. In diesem Sinne ist die Wiederverwandlung von Dingen in Externalitäten ein nützliches Ergebnis. Waren zu erschaffen, sie berechenbar und vergleichbar zu machen; aus ganz »normalen« Menschen berechnende, rationale Agenten zu machen – das ist harte Arbeit. Es ist eine organisatorische und technische Leistung, ein großer Erfolg – kein Fehlschlag! Der Supermarkt bestimmt unsere Entscheidungen und schafft es dadurch, sehr viele lebenswichtige Faktoren auszuschließen – zu externalisieren. Und wie gelingt ihm das? Durch Metriken, Maße und Qualifikation, die alle auf ein winziges, einfaches Instrument gequetscht werden: das Schild.

Jetzt können wir die Ökonomie in der Wildnis erkennen: Planung, Buchführung, Beratung, Kontrolle und Messungen.[6] Wir werden nicht durch einen Akt der bewussten Entscheidung ökonomisch, sondern durch die systematische Benutzung gewöhnlicher, alltäglicher materieller Instrumente: gerade der Dinge, die uns bei unserer Navigation in der Welt helfen.

Klein, aber mächtig: der FICO® Score

Die Umgestaltung einer ganzen Branche, ihre Reinigung von sozialen Bindungen, Gefühlen und Affekten und ihre Neubevölkerung mit ökonomischen Menschen hat Jahrzehnte gedauert. Bei der Transformation unseres Verständnisses der Häuser – von Orten, an denen man lebt, zu Investitionen, von einem Zuhause zu einem Vermögenswert – waren es etwa drei Jahrzehnte. Ohne eine radikale Umstrukturierung der Vergabe von Hypotheken und Versicherungen wäre das nicht möglich gewesen. Wenn

jemand aus der Generation meiner Eltern eine Hypothek aufnehmen wollte, ging er zum Leiter der Bankfiliale. Dieser war in
Kleinstädten eine wichtige Person, er unterhielt persönliche Beziehungen zu seinen Kunden und kümmerte sich um ihre aktuellen Konten. Um es mit den Worten meines Vaters zu sagen: Der
Filialleiter »wusste, wofür man gut war«. Der Filialleiter von früher hatte nur einen Auftrag: das Geld seiner Bank nicht zu verlieren. Seine Aufgabe bestand darin, Geld gegen Zinsen zu verleihen, aber vorsichtig; er achtete so auf die Sicherheit, als würde
das Geld ihm selbst gehören. Und in einem gewissen Sinn war
das auch so, denn er verlieh seine eigenen Ersparnisse und die
seiner Nachbarn.

Dabei hatte er die traditionelle Ökonomie und den gesunden
Menschenverstand auf seiner Seite. Der etablierten Banktheorie
zufolge werden diejenigen, die Geld verleihen, besser abschnei-
den, wenn sie riskante Darlehen ablehnen, statt sie zu höheren
Zinssätzen zu gewähren, und die Bankmärkte werden sich nicht
von sich aus »räumen«, was bedeutet, dass das Angebot der Nachfrage nicht entspricht. Für die Ökonomie des freien Marktes ist
ein Markt, der sich nicht »räumt«, größtenteils ein Riesenprob-
lem, doch die Banken leben seit Jahren ganz zufrieden damit. Das
Bankwesen ist kein Risikogeschäft. Eine Bank, die jedes Jahr
einige Prozent Zinsen verlangt, kann es sich einfach nicht leisten,
das Kapital des Darlehens selbst zu verlieren, und wird die Finger
von riskanten Krediten lassen, auch wenn sie dafür höhere Zinsen verlangen könnte.[7]

Geld zu verleihen ist das, was der Ökonom George Akerlof,
Träger des Nobelpreises, als »Markt für Zitronen« bezeichnete.
Käufer, die die Qualität der angebotenen Waren nicht einschätzen können, werden sich dadurch schützen, dass sie niedrige
Preise bieten und so die Anbieter von Waren höherer Qualität
vertreiben, bis nur noch die »Zitronen« (der »Schrott«) übrigbleiben.[8] Um im Geschäft zu bleiben, können die Anbieter von hoher

Qualität sich durch Garantien schützen, ihre Marken und ihren Ruf entwickeln oder soziale Beziehungen zu ihren Kunden aufbauen. Im Bankgeschäft, wo die Kreditnehmer die Verkäufer sind und die Bankmanager die schlecht informierten Käufer, bestand die Aufgabe des Filialleiters darin, möglichst viele Informationen zusammenzutragen und ökonomische Beziehungen mit sozialen zu vermischen. Er schüttelte seinen Kunden die Hand und blickte ihnen in die Augen, ging zu ihren Cocktailpartys und den Hochzeiten ihrer Kinder und arbeitete daran, um die Beziehungen herum viele soziale Gerüste zu errichten. So bekam die Bank ihr Geld zurück, denn es ist schwer, finanziellen und zugleich sozialen Verpflichtungen nicht nachzukommen. Beim altmodischen Banking waren sowohl die Risiken als auch die Zinsen niedrig, doch wenn man dabei vorsichtig und in ausreichend großem Ausmaß vorging, warf es Profit ab.

Ich möchte jetzt 30 Jahre überspringen und zu dem Antrag für eine Kreditkarte kommen, den ich vor Kurzem gestellt habe. Ich bin auf eine Website für Vergleiche gegangen, um das beste zinslose Geschäft zu finden, habe mich durch die Site des Anbieters geklickt, meinen Namen und meine Anschrift, mein Jahreseinkommen und ein paar andere unbedeutende Details angegeben und auf »Senden« geklickt. Schon nach nicht einmal einer Minute hatte man mir eine Karte mit einem Limit von 11 500 Pfund bei einem Zinssatz von fast 20 Prozent im Jahr genehmigt. Das ist nun wirklich kein niedriges Risiko bei niedrigen Zinsen! Mit dem Bankgeschäft ist irgendetwas Fundamentales passiert …

Hinter dieser dramatischen Veränderung liegt eine Veränderung bei der Weise, auf die Kreditanträge bearbeitet werden, und bei der Art der Informationen, die die Banken als wichtig erachten. Die individuellen Umstände des Kunden interessieren den Geldgeber nicht mehr; die Kreditkartenfirma kennt mich nicht persönlich und weiß auch nicht, »wofür ich gut bin«. Stattdessen kennt sie die statistische Wahrscheinlichkeit dafür, dass ich das

Geld zurückzahlen werde. Sie hat Zugang zu Credit Scores und Verleihdaten auf der Populationsebene und benutzt einen Algorithmus, um auf dieser Grundlage eine Entscheidung zu treffen. Sie *meidet* das Risiko auf individueller Basis nicht mehr, sondern *managt* es auf der Populationsebene. Das fundamentale Verständnis des Risikos bei der Vergabe von Krediten hat sich geändert, und die Geschichte dieses Übergangs stammt nicht aus der hohen Politik, sondern beruht auf technischem Einfallsreichtum und Unternehmergeist.

1956 gründeten zwei ehemalige Militärwissenschaftler im kalifornischen San Raphael eine eigene Firma. Sie waren in der neuen Disziplin Operationsforschung ausgebildet, bei der die Stärke der Algorithmen und der Datenanalyse eingesetzt wurde, um die schwierigen Berechnungsprobleme zu lösen, die der Krieg aufgeworfen hatte – beispielsweise bei der Zielgenauigkeit von Bomben und der Automatisierung der Flugabwehr. (Das waren komplexe Angelegenheiten, und nach dem Krieg legte die Operationsforschung die Grundlagen für die moderne Berechnungsökonomie und die Spieltheorie.)[9] Diese beiden Männer, William R. Fair und Earl J. Isaac, waren durch ihr Fach geprägt worden und wollten praktische Lösungen entwickeln, bei denen die wissenschaftliche Methode in funktionierende Hardware eingebaut wurde. Ihre Firma hieß Fair, Isaac & Company Inc.; heute heißt sie FICO, wird an der New Yorker Börse mit einer Kapitalisierung von 1,5 Milliarden US-Dollar geführt und liefert einen wesentlichen Teil des Apparats des ökonomischen Lebens in den USA: den FICO® Score.

Die Soziologin Martha Poon hat die Geschichte von Fair, Isaac & Company wunderbar dokumentiert.[10] In ihrer Frühzeit entwickelte die Firma Kreditbewertungssysteme für die Einzelhändler in amerikanischen Kleinstädten auf dem Land. Dadurch bot sie ihren Kunden die Chance, ihr Geschäft im neuen Bereich der Verbraucherkredite auf dem Massenmarkt zu verbessern. Schon damals musste die Ausrüstung am Verkaufspunkt so unkompliziert sein, dass sie von Angestellten ohne Rechner und statistisches Wissen benutzt werden konnte. Das entsprechende System musste daher in die Geräte eingebaut und die schwierige Mathematik Fair, Isaac & Co. überlassen werden. Die Firma entwickelte für jeden ihrer Kunden ein maßgeschneidertes System, unter Benutzung der Berichte, die sich in dessen Läden angesammelt hatten. War das System geliefert worden, stellte der Verkäufer dem Bewerber Fragen, die er von Fair, Isaac & Co bekommen hatte, bewertete die Antworten gemäß ebenfalls gelieferten Tabellen und addierte die Werte, sodass sich »Ja« oder »Nein« ergab. Die Händler konnten nun die Wahrscheinlichkeit, dass der Kredit nicht bedient werden würde, mit ihrer vorhandenen Kundenbasis vergleichen. Das war ein bisschen zusätzliches Wissen, das es den Läden ermöglichte, *entweder* ihre Volumina bei der gleichen Ausfallrate zu erhöhen *oder* die Ausfallrate auf dem bisherigen Verkaufsniveau zu senken.

Martha Poon ist es wichtig, dass wir die physische Natur der Kreditbewertung verstehen. Dies war kein verfeinertes Financial Engineering in den Wolkenkratzern der Wall Street! Junge Analysten, zum Teil mit sehr hoher Qualifikation, machten Feldarbeit – sie holten Ordner aus schmuddeligen Räumen in weit entfernten Shopping Malls, fotografierten die Berichte und schickten sie dann zur Kodierung und Analyse ins kalifornische Hauptquartier der Firma. Dort übertrug ein Team von Hausfrauen die handgeschriebenen Berichte in Heimarbeit auf Lochkarten, und schließlich produzierten die Computer von Fair, Isaac & Co. einen Algorithmus für den Kunden. Das war tatsächlich Ökonomie »in der Wildnis«! Probleme im Zusammenhang mit der Auswahl der Stichproben und dem Schwerpunkt bei der Analyse wurden zwischen den verstaubten Regalen gelöst; die Analysten legten die Regeln für diese neue Forschungsdisziplin fest, während sie weitermachten, und die Umwandlung der ungeordneten

Daten in ein reguläres Format erforderte Sorgfalt, Geschick und gutes Urteilsvermögen.

Bald ging Fair, Isaac & Co. über die staubige Aufpfropfung der Bewertung von Krediten in kleinem Maßstab hinaus. In den 1980er-Jahren verlangten Firmen aus der boomenden, aber von starker Konkurrenz geprägten Kreditkartenbranche Zugang zu den individuellen Werten, die es ihnen ermöglichen würden, ihren Markt zu ordnen und zu gliedern. Postwurfsendungen waren zwar üblich, doch dann konnten die Kreditgeber die Bewerber nur noch auf Grundlage davon ablehnen oder akzeptieren, ob sie die Forderungen auf einer generischen Liste erfüllten. Da wäre es für den Kreditgeber doch viel besser gewesen, das Risiko möglichst genau zu berechnen und in den Fällen, wo die Ausfallwahrscheinlichkeit größer war, höhere Zinsen zu verlangen! Ein Kreditmarkt, der sich auf diese Weise »räumte«, würde den Kreditgebern die maximalen Profite bescheren. Plötzlich handelt es sich nicht mehr um einen Markt für Zitronen, da die Käufer (die Kreditgeber) zwischen guten und schlechten Verkäufern (denen, die Geld aufnehmen wollen) unterscheiden können. Jetzt kann man gut mit dem Risiko umgehen und es mit einem Preis versehen. Fair, Isaac & Co. machte sich also daran, einen Credit Score zu entwickeln, auf der Basis der Daten von Auskunfteien – den großen Firmen wie Equifax, die wir heute kennen –, die Unterlagen über ausgebliebene Zahlungen und gerichtliche Anhörungen archivierten, zusammen mit Informationen über pünktliche Zahlungen, damals aber noch keine statistische Analyse dieser Informationen anboten. Das neue Scoring-System mit dem Namen PreScore ermöglichte das Pre-Screening von Postwurfsendungen und – darauf weist Martha Poon ausdrücklich hin – machte die Kreditkontrolle zu einer Marketingfunktion. Plötzlich konnten die Kreditgeber das Universum der Leute sehen, bei denen laut Statistik die Wahrscheinlichkeit bestand, dass sie pünktlich zahlen würden, und sich direkt an sie wenden.

Trotzdem stellte Fair, Isaac & Co. noch immer Scoring-Systeme her. Das Meisterstück der Firma war, Anfang der 1990er-Jahre, die Bewegung zu einem einzigen numerischen Score für Individuen, um statt Technologie Daten verkaufen zu können. Auf einer Skala von 850 ist der FICO® Score ein variabler Score für Verbraucherkredite, der ständig aktualisiert wird. Er drückt die Kreditwürdigkeit einer Person in Form einer einzigen Zahl aus: eines Fakts. Und dann geschah das, was Fakten ja so oft machen: Der Score ging auf Reisen. Er schüttelte die Erinnerung an seine Geburt ab – an die verstaubten Aktenschränke, das ländliche Amerika, die hart arbeitenden jungen Statistiker mit ihren Mikrofilmkameras, die Ökonomie in der Wildnis – und bewegte sich weiter. In der Politik und der Hochfinanz, wo er sich ansiedelte, wurde er zur Grundlage einer Umwälzung bei der Kreditvergabe.

Am 11. Juli 1995 machte das riesige, von der Regierung gestützte Kreditinstitut Freddie Mac einen FICO® Score von 660 zur Schwelle für die Vergabe von Krediten. 660 kennzeichnet somit die Untergrenze von »prime« und alles darunter wird durch ein Wort beschrieben, das wir inzwischen nur zu gut kennen: »subprime«. Ab 1995 zauberte der Score genauso wie die Scores von Fair, Isaac & Co. auf dem Kreditkartenmarkt: Er machte eine ganz neue Schicht von Konsumenten sichtbar, die die Kreditinstitute ins Visier nehmen konnten, die bereit waren, für höhere Erträge ein größeres Risiko einzugehen. Es hat schon immer – vor allem in Zeiten der Inflation bei den Hauspreisen – schlechte Kreditnehmer gegeben, doch dank des Credit Scoring konnten die Kreditgeber genau sehen, *wie* schlecht sie waren, und von ihnen effizient höhere Zinssätze fordern. Ein Kreditrisiko zu sein heißt heute nicht mehr, dass man keine Kredite bekommt, sondern dass man für eine knappe Ressource mehr zahlen muss: Ein Credit Score erlegt einem widerstrebenden Markt die Gesetze von Angebot und Nachfrage, Risiko und Ertrag auf.

Als 2007 die Kreditkrise ausbrach, lernten wir schnell, dass eine der Hauptursachen hohe Ausfallquoten bei den »Subprime«-Hypotheken waren. Natürlich gab es noch einen Grund dafür, dass die Kreditgeber Hochrisikokunden gern so aggressiv zu einer Zielgruppe machten: Sie verliehen nicht mehr ihr eigenes Geld! Im Rahmen mehrerer anderer ungewöhnlicher Innovationen wurde das Kreditrisiko weiterverkauft, und der FICO® Score wurde eines der wichtigsten Instrumente für die Koordination von Risiko- und Kapitalflüssen auf der ganzen Welt.

Die politischen Entscheidungsträger und die Engineers an der Wall Street mögen den FICO® Score als nützliche Tatsache behandelt haben, doch in den Augen der meisten Leute sieht er eher wie ein Aktivposten aus; bei Fair, Isaac & Co. selbst erkannte man schnell, dass in dieser Anwendung ein enormes Ertragspotential schlummerte. Auf myfico.com, der Website, auf der die Firma die Kunden anspricht, können Bürger der USA ihren Credit Score herausfinden und sich Tipps für den Umgang mit ihm holen.[11] Dafür gibt es sowohl finanzielle als auch praktische Anreize. Der Website zufolge kann ein Unterschied von 100 Punkten beim Score während der Laufzeit einer Hypothek über 300 000 Dollar eine Ersparnis bei der Rückzahlung von 40 000 Dollar bringen. Man hat mir erzählt, dass junge Leute, die in einer amerikanischen Stadt eine Wohnung mieten wollen, ohne einen gesunden FICO® Score nicht einmal einen Fuß durch die Tür bekommen. Ich frage die amerikanischen Studenten in meinen Kursen jedes Jahr, ob sie über diesen Score Bescheid wissen, und die meisten kennen ihn; damit sie einen gesunden FICO® Score aufbauen konnten, haben manche der wohlhabenderen jungen Leute schon zu Beginn ihrer Teenagerzeit Kreditkarten bekommen, ihr Geld wohlbedacht ausgegeben und stets darauf geachtet, die Beträge auf ihren Karten pünktlich zu zahlen. Der FICO® Score ist ein persönliches Attribut, das finanzielle Gegenstück zu einem Studium oder einem Waschbrettbauch – etwas, an dem man arbeiten und das man sich aufbauen muss.

Das Wachstum der Credit Scores verdeutlicht die Bewegung von der in persönliche Beziehungen eingebetteten Kreditvergabe zu einer Übung im statistischen Risikomanagement. Das Werkzeug der Ökonomie, das in die technischen Instrumente eingebaut ist – seien sie nun so primitiv wie die Papier-Scorecards der Verkäufer im ländlichen Amerika oder so ausgefeilt wie die Algorithmen, die hinter dem FICO® Score stecken –, hat im Laufe der Zeit die sozialen Bindungen durchtrennt, die den Hypothekenmarkt früher stabilisierten. Das Wachstum des Credit Scoring hatten sich ursprünglich Regierungen auf die Fahnen geschrieben, die eine linke Wirtschaftspolitik mit sozialer Einbeziehung verfolgten. Der Bankmanager und der Angestellte im Laden galten als zu einschüchternd und zu selektiv. Die Beziehungen zwischen den Filialleitern und den Kunden schwelten vor sich hin, und die Unterwürfigkeit gegenüber dem Pfau in einer Kleinstadtbank reizte. Die Entscheidungen der Filialleiter konnten ja sprunghaft sein und auf Grundlage physischer Faktoren getroffen werden – wirkte der Kunde »verschlagen«, »ausweichend« oder »streitsüchtig«, sah er »verkommen« oder »protzig« aus? Sie erschnüffelten den moralischen Stoff, aus dem der Kunde war, und erkundigten sich danach, wofür das Darlehen verwendet werden sollte, stets auf der Suche nach familiären Schwierigkeiten und extravaganten Ehepartnern.[12] Man ging davon aus, dass der finanziellen Inklusivität und Opportunität durch die Objektivität der Sozialwissenschaften besser gedient werden konnte und dass man hier wohl zwei Fliegen mit einer Klappe erlegen konnte: das Problem der »Asymmetrie bei den Informationen«, mit dem die Kreditgeber sich schon seit den frühesten Tagen herumschlagen mussten (einfach ausgedrückt: Die Kreditnehmer wissen viel mehr über ihre Zahlungsfähigkeit als die Kreditgeber), konnte durch statistische Analysen gelöst werden, und gleichzeitig konnte man die Kreditaufnahme allen zugänglich machen.

Beim Credit Scoring gibt es gleich mehrere Probleme. Aufgrund seiner dynamischen Reaktion auf die neuesten Aktivitäten kommt es gelegentlich zu Kollateralschäden: Sollte bei den 40-jährigen Akademikern, die ihre Lebensmittel online kaufen, plötzlich ein Ausbruch notleidender Kredite auftreten, habe ich mit meinem nächsten Antrag auf eine Kreditkarte keine Chance mehr. Wichtiger waren allerdings die Veränderungen bei der Branchenstruktur, die notwendigerweise auf die Neudefinition der Art des Risikos folgten. In den 1980er-Jahren kam es beim britischen Retail Banking durch eine Fokussierung auf das Marketing, den Verkauf, den Dienst am Kunden und die Qualität zu einer Verdrängung der traditionellen Werte »Mäßigkeit, Konvention, lange, treue Dienste und Geschick beim vernünftigen Geldverleih«.[13] Wo der Filialleiter überhaupt noch existiert, ist er ein Verkäufer geworden. (In der Mehrzahl der Fälle ist »er« jetzt allerdings eine »Sie«: Da man davon ausgeht, dass weibliche Angestellte mehr Überzeugungs- und Überredungsfähigkeiten haben, stehen die Männer inzwischen oft nur noch in der zweiten Reihe.) Die Manager(innen) werden vom Wettbewerb geprägten und vom Ziel getriebenen Beschäftigungsregeln unterworfen. Die Banken, die miteinander im Wettbewerb darum stehen, die Shareholder Returns durch aggressive Kosteneinsparungen zu steigern, haben Zweigstellen, deren Leistungen in ihren Augen nicht gut genug waren, geschlossen und den Kontakt mit den Kunden in ausländische Callcenter ausgelagert. Das Aufkommen der »objektiven« Credit Scores – sofort verfügbar, zuverlässig und billig – wurde von der Transformation des Bankwesens in eine auf den Profit fokussierte Verkaufsbranche begleitet. Ein höherer Bankmanager hat mir erzählt, dass die Banken durch den Geldverleih allein einfach nicht genug Geld verdienen könnten – jedenfalls nicht genug, um ihre gierigen Aktionäre zufriedenstellen und den Führungskräften ihre Boni garantieren zu können.

Wie immer machen die Auferlegung von Zielen und die Einrichtung kompetitiver Belohnungsstrukturen den Beschäftigtentyp real, den sie voraussetzen, und der risikoscheue Kreditmanager wird durch den umtriebigen, aggressiven Verkäufer ersetzt, dem es nur um seinen Jahresbonus geht. Der Beweis dafür ist eine Flut gewichtiger Vergleiche in der Bankbranche, wegen falscher Beratung beim Kauf von Finanzprodukten, bei Investitionsplänen, Versicherungen wegen Zahlungsausfall und erst vor Kurzem bei der exotischen, auf Derivaten basierenden Kreditversicherung, die die kleinen Firmen Millionen gekostet hat.[14] Dem Bankwesen fehlt es nicht nur an Kultur. Wir sind Zeugen der völligen Umgestaltung einer Branche geworden, gemäß der ökonomischen Theorie der Lehrbücher, und im Herzen dieser Transformation liegen die technischen Instrumente und materiellen Artefakte, die nicht nur die Branche zusammenhalten, sondern auch die Menschen in ihrem Umfeld: die politischen Entscheidungsträger, Zentralbanken, Rating-Agenturen, Kontoinhaber, Kreditnehmer und Aktionäre.

Es ist eine Ironie und zugleich bedauerlich, dass das Credit Scoring sich als längst nicht so inklusiv erwiesen hat, wie seine Befürworter hofften. Die Credit Scores beruhen auf Berichten über regelmäßige Lohn- oder Gehaltszahlungen und die Verbindlichkeiten aus bereits existierenden Krediten. Wohlhabende Leute mit guter Finanzdisziplin, die auf ihre Zahlungsverpflichtungen achten, können sofort Kredite bekommen. Wer aber durch den Rost gefallen ist, noch nie über längere Zeit eine feste Stelle hatte und keine Geschichte über seine Kreditrückzahlungen hat, bleibt für immer aus diesem neuen finanziellen Utopia ausgesperrt. Die Lage wird noch dadurch verschärft, dass die Zweigstellen, die in den letzten 30 Jahren geschlossen wurden – weil sie am wenigsten Profit abwarfen –, häufig gerade in den ärmeren Gebieten lagen. Eben dort wird die Unterstützung durch eine Bank am dringendsten gebraucht, und die Klugheit eines verständigen Filialleiters – einer realen Person, die bereit ist, ihre Entscheidung auf Grundlage einer subjektiven Einschätzung des

Charakters oder der Absicht zu fällen – könnte eine Transformation bewirken.

Ein Darlehen, das einem mit Bedacht ausgewählten Kunden, auch wenn er keine Kreditgeschichte vorweisen kann, von einer gewissenhaften Person gewährt wird, braucht kein höheres Risiko zu sein als ein durch die Statistik bestimmtes Kreditkartendarlehen. Das zeigt beispielsweise die große Rückzahlungsdisziplin bei den Mikrofinanz-Projekten; jeder gute Geschäftsmann weiß, dass soziale Beziehungen positives Verhalten und die persönliche Verantwortlichkeit zementieren und den Einzelnen zu Verhaltensweisen anregen können, die kurzfristig sogar dem Selbstinteresse zuwiderlaufen. Die globale Finanzkrise und die nachfolgende Kapitalvernichtung wurden nicht durch ein paar wacklige Darlehen an kleine Firmen verursacht. Vielleicht erschafft man durch die sofortige, entpersonalisierte Vergabe von Krediten gerade die Bedingungen, die leicht zum Ausbleiben der Rückzahlungen führen. Mit Darlehen, die als Waren gewählt werden, über Vergleichssites und Antragsformulare im Internet, oder die von skrupellosen Zwischenhändlern allein zu ihrem eigenen kurzfristigen Nutzen verkauft werden, sind außer den entsprechenden gesetzlichen Forderungen, die in einem Markt, der zusammenbricht, kaum einen Wert haben, keinerlei Verpflichtungen verbunden. Der Zusammenbruch des Immobilienmarktes in den USA 2005/2006 zeigte der Welt, was passiert, wenn sich herausstellt, dass finanzielle Verpflichtungen nur durch Papier gestützt werden. Ausfälle auf breiter Basis, bei denen die Kreditgeber die Schlüssel mit der Post zurückbekamen, wurden normal.

In anderen Ländern, beispielsweise in Großbritannien, ist es Kreditnehmern vom Gesetz her nicht erlaubt, sich ihrer Schulden auf diese Weise zu entledigen; auch wenn sie hoffnungslos verschuldet sind, müssen sie sich weiter abmühen, die Rückzahlungen für ein Haus zu leisten, das nur noch einen Bruchteil des ausstehenden Kredits wert ist. In Irland mussten diejenigen, die sich auf dem Höhepunkt der Blase ein Haus auf einem erst teilweise erschlossenen Areal gekauft hatten, hilflos zusehen, wie die Erschließungsfirmen abzogen und sie fast ohne sanitäre Versorgungseinrichtungen, Entwässerung oder Straßenbeleuchtung sitzen ließen. Da sich den irischen Bürgern kein legaler Ausweg aus dieser Situation bot, rangen sie darum, die gigantischen Schulden von Banken zu unterstützen, die als »zu groß, um zu fallen« galten – eine weitere unverfrorene ökonomische Kalkulation –, und hielten einen bizarren, auf den Kopf gestellten Sozialismus aufrecht: Die Armen mussten den Preis zahlen, die Banken und die Obligationsinhaber wurden wunderbar geschützt. Wir haben alle erkennen müssen, dass die in der Gussform von Onlinerechnern, optimalen Geschäften, Kreditwürdigkeit und einer unaufhörlichen Kurzfristigkeit von Köderpreisen, Refinanzierungen von Hypotheken und Umfinanzierungen gebildete Realität keine Grundlage ist, auf der sich eine wohlhabende Gesellschaft aufbauen ließe.

Listen, Rankings und das Studium als Ware

Man könnte behaupten, die Kreditkrise sei eine einmalige Erscheinung gewesen, ein Ausreißer. Natürlich haben die Banken genau das getan, als sie am Haken der schlimmsten Finanzkatastrophe seit Jahrzehnten zappelten. Es braucht aber gar nicht immer eine Katastrophe zu geben, damit wir uns unwohl fühlen. Wir wollen die höhere Bildung als Beispiel nehmen. In den beiden letzten Jahrzehnten wurde die Hochschulbildung in Großbritannien immer stärker vom Markt getrieben. Die Universitäten wurden in eine spezialisierte Dienstleistungsbranche umgewandelt und wurden ein Exportartikel für die nationalen Unternehmen. Diese Reform fand unter mehreren Regierungen statt, erreichte ihren Höhepunkt jedoch unter dem Staatsminister für

Hochschulen und Wissenschaften David Willetts, einem der führenden Intellektuellen bei den Konservativen. Es ist nicht zu übersehen, dass Willetts neoliberale Sympathien hegt – er gehört beispielsweise zu dem neoliberalen Thinktank Institute for Fiscal Studies. Er hat ein progressives Programm zur Einführung eines Marktes für die höhere Bildung verfolgt. Dabei orientierte er sich am *Browne Review*, den die vorhergehende Labour-Regierung in Auftrag gegeben hatte und der 2010 veröffentlicht worden war. Willetts hat die zulässigen Studiengebühren in England und Wales stark erhöht – auf das Dreifache! Diese Gebühren bilden lediglich einen Teil einer umfassenderen Umgestaltung der Bildung zu einer käuflichen Ware, bei der die Studenten in die Rolle der Kunden gedrängt werden. Der folgende Text ist typisch für die Ausdrucksweise von Willetts:

> *Daher haben wir die Auswahl und die Flexibilität erhöht. Außerdem haben wir den Umfang der Informationen, die potentiellen zukünftigen Studenten zur Verfügung stehen, enorm vergrößert; unserer Meinung nach wird das die Standards an den Universitäten stark verbessern, da die potentiellen Studenten jetzt eingehend darüber nachdenken können, wie viel Kontakt sie zu den Dozenten haben werden, wie groß die Kurse sein werden, wie die Universitäten bei der landesweiten Umfrage unter Studenten und vor allem, wie ihre Absolventen auf dem Arbeitsmarkt abschneiden.*[15]

Willetts' Argumentation ist klar: Wenn man die Studenten zu Verbrauchern macht, wird man die Universitäten irgendwie besser machen. Wenn die Studenten Gebühren zahlen müssen, wird spontan ein Markt entstehen, da die Universitäten miteinander um die »Kunden« konkurrieren. Der Zugang zur höheren Bildung wird dadurch bestimmt werden, wie die Studenten selbst ihre Talente und Möglichkeiten beurteilen, was in ihrer Bereitschaft zum Ausdruck kommt, Geld aufzunehmen und Gebühren zu zahlen. Von Bedeutung sind allein die letztendlichen kombinierten Auswirkungen des Intellekts der Studenten und der Qualität ihres Abschlusses auf ihre Verdienstmöglichkeiten. Die Qualität des Abschlusses wird sich an sichtbaren Indikatoren ablesen lassen, beispielsweise an Ranglisten für die Hochschulen, und (das ist ganz wichtig) Institutionen von schlechterer Qualität werden niedrigere Gebühren verlangen. Der Markt für die höhere Bildung wird letztlich also dem gleichen, der auf den ersten Seiten von Ökonomielehrbüchern beschrieben wird.

Bei einer Marktlösung müssen die Vorteile der Bildung auf die gleiche Weise betrachtet werden: Der Student, der selbst für seine wirtschaftliche Karriere verantwortlich ist, erhält den Großteil des zukünftigen Nutzens; er sollte daher die Kosten tragen und gleichzeitig nach einer Maximierung der Erträge streben. Diese Ideen lassen sich bis zu den Aussagen des Neoliberalismus im Allgemeinen und insbesondere zur Chicago School of Economics zurückverfolgen, wo sie in der Arbeit Gary Beckers formellen Ausdruck finden. Becker entwickelte in der Frühzeit seiner Laufbahn eine Theorie des Humankapitals und analysierte die Erträge der Investition öffentlicher Mittel in die Bildung auf der Ebene des Einzelnen. Seine Zahlen wurden schnell zu einem Maßstab, den die politischen Entscheidungsträger benutzten, um die Effektivität der Ausgaben für das Bildungswesen zu ermitteln; sie trugen dazu bei, ein kurzsichtiges Verständnis des Zwecks und Sinns der Bildung zu institutionalisieren und zu verstärken.[16] Dieses Axiom für die Planung der höheren Bildung ist unverkennbar falsch. Von guten Lehrern, Krankenschwestern, Beamten, Forschern, Geistlichen, Bürokraten, Verwaltungsmitarbeitern, Stadtplanern, Trainern usw., die sämtlich studiert haben und es zu einem erheblichen Teil nur mit Mühe schaffen werden, die Gebühren und andere Kosten, die sie auf sich genommen haben, wieder hereinzuholen, profitieren wir ja alle. Zudem sehen die

Studenten sich bereits beträchtlichen Opportunitätskosten gegenüber: Kosten in Form von Zeit, von entgangenen Verdiensten, sogar von Arbeitslosenunterstützung, die sie nicht bekommen haben. Das ist ein Nebenschauplatz, doch wenn man die Studenten zwingt, für ihre Ausbildung hohe Kosten auf sich zu nehmen, drängt man sie in die wenigen Berufszweige, in denen sie ihrer Ansicht nach mit Sicherheit genug verdienen werden, um ihre Schulden zurückzahlen zu können, wie das Bankwesen, die Justiz und die gut bezahlten Teile der Medizin. Der daraus resultierende Überschuss an Bankfachleuten und Anwälten bedeutet, dass viele von ihnen keine Stelle finden werden; noch wichtiger ist jedoch, dass sich unser ganzes Talent am falschen Ort ballen wird.[17]

Ein ganz wichtiger Punkt bei diesen Reformen sind bessere Informationen, sodass die Studenten bessere, »rationalere« Entscheidungen treffen können. Bei einer Präsentation des Institute of Fiscal Studies wurde über die »Informationsprobleme« beim Markt für höhere Bildung diskutiert: »Um *rationale* Entscheidungen treffen zu können, müssen die Betreffenden perfekt über die folgenden Aspekte informiert sein: das Wesen des Produkts (Qualität der Universität, Erfahrung); Preise (Gebühren, Lebenskosten und entgangener Verdienst); und die Zukunft (Einkommen und Rückzahlung der Schulden).«[18]

Weshalb ist die Rationalität so wichtig? Nachdem der erste Schritt gemacht worden ist, nachdem wir uns darauf geeinigt haben, dass die Studenten sich bilden, um ihr eigenes Kapital zu vergrößern und in der Zukunft höhere Einnahmen zu erzielen, ist klar, dass die Studenten, die jetzt ja für ihr Studium zahlen müssen, nach dem höchsten Ertrag ihrer Gebühren streben sollten. Die Studenten – junge Menschen, die sich bemühen, ihr zukünftiges Leben zu planen – müssen ihr Fach und ihre Universität überlegt und berechnend wählen, und das Institute of Fiscal Studies sagt ja, dass es ohne Informationen keine Rationalität geben kann.

Zum Glück können die Studenten die Rankings, Scores und Qualitätsmaße der heutigen Universitäten nutzen, um die künftigen Erträge ihrer Investitionen in Form der Gebühren und der Zeit abzuschätzen, von den entgangenen Verdiensten ganz zu schweigen. Die Rankings distribuieren die Kalkulation und setzen den potentiellen Studenten als leidenschaftslose, rationale Hybride zusammen, die die Erträge der Ausbildung und die Kosten ökonomisch gegeneinander abwägen kann.

Das ist aber nicht der einzige Aspekt der Rankings. Sie sind starke Elemente, die den Studenten auch sagen, wie die Universitäten bewertet werden *sollten*. Die amerikanischen Soziologen Wendy Espeland und Michael Sauder haben gezeigt, dass die Rechtsakademien in den USA tatsächlich mehr wie die idealen Institutionen geworden sind, auf denen die Rankings beruhen.[19] Da die Rankings bei den Entscheidungen der Studenten immer wichtiger werden, werden die Universitätsverwaltungen ihre Ressourcen und finanziellen Mittel so einsetzen, dass ihr Ranking sich verbessert. Je mehr die Rankings andere Interessengruppen anziehen, desto stärker werden sie.

So dürften die Arbeitgeber sich vom Prestige der Universität überzeugen lassen, das oft in Form von Rankings gesehen wird, und Studenten, die es nicht in die höheren Ränge des akademischen Establishments schaffen, bleibt so mancher Karriereweg versperrt. Die Riesensummen, die zum Beispiel an die Leute auf den höchsten Positionen in der Finanzbranche und im Unternehmensrecht gezahlt werden, ziehen Ströme junger Talente an; Robert Frank und Philip Cook zufolge sind die Türen Studenten, die keine Eliteuniversität besucht haben, bereits verschlossen. Frank berichtet von einer Studentin von einer kleinen Hochschule in Florida – mit Bestnoten und ihren Referenzen zufolge die beste Studentin, die ihre Professoren je unterrichtet hatten –, die nicht ins wirtschaftswissenschaftliche Programm für Graduierte in Harvard aufgenommen worden war. Die erfolgreichen

Bewerber hatten ebenfalls Bestnoten und begeisterte Referenzen, kamen aber von Universitäten wie Stanford oder Princeton. Frank schreibt: Die Universitätsverwaltungen »sind gezwungen, sich an die Statistiken zu halten, und die sagen eindeutig, dass die besten Studenten von den besten Universitäten im Schnitt besser sind als die besten Studenten von nicht so guten Universitäten«.[20]

Die Entscheidungen der Arbeitgeber fließen ein in die Zahlen für das höhere Gehalt, das mit bestimmten Abschlüssen verbunden ist, und stärken das Ranking so noch mehr. Die Universitäten sind sich des Zusammenhangs zwischen den Rankings und den Bewerbungen bewusst und üben Druck auf ihre Fakultäten aus – sie sollen Arbeit liefern, die in eine angemessene disziplinäre Gussform passt, und sie in Publikationen veröffentlichen, die in den fachspezifischen Listen weit oben stehen. Man erwartet, dass die Gelder, die die Universität für die Forschung zur Verfügung stellt, sich in einem steten Strom von Veröffentlichungen niederschlagen. Die akademischen Leistungen werden wahrscheinlich eher über konkrete Messzahlen wie den »h-Index« (auch Hirsch-Index – ein Zitationswert, der ausdrückt, wie viele Publikationen mit einer bestimmten Häufigkeit angeführt wurden, und ein Mittel, um den akademischen Wert anzuzeigen: Ein h-Index von 10 bedeutet, dass zehn Publikationen jeweils mindestens zehnmal zitiert wurden) erfasst als in den verschwommenen Begriffen der Reputation. Zitationsindexe und Zeitschriften-Rankings machen gewisse Aspekte der akademischen Aktivität sichtbar, beeinflussen so die Entscheidungen über Einstellungen und organisieren den Arbeitsmarkt für Akademiker neu.

Angeblich wertet nichts von all dem die zentrale Aufgabe der Universitäten ab oder verändert sie gar: die Vermittlung von Bildung. Wie kann das möglich sein? Würde eines der führenden Universitäts-Rankings einen Wert für Neonreklame – das ist natürlich ein absurdes Beispiel – aufnehmen, würden die Gelände der Universitäten schon nach ein paar Wochen wie Las Vegas aussehen. Dieser Prozess läuft nicht nur bei den Universitäten ab: Die Rankings der Städte beispielsweise haben einen enormen Einfluss auf die Entscheidungen der Stadtplaner.[21] Wenn die Verwaltungen sich wegen der Reklame (dabei braucht es sich gar nicht um Neon zu handeln, aber der Aufbau einer Marke scheint den Leuten an der Spitze wichtig zu sein) oder um sichtbare Architektur und Einrichtungen Sorgen machen, besteht wirklich die Gefahr – insbesondere bei Institutionen, wo die Mittel knapp und die Positionierung wacklig sind –, dass diese Dinge Geld verschlingen, das eigentlich dringend für nicht so sichtbare, nicht so direkt erkennbare Zwecke wie die Lehre und ihre Unterstützung benötigt würde. Zudem werden die Leute in der Verwaltung ihre Rolle dann zunehmend in der Verbesserung der Rankings sehen, nicht im Umgang mit zentralen Punkten rund um das Lernen und die Pädagogik. So ergibt der National Student Survey in Großbritannien durchgehend, dass die Studenten ihrer eigenen Ansicht nach zu lange auf Feedback warten müssen. Eine Lösung für dieses Problem könnte darin bestehen, sich stark auf automatisierte Multiple-Choice-Tests zu stützen, bei denen die Teilnehmer sofort Feedback bekommen. Kann man das aber wirklich als pädagogische Verbesserung betrachten – auch wenn es das ist, was die Studenten wollen?[22]

Abgesehen von den allgegenwärtigen Surveys zu den »Erfahrungen der Studenten« – dieser Begriff beinhaltet eine subtile Neupositionierung des Studiums als eine Art mit den Erfahrungen verbundene Ware, wie eine Safari oder ein Abenteuertag in einem Heißluftballon – werden die Universitäten auch noch den verschiedensten anderen Bewertungen unterworfen. Die Akkreditierung durch Berufsverbände, die auf dem Wunsch beruht, den Studenten mehr arbeitsplatzrelevante Qualifikationen zu verschaffen, verlangt den Universitäten einiges ab und kann zur Umgestaltung ihrer Lehrpläne und Annahmestrategien führen. Da die Dozenten bei der Forschung und der Lehre ständig kontrolliert werden, werden sie auf Nummer sicher gehen und konservative Gelehrsamkeit und traditionelle Lehre mit geringem Risiko bieten. Und das kann man ihnen gar nicht verdenken, denn ihre Stellen stehen ja auf dem Spiel, wenn sie keine guten Publikationen liefern und nicht regelmäßig hohe Werte beim Feedback für ihre Lehrtätigkeit erreichen. Wird die akademische Arbeit ganz auf die Produktion von Publikationen reduziert, die in den Rankings weit nach oben gelangen, lässt es sich gar nicht verhindern, dass diejenigen Akademiker, die bereit sind, bei dem Spiel mitzumachen, auf langfristige Verträge verzichten, im Markt zirkulieren und auf der Suche nach höheren Gehältern von einer Universität zur anderen ziehen werden. Die Verlierer dabei sind natürlich ihre Studenten.

Die Transformation, die bereits viele Unternehmen erfasst hat, beginnt jetzt auch die akademische Laufbahn umzugestalten. Das amerikanische System, bei dem junge Akademiker bestimmte Ziele erreichen müssen, um einen Dauervertrag zu bekommen, ähnelt immer mehr dem »Rank and Yank«-System, bei dem auf Grundlage der Leistungsbeurteilungen jedes Jahr die schlechtesten 10 Prozent der Mitarbeiter entlassen werden. Die Beschäftigten konkurrieren offen um die Bevorzugung und kämpfen darum, der Entlassung zu entgehen. Dieses System herrscht am scharfen Ende des privaten Sektors vor, wenn auch vielleicht ohne eine angemessene finanzielle Vergütung. Wir wissen, dass Anreizsysteme, wie die Rankings der Institutionen, Beschäftigte der Art erschaffen werden, die sie sich vorstellen: Falls man in einem System nur überleben kann, wenn man technische Exzellenz mit Risikoscheu verbindet, und vielleicht auch noch mit der Bereitschaft, seine Forschungspartner zum eigenen Vorteil strategisch zu manipulieren, werden sich genau diese Charakteristika entwickeln. Die Personen, die das »Rank and Yank« im privaten Sektor überleben, könnten gerade die abgebrühten, durchtriebenen Strategen sein, die ein Unternehmen verlangt – doch einen

Beruf, der fundamental auf Vertrauen, Empathie und Kompetenz beim Umgang mit Menschen beruht, der für viele nicht nur eine Karriere, sondern auch eine Berufung ist, werden sie nicht unbedingt verbessern.

Ein Marktsystem verändert auch die Prioritäten der Studenten. Wenn sie plötzlich Kunden sind, werden sie anfangen, sich wie Kunden zu verhalten. Häufig sehen sie jedoch nicht, dass es verschiedene Arten von Kunden gibt, dass der Kauf einer Dose Bohnen im Supermarkt eine völlig andere Transaktion ist als ein Bildungsprozess, der vom Studenten verlangt, dass er sich bis an die Grenzen seiner Fähigkeit, seiner Vorstellungskraft und seiner emotionalen Reserven in ihn einbringt. Das Modell der Bohnendose ist natürlich viel leichter und wird von vielen Studenten bevorzugt. Sie sind nämlich nicht ohne Weiteres bereit, das Studium als einen Prozess zu begreifen, zu dem Reflexion, Vertrauen, Empathie und Risiken gehören. Viele Studenten betrachten ihr Studium vielmehr als eine Gruppe von Zielen, von Kästchen, die angekreuzt werden müssen, als eine Arbeit, die auf einer festgelegten Ebene gemacht und zu einer bestimmten Qualifikation führen wird, wo der Student lediglich vorverdaute Wissensbrocken schlucken und wieder ausspeien muss. Damit sie höhere Grade bekommen – die im rein externen Sinn bessere Stellenangebote und Gehälter bedeuten –, werden die Studenten Module wählen, die in ihren Augen einfach sind. Beim Lernen geht es dann vor allem darum, sich Dinge einzuprägen und wiederzugeben, während die höherrangigen pädagogischen Ziele Synthese, Kritik und Bewertung – Fähigkeiten, über die unsere jungen Leute unbedingt verfügen müssen und die für den Studenten in allen nicht ganz kurzfristigen Kontexten nützlicher und wertvoller sind – beiseitegeschoben werden.

Wenn die Studenten immer mehr Schulden ansammeln, werden sie bei ihrem Lernen und ihren Entscheidungen risikoscheu. Im 21. Jahrhundert erfüllen die Schulden denselben Zweck wie der Hunger im 19.: auch die wildesten Studenten zu zähmen, den widerspenstigsten und verstocktesten Fügsamkeit und Höflichkeit beizubringen. In so einem System werden Chancen, sich zu einem nachdenklichen, reflektiven und sich seiner selbst bewussten Menschen zu entwickeln, nicht ergriffen, und Bildung existiert nur in ihrer beschränktesten Form. Als Leitprinzip für die Zufriedenheit der Studenten erweisen sich zufriedene Studenten, doch es ist unmöglich, einen zufriedenen Studenten etwas zu lehren. Stattdessen sollten wir uns unzufriedene Studenten wünschen, die durch das, was sie gelernt haben, aus dem Gleichgewicht geworfen worden sind und von innen her dazu getrieben werden, ihre vorgefassten Ansichten kritisch zu untersuchen.[23]

Schließlich wird ein Bildungsmarkt das tun, was Märkte immer tun: Er wird zulassen, dass der Nutzen von den schwächeren zu den stärkeren Verkäufern fließt, von den nicht so gut situierten zu den wohlhabenderen Käufern. Institutionen, die in den Rankings an der Spitze stehen, können ihre Position festigen. Wenn die elitärsten Institutionen ihr Prestige vergrößern, werden junge Leute mit mehr Mitteln – nicht, wie angenommen, im Bereich der Fähigkeiten, sondern bei der Bildung, der Klasse und dem Kapital – mehr von diesem Nutzen für sich beanspruchen. Wie die Individuen stehen auch die Universitäten unter dem Druck, durch ihre Aktivitäten Erträge zu erzielen. Das können sie beispielsweise schaffen, indem sie ein Netzwerk von Ehemaligen aufbauen, das sich dann sogar auf den Zutritt zu ihnen auswirken könnte, in Abhängigkeit von dem möglichen künftigen Beitrag zu einer Ehemaligen-Dividende. So etwas wird den Zugang beschränken und dafür sorgen, dass diejenigen, die bereits aus wohlhabenden Familien kommen, größere Chancen haben, angenommen zu werden.[24] Offenbar öffnet die kommerzielle Bildung den Zugang nicht, sondern vergrößert die Ungleichheit nur.

Die Verwandlung der akademischen Ausbildung in eine Ware hat viele Konsequenzen. Nicht die geringste ist die Reduzierung eines gesellschaftlichen Gutes, das einen hohen intrinsischen Wert hat und ein wesentliches Element des menschlichen Gedeihens ist, auf einen instrumentellen, kurzfristigen Hebel für das persönliche Vorankommen. Diese außergewöhnliche, folgenschwere Transformation, ein tiefer Riss im Gesellschaftsvertrag der Nachkriegszeit, wird durch ein ganz einfaches Instrument zusammengehalten: die Liste.

In der ökonomischen Welt bleiben die Maßstäbe einfach nicht auf ihrem Platz. Winzige Zahlen haben riesige Auswirkungen. Credit Scores können eine ganze Branche von Grund auf verändern, die Rankings von Institutionen einen Sektor erschüttern. Einige ökonomische Instrumente haben jedoch, obwohl sie kaum größer sind, die Macht über Leben und Tod. Beginnt die in Kosten-Nutzen-Verhältnisse und Effizienztests eingebettete ökonomische Analyse uns vorzuschreiben, wie wir uns gegenseitig schützen und umeinander kümmern sollten, werden wir vielleicht innehalten und uns erschrocken fragen, wie viel Souveränität wir diesen Gleichungen zuzugestehen bereit sind. Wir könnten uns sogar fragen, ob es einen Punkt gibt, ab dem wir gar nicht mehr ökonomische Menschen sein wollen. Im nächsten Kapitel werde ich mich damit befassen, wie die ökonomische Analyse es uns erlaubt, ein Leben gegen das andere zu setzen, und wie sie das Leben mit einem Preis versieht – das Leben, das unbezahlbarste aller Dinge.

6 Der Preis eines Menschenlebens

In dem Klassiker *Die Affenpfote* von W. W. Jacobs[25] kehrt ein Sergeant-Major mit Geschichten über dunkle Magie und einer verschrumpelten Affenpfote in der Tasche aus Indien zurück. Er erzählt dem alternden, habgierigen Mr White, sie werde drei Menschen drei Wünsche gewähren; das werde sie allerdings etwas kosten, da das menschliche Leben vom Schicksal bestimmt werde und diejenigen, die sich einmischten, das »zu ihrem Leidwesen« machten. Später an jenem Abend wünscht Mr White sich 200 Pfund, damit er seine Hypothek abzahlen kann; das Geld trifft auch bald ein – als Entschädigung für den Tod seines Sohnes Herbert, der bei einem Arbeitsunfall ums Leben gekommen ist. Die Geschichte zieht ihre Kraft aus der Gegenüberstellung von 200 (im heutigen Geld vielleicht 20 000) Pfund und der Unbezahlbarkeit von Herberts Leben; die Pfote ist insofern böse, als sie bereit ist, den geliebten Sohn auf die Rückzahlung einer Hypothek zu reduzieren. Daher könnte es Sie überraschen, dass die USA den Wert eines Menschenlebens im Jahre 1973 offiziell zwar nicht mit 20 000 Pfund ansetzten, aber mit 200 000 Dollar.

Was ist ein Leben wert?

Anfang 1972 (vielleicht auch schon Ende 1971) kaufte sich eine ganz normale amerikanische Familie einen Ford Pinto. Das Auto hatte einen fehlerhaften Vergaser und neigte zum Absaufen und zum plötzlichen Versagen des Motors. Am 28. Mai 1972 machte Lilly Gray sich zusammen mit ihrem 13-jährigen Sohn Richard Grimshaw in dem erst wenige Monate alten Pinto auf den Weg nach Anaheim, wo sie ihren Mann treffen wollte. Sie kam aber nie dort an! An jenem Tag entschied der Motor sich nämlich, auf der mittleren Spur einer Autobahn abzusterben. Der Pinto rollte in starkem Verkehr aus. Das Auto unmittelbar dahinter konnte noch ausweichen, doch das nächste, ein schwerer Ford Galaxie aus dem Jahre 1962, prallte mit fast 50 Stundenkilometern auf das stehende Auto, zerquetschte es und drückte die Hinterachse gegen den Benzintank. Hervorstehende Bolzen am Gehäuse des Differentialgetriebes bohrten sich in den Tank, und durch die Wucht des Aufpralls wurde Benzin in die Fahrgastzelle gesprüht. Als der Pinto zusammengequetscht wurde, explodierte er; die Insassen erlitten schwere Verbrennungen, noch bevor das Auto wieder stand; als Lilly Gray und ihr Sohn endlich aus dem Auto kamen, hatten sie nichts mehr an – ihre Kleidung war völlig verbrannt. Einige Tage später starb Mrs Gray an Herzversagen; der junge Grimshaw war stark entstellt – er hatte Finger, einen Teil seines linken Ohres und einen großen Teil seiner Gesichtshaut verloren.[26]

Grimshaw und die Familie von Mrs Gray zogen gegen Ford vor Gericht – das Auto sei von Grund auf unsicher. 1978 wurden Grimshaw 2,5 Millionen Dollar als Entschädigung zugesprochen; Ford wurde außerdem zu einer Geldstrafe von 125 Millionen Dollar verurteilt, die allerdings später auf 3,5 Millionen reduziert wurde. Der Richter sagte, man habe zeigen können, dass »die institutionelle Mentalität von Ford eine abgebrühte Gleichgültigkeit gegenüber der öffentlichen Sicherheit« sei.[27] Das Gericht kam zu dem Schluss, dass Ford das Risiko gekannt hatte, sich jedoch bewusst dafür entschieden hatte, auf relativ billige Nachbesserungen zu verzichten. Anders ausgedrückt: dass man dort Menschenleben gegen Gewinne gestellt und die Gewinne bevorzugt habe. In den Gerichtsakten werden die Möglichkeiten aufgeführt, die es damals gegeben hätte: die Verstärkung von Teilen für 2,40 und 1,80 Dollar; 4 Dollar für eine Schutzverkleidung des Tanks; ein über der Achse platzierter doppelwandiger Tank für 5,79 Dollar; eine Blase im Tank für 8 Dollar; die Platzierung des Tanks über der Achse mit einer Schutzbarriere für 9,95 Dollar; ein glattes Differentialgehäuse für 2,10 Dollar; eine Abschirmung für 2,35 Dollar; eine Verstärkung der Stoßstange für 2,60 Dollar; eine Knautschzone von 20 Zentimetern für 6,40 Dollar. Ford verbesserte jedoch gar nichts, und die Geschichte wurde zu einer Legende von der Unmoral der Unternehmen, die den Studenten der Unternehmensethik immer wieder aufgetischt wurde: Geld sei den Unternehmen wichtiger als die Rettung von Menschenleben.

Wir müssen diese Legende jedoch ein Stück weit korrigieren: Zur Zeit des Unfalls war der Pinto gerade erst auf den Markt gekommen, und bis zu seiner Produktion hatte es nur zwei Jahre gedauert, etwa die Hälfte der üblichen Zeit. Man hatte Ford-Chef Lee Iacocca persönlich für das Projekt verantwortlich gemacht, ein Auto einzuführen, das mit den neuen, kleinen Importen konkurrieren konnte, die immer beliebter wurden, als der Ölpreis plötzlich stark anzog – und der Pinto war seine Antwort: Er wog nur knapp über 900 Kilo und kostete nicht einmal 2 000 Dollar. Die Gewinnspanne war sehr klein. Trotzdem scheint es nicht so gewesen zu sein, dass Ford die Möglichkeit von Benzinbränden bewusst ignorierte. Nach Ansicht des Chefingenieurs, der selbst seinen Vater bei der Explosion eines Ford-Autos verloren hatte, wäre es gefährlich gewesen, den Tank näher an die Fahrgastzelle zu legen. Doch die Ingenieure und Regulierer hatten die Relevanz der neuen Crashtests noch nicht ganz erkannt und bezweifelten, dass es eine Situation aus dem wirklichen Leben widerspiegelte, wenn man ein Auto mit 50 Stundenkilometern rückwärts gegen eine Wand schleuderte. Daher beunruhigten die hohen Ausfallquoten sie nicht. Der Druck, so schnell mit der Produktion zu beginnen, und die Errichtung der Werke vor der endgültigen Fertigstellung des Designs bedeuteten, dass die Grundzüge des Designs schon in einem frühen Stadium festgelegt werden mussten. Noch wichtiger war, dass kleine Autos als von Natur aus unsicher galten, aufgrund der Leichtbauweise und der innovativen Konstruktionsmethoden; das Brandrisiko wurde daher nicht als Mangel oder Problem eingestuft, sondern als unvermeidliche Folge der geringen Größe. Eine komplexe Organisationskultur und miteinander konkurrierende Abteilungen erhöhten die Unsicherheit noch; so hatten die Leute aus dem Marketing aus dem katastrophalen Scheitern eines früheren Versuchs, die Sicherheit zum Herzstück einer Marketingkampagne zu machen, gelernt, dass »Sicherheit sich nicht verkauft«.[28]

Dennis Gioia, ein idealistischer junger Mann, der damals als Koordinator für die Rückrufe bei Ford arbeitete, hat einen schneidenden Bericht über den Fall geschrieben, in dem er sich auch selbst nicht schont. Es tröpfelten zwar Informationen darüber herein, dass Pintos nach Zusammenstößen bei niedriger Geschwindigkeit »aufleuchteten« (das war die Formulierung der Verkaufsteams), doch sie lösten keine große Beunruhigung aus. Als Gioia im Lager eines Abschleppunternehmens – von den Mitarbeitern »Kammer des Schreckens« genannt – ein Pinto-Wrack sah, war er schockiert genug, um eine Besprechung über einen eventuellen Rückruf anzusetzen. Die Berichte über gelegentliche, wenn auch furchtbare Brände passten jedoch nicht ins Muster der Vorfälle, die einen Rückruf erforderlich machten. Die Entscheidungsträger – Gioia eingeschlossen – stimmten gegen einen Rückruf, und zwar nicht nur einmal, sondern sogar zweimal; dem Unternehmensprotokoll zufolge waren für Rückrufe häufiges Auftreten und verfolgbare Ursachen erforderlich. Wieder behinderten die Unterteilungen im Unternehmen den Informationsfluss. Aus irgendeinem Grund wusste die Rückrufabteilung nichts von den Daten, die sich aus den Crashtests vor dem Beginn der Produktion ergeben hatten und die darauf hindeuteten, dass es beim Design des Autos ein systematischeres Problem geben könnte; und die Ingenieure hatten größere Probleme, beispielsweise, dass es in der gesamten Ford-Flotte an Sicherheitsglas fehlte. In der ganzen Zeit fuhr Gioia selbst einen Pinto, den er nach einer Weile seiner Schwester verkaufte.[29]

1978 erfolgte dann doch noch ein Rückruf – der größte in der Geschichte der Branche. Dazu entschloss Ford sich allerdings erst nach einer Enthüllungsgeschichte des Journalisten Mark Dowie – »Pinto Madness« –, der darin die enormen Schäden im Fall von Grimshaw und bei einem Unfall aus dem Jahre 1978 aufzeigte. Bei dem zweiten Unfall waren drei Mädchen im Teenageralter ums Leben gekommen, nachdem ihr Pinto, mit dem sie an den Rand der Landstraße gefahren waren, von einem leichten Lastwagen gerammt wurde, der mit einer Geschwindigkeit von knapp 90 Stundenkilometern und einem Brett anstelle einer Stoßstange unterwegs war. Dessen Fahrer, der aus seinem Fahrzeug geschleudert wurde und im Krankenhaus starb, hätte wahrscheinlich gar nicht am Steuer sitzen dürfen: Die Polizei fand in dem Wrack Bierflaschen, Koffeintabletten und Marihuana. Obwohl ganz offensichtlich der Lkw-Fahrer die Schuld an dem Unfall trug, entschloss die Staatsanwaltschaft sich, Ford der fahrlässigen Tötung anzuklagen; damit kam erstmals ein Unternehmen wegen einer strafbaren Handlung vor Gericht. Das führte dann zu einem Prozess, der sehr viel Aufmerksamkeit erregte, und letztlich zu großem Medienrummel. Ford engagierte den Watergate-Ankläger James Neill als Verteidiger und wurde schließlich freigesprochen.

Bisher sieht das eher nach einem organisatorischen Versagen

aus als nach einer pathologischen Fokussierung auf die Profita-
bilität. Was machte den Journalisten Dowie dann so wütend? Er
behauptete, dass der Pinto auf einzigartige Weise gefährlich gewesen sei, dass die Entscheidungsträger die Probleme bei diesem
Auto gekannt hätten, die Führungskräfte und die Ingenieure sich
aber statt auf das Risiko bewusst auf die Kosten konzentriert hätten. Dowie wies noch auf etwas anderes hin: einen rauchenden
Colt in Form eines Memos, das bei Ford herumgegangen war und
in dem angeblich die Kosten und der Nutzen einer Umgestaltung
des Pintos einander direkt gegenübergestellt wurden. Die zentrale Kalkulation sah etwa so aus:

Kosten: 137 000 000 Dollar
(geschätzt als Kosten für die Behebung der Produktionsmängel
bei allen auf ähnliche Weise konstruierten Autos und Lastwagen,
bei denen der Tank sich hinter der Achse befand: 12,5 Millionen
Autos mal 11 Dollar pro Fahrzeug)
versus
Nutzen: 49 530 000 Dollar
(Geschätzte Einsparung durch Unterlassung: 180 angenommene
Todesfälle mal jeweils 200 000 Dollar; 180 angenommene Brand-
verletzungen mal jeweils 67 000 Dollar; 2100 ausgebrannte Autos
mal jeweils 700 Dollar)[30]

Dieser Vergleich stand am Ende des inzwischen berüchtigten
»Grush/Saunby-Report« aus dem Jahre 1973. Als Kosten-Nutzen-
Analyse scheint er zu besagen, dass es Ford billiger kommen
würde, den Schadenersatz zu zahlen, als den Pinto in Ordnung zu
bringen. Dem Mythos zufolge, der in Kursen zur Unternehmensethik und in der Populärkultur entstand, entschied man sich bei
Ford für den billigsten Weg: Profite vor Sicherheit.

Die Argumentation von Grush und Saunby können wir nur im
Rahmen der intellektuellen Tradition der neoliberalen Ökono-

mie richtig verstehen. Wir wissen ja, dass der entscheidende Mechanismus, durch den der Markt die beste Zuteilung der Waren erreicht, der Wettbewerb ist. Durch die unsichtbare Hand übersetzt die Ökonomie private Laster in öffentliche Tugenden, das Selbstinteresse in das Interesse am Gemeinwohl. Daraus folgt, dass man, wenn man das Gemeinwohl maximieren will, das private Selbstinteresse mit so viel Nachdruck und Energie wie möglich verfolgen muss. Das hatte Milton Friedman im Sinn, als er 1970 in einem Artikel in der *New York Times* schrieb, die einzige soziale Verpflichtung der Unternehmen sei, möglichst heftig und offen miteinander zu konkurrieren. Wenn man sich dieser Argumentation anschließt, ist die Umlenkung von Mitteln zu anderen Aktivitäten bestenfalls eine ungewollte Besteuerung, schlimmstenfalls Diebstahl.[31]

Friedman fasste das Geschäftsklima der damaligen Zeit in Worte, und die Automobilbranche machte das, was er für richtig hielt: Sie stemmte sich mit Nachdruck und Energie gegen die Flut von Importen. Grush und Saunby schlossen sich dieser Ansicht an: Die Kosten für die Modifikation jedes einzelnen Autos und leichten Lkws auf den Straßen würden den Nutzen der Modifikation weit übersteigen. Der generelle ökonomische Kuchen, den sich alle teilen müssen, würde durch so einen Zug kleiner werden, in gleicher Weise, wie andere Einschränkungen des freien Handels, beispielsweise Zölle, die Summe des verfügbaren ökonomischen Wohlergehens schrumpfen lassen.

Gemäß dieser Logik sollten die Kosten für die Behebung sozialer Probleme – wie der Wirtschaftswissenschaftler Ronald Coase dargelegt hat – von der Partei getragen werden, für die das am billigsten ist, da *jeder* umso mehr profitiert, je weniger dafür ausgegeben wird. Die Regel von Coase berücksichtigt keinerlei Überlegungen im Hinblick auf Schuld oder Gerechtigkeit: Es kommt nur auf die insgesamt eingesparte Summe an, nicht auf die Verteilung der Kosten und des Nutzens, und daher ist es in den Augen eines Kosten-Nutzen-Analytikers besser, dass einige wenige hohe Kosten tragen und viele andere kleine Einsparungen machen, selbst wenn die Kosten darin bestehen sollten, bei lebendigem Leib zu verbrennen.

Die Designer des Pinto bekamen den Grush/Saunby-Report allerdings nie zu Gesicht.[32] Er wurde nämlich erst drei Jahre später verfasst, als die ersten Pintos schon in Produktion gingen, und beschäftigte sich nicht spezifisch mit dem Benzintank in diesem Auto; es ging darin vielmehr um einen Vorschlag der Regulierer, in *allen* Autos und leichten Lastwagen ein Ventil anzubringen, das das Austreten des Kraftstoffs verhindern sollte, wenn das Auto umkippte. Er wurde von zwei Szenarienplanern – zwei Geistes-arbeitern aus einem anderen Teil des Unternehmens – verfasst, im Rahmen einer intellektuellen Diskussion mit den Regulierern über etwas, was die Branche als überflüssig betrachtete.

Man kann mit Sicherheit sagen, dass die Ingenieure und Füh-rungskräfte bei Ford nicht wollten, dass Kunden getötet oder ver-letzt wurden. Das behauptete nicht mal Harley Copp, der Ford-Ingenieur, der die Crashtests überwachte und Hauptzeuge der Staatsanwaltschaft wurde. Wahrscheinlicher ist, dass organisato-risches Versagen und vorgefasste Ansichten in der Branche ver-hinderten, dass die Führungskräfte das volle Ausmaß der Gefahr erkannten. Die Mängel wurden nie behoben. Wenn man das so sieht, war es ein Problem der organisatorischen Blindheit oder zumindest Kurzsichtigkeit. Im Nachhinein bereute Dennis Gioia bitter, dass er keinen Rückruf angeordnet hatte; die wahren Befürworter einer Lösung in Form einer Kosten-Nutzen-Analyse können sich derartige Gefühle nie erlauben.

Später stellte sich heraus, dass der Pinto-Fall kein isoliertes Vor-kommnis war. In seinem ausgezeichneten Buch *Das Ende der Kon-zerne* erzählt der kanadische Jurist Joel Bakan die Geschichte der Klage von Patricia Anderson gegen General Motors.[33] Auch hier ist ein Muster zu erkennen, das uns inzwischen deprimierend vertraut ist. Anderson war am ersten Weihnachtsfeiertag des Jahres 1993 mit ihren vier kleinen Kindern auf dem Rücksitz ihres schon etwas klapprigen Chevrolet Malibu auf dem Weg von der Mitternachtsmesse nach Hause. Das Auto wurde von einem anderen gerammt, dessen Fahrer betrunken war, und ging in Flammen auf. Wie bei den Pinto-Unfällen erlitt die Familie furchtbare Brandverletzungen. Als Anderson gerichtlich gegen General Motors vorging, stellte sich heraus, dass man dort schon in den frühen 1970er-Jahren über Probleme im Zusammenhang mit Benzinbränden Bescheid wusste; bei diesen Fahrzeugen lag der Tank näher an der hinteren Stoßstange, als nach der internen Richtlinie des Unternehmens selbst erlaubt war, und bei dem Modell aus diesem Jahr war eine Schutzstrebe aus Metall entfernt worden. 1973 hatte man Edward C. Ivey, einen der Ingenieure von General Motors, mit einer Analyse dieses Problems beauftragt. Er errechnete, dass sich die Kosten bei insgesamt 500 Todesopfern aufgrund von Bränden mit einem Schaden von jeweils 200 000 Dollar angesichts der 41 Millionen Fahrzeuge auf den Straßen auf 2,40 Dollar pro Fahrzeug beliefen. Entsprechende Vorsorgemaßnahmen hingegen hätten 8,59 Dollar pro Fahrzeug gekostet. General Motors entschloss sich dann, am Design nichts zu verändern. Die Jury störte sich auch in diesem Fall an der Verbindung von Menschenleben und ökonomischen Kosten bei den Berechnungen und verhängte eine Geldstrafe in Höhe von fast 5 Milliarden Dollar, die später allerdings auf 1,2 Milliarden reduziert wurde.

In *Die Affenpfote* erzählt Morris – der Sergeant-Major – Mr White, die Dinge, die er sich gewünscht habe, wären auf so natürliche Weise geschehen, dass man sie, wenn man das wolle, dem Zufall zuschreiben könne. Die Figuren in der Geschichte dürfen jedoch nicht an den Zufall glauben – und wir auch nicht. Im selben Jahr wurden in den Strategieabteilungen zweier Giganten der amerikanischen Automobilbranche zwei Berichte verfasst, die analog argumentierten und für den Wert eines Menschenlebens die gleiche Zahl ansetzten. Im Kern des Grush/Saunby-Memos und auch von Edward Iveys Kalkulation steht eine einzige Zahl: 200 000 US-Dollar.

Das ist kein Zufall: Diese Zahl hatte die für die Sicherheit auf den amerikanischen Autobahnen zuständige National Highway Traffic Safety Association als angemessenen Wert für die Berechnung der mit jedem Todesfall verbundenen Kosten für die Gesellschaft vorgeschlagen. Zu diesem Wert war man auf Grundlage des Verlustes zukünftiger Verdienste, des Verlustes eines produktiven Mitglieds der Gesellschaft, gekommen. 1990 benutzte die NHTSA einen Wert von 1,5 Millionen Dollar, der zwar aktualisiert worden war, aber auf den gleichen Annahmen beruhte: medizinische Kosten, entgangene Verdienste und Schäden am Besitz.[34] Ein Mensch mag ja unbezahlbar sein, doch für die Vorbeugung gegen Risiken gilt das nicht; angesichts so vieler, miteinander im Widerspruch stehender Forderungen stützen die Regulierer sich auf Kosten-Nutzen-Analysen, um die Nützlichkeit eventueller Veränderungen zu bestimmen. Die Regulierer müssen sich an gerichtliche Entscheidungen halten, die eine »objektive« Beurteilung des Nutzens durch mehr Sicherheit verlangen, doch die Branche klagt schnell darüber, dass eine übermäßige Regulierung sie daran hindern werde, konkurrenzfähig zu bleiben, und die Aktionäre werden über entgangene Gewinne weinen. Daher werden die Regulierer auch politisch unter Druck gesetzt, die Kosteneffektivität jeder einzelnen Forderung zu rechtfertigen – was der Grund für den Grush/Saunby-Report ist.

Die Kosten-Nutzen-Kalkulation zeigt also zweierlei: dass die Ökonomie verlangt, dass wir alles – sogar Menschenleben – mit einem Preis versehen, damit wir darüber nachdenken können; und dass es, wenn die Analyse ein reales Werkzeug für das Treffen von Entscheidungen sein soll, für uns notwendigerweise die Möglichkeit geben muss, die Kosten – die 180 Todesfälle, die 180 Entstellungen und die 2100 zerstörten Autos – *trotzdem* zu akzeptieren. Wir müssen ein Menschenleben mit 200 000 Dollar ansetzen und dann in Betracht ziehen, dass wir uns diese Summe vielleicht nicht leisten können.

Der rationale Käufer von Risiken

Jedes Mal, wenn wir uns hinter das Steuer eines Autos setzen, zu einem Küchenmesser oder einem Gartengerät greifen, zur Arbeit in einer Fabrik, auf einer Ölplattform oder tief unten in einer Mine gehen, nehmen wir Risiken auf uns. Selbst der idealistische junge Dennis Gioia war sich bewusst, dass die Leute sich *einem bestimmten Risiko* aussetzten, wenn sie in ein Auto stiegen. Wir können für die Reduzierung dieser Risiken bezahlen: Wir können uns ein teureres Auto mit vielen Sicherheitsvorkehrungen kaufen, wir können einen Mann dafür engagieren, den Baum in unserem Garten zu fällen, statt selbst die Kettensäge zu schwingen, und uns mit Arbeit zufriedengeben, die zwar nicht so gut bezahlt wird, aber auch nicht so schmutzig oder gefährlich ist. Andererseits können wir darauf pochen, dass die Hersteller von Autos und Gartengeräten, die Besitzer von Fabriken und Bergwerken ihr eigenes Geld dafür ausgeben, uns zu schützen. Das Vermeiden von Risiken ist so oder so mit Kosten verbunden, und wenn wir bereit sind, die Risiken zu akzeptieren, können wir mehr Geld für andere Dinge ausgeben: Wenn wir ein Auto mit weniger Sicherheitsvorkehrungen fahren oder unsere Bäume selbst fällen, können wir uns vielleicht einen schöneren Urlaub oder ein Essen in besonderem Ambiente leisten.

Deshalb kritisiert die neoliberale Ökonomie eine Kalkulation unter Zugrundelegung der 200 000 Dollar der NHTSA, die nur die Kosten eines Unfalls *für die Gesellschaft* repräsentiere. Das sei nicht *individuell* genug. Und auch nicht objektiv genug: Man bemängelte, dass es lediglich das Produkt der Berechnung sei, die ein Beamter angestellt habe. Die neoliberale Ökonomie analysiert uns als Konsumenten, und hier ist das nicht anders. Wir sind rationale Käufer und Verkäufer unserer eigenen Sicherheit; niemand kann unsere Anforderungen an die Sicherheit besser beurteilen als wir selbst. Es ist doch zweifellos besser, das Risiko so zu analysieren, dass wir herausfinden, welchen Preis wir ihm selbst zumessen, wie hoch der Preis des Risikos als natürlicher, objektiver Fakt ist.[35]

Daher haben die Ökonomen eine Größe entwickelt, die als »Wert des statistischen Lebens« (»value of statistical life«) oder VSL bezeichnet wird. Anhand von Aktivitäten, die quantifizierbare Risikograde beinhalten oder vermeiden, kann man den Geldwert ermitteln, den Individuen der Sicherheit zumessen; man kann berechnen, wie viel wir zahlen werden, um dem Risiko aus dem Weg zu gehen oder zu fordern, mit ihm konfrontiert zu werden. So kann man die Löhne für Arbeit, die mit einem gewissen Risikograd verbunden ist, mit denen für ähnliche Arbeit vergleichen, bei der das nicht der Fall ist. An der Differenz zwischen dem Aufschlag, den ein Maler bekommt, der auf einer Hängebrücke oder einer Ölplattform arbeitet, und dem Lohn, den jemand bekommt, der Zäune und Geländer streicht, können wir ablesen, wie viel Geld wir brauchen, um Risiken auf uns zu nehmen. Konsumgüter können so analysiert werden, dass erkennbar wird, welcher Wert beispielsweise bei Fahrzeugen oder Geräten auf Sicherheitsmaßnahmen gelegt wird. Daraus lässt sich dann die Rate ermitteln, bei der eine Bevölkerung Wohlstand gegen kleine Steigerungen der Überlebenswahrscheinlichkeit tauscht wird. Wenn ich bereit bin, 1000 Pfund zu zahlen, um einem Sterberisiko von 0,0001 Prozent zu entgehen, ist mein VSL 10 Millionen Pfund.[36]

Es konnte natürlich nicht ausbleiben, dass es hinsichtlich der genauen Art und Weise, auf die diese Zahlen zu errechnen sind, zu großen Auseinandersetzungen kam; in den USA wird bei politischen Entscheidungen jedenfalls eine Zahl von knapp 7 Millionen Dollar benutzt, in Großbritannien hingegen ist es nur eine armselige Million Pfund.

Auf Grundlage dieser Zahl können die Hersteller und Arbeitgeber sowie die Betreiber von Versorgungseinrichtungen und Transportnetzen bestimmen, auf welchem Niveau sie Sicherheitsmaßnahmen durchführen müssen. Wenn die entsprechende Modifikation einer Fabrik während ihrer Betriebszeit ein halbes Menschenleben retten könnte, darf sie nur weniger als 500 000 Pfund oder 3,5 Millionen Dollar kosten, um installiert zu werden.[37] Anders ausgedrückt: Die Besitzer der Fabrik brauchen nur zu handeln, wenn die Kosten der Verbesserungen bei der Sicherheit unter dem Nutzen liegen, der in Form unserer eigenen individuellen, wenn auch unwissentlichen Bereitschaft, für Sicherheit zu zahlen, verstanden wird.

In der Geschichte von Jacobs kommt ein Vertreter der Firma zu den Whites, um ihnen zu erzählen, dass Herbert bei einem furchtbaren Unfall in der Maschinerie zu Tode gequetscht worden ist. Er selbst solle den Eltern im Namen der Firma deren tiefstes Mitgefühl aussprechen; Maw and Meggins übernehme keinerlei Verantwortung, wolle ihnen jedoch eine bestimmte Summe als Schadenersatz zahlen: natürlich exakt die 200 Pfund, die Mr White sich am vorhergehenden Abend gewünscht hat. Als der erschütterte alte Mann den furchtbar entstellten Körper seines Sohnes – der nur noch an seiner Kleidung zu erkennen ist – betrachtet, hätte ihn vielleicht der Gedanke getröstet, dass Maw and Meggins sich bei diesen Preisen noch mehrere solcher Todesfälle leisten konnte, bevor man dort teure Verbesserungen in Erwägung ziehen musste.

Ein Ökonom könnte vorbringen, wir seien bei unserer Wahrnehmung des Risikos und der Verwendung der Mittel irrational und würden Geld verschwenden, das woanders besser eingesetzt werden könnte, und so anderen Leuten reale Kosten auferlegen.

Der Philosoph Jonathan Wolff weist darauf hin, dass die Verbesserungen der Sicherheit bei der Eisenbahn häufig weit mehr als eine Million Pfund pro gerettetes Leben kosten würden, da die Eisenbahn ein relativ sicheres Verkehrsmittel ist und die möglichen Verbesserungen teuer sind. Auf den Straßen könnte man durch Ausgaben in dieser Höhe viel mehr Leben retten. Verbesserungen der Sicherheitsmaßnahmen an den Flughäfen würden die Reisenden wahrscheinlich in ihre Autos treiben und damit indirekt zu wesentlich mehr Todesfällen führen. Da explodierende Autos und Zugunglücke spektakuläre, aufrüttelnde Ereignisse sind, halten wir sie für viel wahrscheinlicher, als sie sind. Die unverblümteste Äußerung dieses Arguments betrifft die globale Erwärmung: Einige Ökonomen vertreten provokativ die Ansicht, dass man lieber für die Infrastrukturprojekte Geld ausgeben solle, durch die man die Folgen der globalen Erwärmung für die Entwicklungsländer abfedern könnte, als zu versuchen, dem Anstieg der Temperaturen zu unermesslichen Kosten und mit unsicheren Ergebnissen entgegenzuwirken. Dahinter steht immer das gleiche Argument: Wir brauchen die Ökonomen, damit sie uns helfen herauszufinden, was wir tun sollten. Wir brauchen die Kosten-Nutzen-Analyse und den VSL, damit wir bessere Entscheidungen treffen können. Bei diesen Argumenten fehlt jedoch ein ganz wichtiger Punkt.

Wenn es um den Umgang mit dem Risiko geht, scheint die Kosten-Nutzen-Analyse, durch immer ausgefeiltere Techniken angewendet, uns zu sagen, was wir tun sollten. Das stimmt aber nicht. Auf dem gesellschaftlichen Beitrag basierende Größen wie die Zahl der NHTSA können uns nur dann sagen, was wir tun sollten, wenn wir bereits beschlossen haben, dass das Wichtigste die Maximierung des Wohlstands der Nation ist. Wer das Risiko als Konsumaktivität begreift, behauptet, dass unsere Präferenzen im Hinblick darauf, wie viel Risiko wir in einem Teil unseres Lebens akzeptieren, benutzt werden können, um die Verpflichtungen anderer uns gegenüber zu beurteilen. Jemand könnte aber doch beispielsweise bei seinem Auto ökonomisieren, weil er unterbezahlt ist und eine Familie ernähren muss. Ist es richtig, dass die Verpflichtungen derjenigen, die reicher und stärker sind als er – seien sie nun Beschäftigte oder das Transportunternehmen, das ihn zur Arbeit bringt –, durch seine Entscheidung reduziert werden?

1994 habe ich auf dem Bau gearbeitet. Ich lernte damals für meine Examina an der Universität, hatte den Gerüstbauern bei ihrer Arbeit in der Sonne zugeschaut und war zu dem Schluss gekommen, dass körperliche Arbeit eine geeignete Alternative zu einem langen Sommer in der staubigen Bibliothek wäre. Ich legte mein Studium also erstmal auf Eis und sah mir die Kleinanzeigen im *London Evening Standard* an. In Harrow, nicht zu weit entfernt, suchte man neue Leute. Die Bewerber mussten ihre eigenen Stiefel mitbringen, doch Handschuhe und einen Helm würde man ihnen stellen. Ich wählte die angegebene Telefonnummer und stellte mich am folgenden Montag, zusammen mit rund einem Dutzend anderer, einem Polier mit rotem Gesicht vor, der in der warmen Julisonne stirnrunzelnd von den Stufen seines Bauwagens auf uns herunterblickte.

So kam es, dass ich plötzlich zu einem Trupp gehörte, der einen großen Betonbau zerlegen sollte, von innen nach außen. Das war eine wirklich anstrengende Arbeit! Manchmal standen wir zu fünft in einer Reihe und schwangen Presslufthämmer. Es waren schwere Geräte aus Stahl, mit einem Rohr von der Größe eines ordentlichen Nudelholzes mit einem Meißel an der Spitze und einem luftgetriebenen Kolben im Inneren. Sie ratterten in unseren Händen und ließen unsere Finger so anschwellen, dass wir sie kaum noch zur Faust ballen konnten. In etwa einer Stunde liefen die Hämmer so heiß, dass sie unsere schweren Handschuhe versengten. Ein junger Mann, der wegen der Hitze ohne Hemd arbeitete, kam mit seinem Bauch an den Stahl und brannte sich etwa 12 Quadratzentimeter Haut weg. Er sagte nichts und erschien am nächsten Morgen trotzdem wieder zur Arbeit, mit einem behelfsmäßigen Verband auf der riesigen Brandblase. Die Pressluft, durch die die Hämmer angetrieben wurden, entwich durch Düsen in der Nähe der Spitze und blies den ausdörrenden, beißenden Betonstaub gegen unsere völlig unzureichenden Masken und Schutzbrillen; die Kompressoren, die hinter uns knatterten, erfüllten das Gebäude mit dem Gestank der Dieseldämpfe. Hin und wieder platzte ein Schlauch mit einem kolossalen Knall, wie ein riesiger Luftballon auf einer Party, und wir mussten eine Pause einlegen und warten, bis neue Schläuche hereingezogen und angeschlossen worden waren. Und der Krach – mein Gott, dieser ohrenbetäubende Krach! Man konnte das Rattern der Hämmer sogar im Schlaf hören – nein, man konnte es spüren! Wenn wir eine Wand abgerissen hatten, mussten wir die Betonbrocken auf Schubkarren schaufeln und dann Tonne um Tonne in große Loren laden. Am ersten Tag fragten zwei Neue einen alten Kämpen, wann denn die nachmittägliche Teepause sei. Er sah uns scheel an und spuckte die Worte förmlich heraus: »Hier gibt's keine Scheiß-Teepause!«

Es war eine schmutzige, gefährliche und unangenehme Arbeit, und das wussten wir alle. Auf jener Baustelle gab es keine irrationale Blindheit gegenüber dem Risiko. In meiner ersten Woche konnte ich mich nur gerade noch so vor einer umstürzenden Wand retten. Der Vorarbeiter, ein fröhlicher Hüne namens Jimmy, brüllte mir zu, ich solle beiseitespringen. Hinterher erzählte er mir, er habe schon befürchtet, dass das mein Ende sein würde. Ein paar Tage später stürzte ein Mauerstück auf Jimmy, das groß genug war (es bestand aus ungefähr einem Dutzend Ziegelsteinen), um einen Normalsterblichen umzubringen. Es hatte an der Decke gehangen, als Jimmy eine Wand abriss, und als er sich nach einem schweren Hammerschlag nach vorn beugte, löste es sich und landete direkt zwischen seinen Schultern. Er schüttelte es ab, aber ich glaube, es hat ihm trotzdem wehgetan. In unseren kurzen Pausen lagen wir in der Sonne im Gras und unterhielten uns – und ich erfuhr, dass jeder von irgendeinem tödlichen Unfall wusste. Eine dieser Geschichten hat sich mir tief eingeprägt: Ein armer Kerl fiel in einen offenen Fahrstuhlschacht in einem halbfertigen Hochhausblock. Er schaffte es, sich am Rand des Lochs festzuklammern, und hing dann in der Luft; sie zogen ihn heraus und wieder auf die Beine – doch er war so erschrocken, dass er zur Seite taumelte und gleich wieder in den Schacht fiel.

Nach zwei Wochen war ich am Ende meiner Kraft. Als ich schon aufgeben wollte, wurde ich auf eine Baustelle in Chelsea versetzt, wo relativ erträgliche Renovierungsarbeiten zu erledigen waren. Draußen strömte der Augustregen vom Himmel, drinnen schallte unaufhörlich der Song »Wet, Wet, Wet« aus *Vier Hochzeiten und ein Todesfall* aus dem Radio. Selbst 180 Meter von der King's Road entfernt gab es gefährliche und unerfreuliche Augenblicke.

Gemäß der ökonomischen Idee von einer positiven Beziehung zwischen Risiko und Ertrag hätte diese Arbeit sehr gut bezahlt werden müssen. Dem war aber nicht so. Es war die unangenehmste Arbeit, die ich je gemacht habe, und auch die am schlechtesten bezahlte! Wir bekamen am Tag 40 Pfund, für zehn Stunden Arbeit, an sechs Tagen in der Woche, ohne jede Aussicht auf eine Beförderung oder Verbesserung. Obendrein wurde uns der Wochenlohn in die Hand ausgezahlt.[38] Mick verdiente 60 Pfund – eine Summe, die nur ehrfürchtig geflüstert wurde. Er war ein schlaksiger Ire mit langen Gliedern und roten Haaren, der wie ein Wilder arbeitete und in den Pausen darüber schimpfte, dass die Ballettschuhe für seine Tochter so teuer waren. Es schien Mick schon arg mitzunehmen, einfach nur durchs Leben zu kommen.

Bei Modellen wie dem VSL, bei denen es um die Zahlungsbereitschaft geht, beruht die Kostenpolitik auf der Annahme, dass wir selbst am besten in der Lage sind, unsere Risikotoleranz zu berechnen. Gegenüber der Notwendigkeit sind sie jedoch blind. Zu meinen Mitstreitern gehörten ein Ex-Verbrecher (das vermute ich jedenfalls), ein ehemaliger Alkoholiker, der angeblich auch weitergearbeitet hatte, als er auf der Straße lebte, und Männer wie Jimmy und Mick, die sich abmühten, mit einem kargen Lohn eine Familie durchzubringen, aber stolz darauf waren, dass sie nicht von staatlicher Unterstützung abhängig waren. Declan, ein gutherziger, zahnloser, in die Jahre gekommener Patrick Swayze, den ich auf 50 schätzte (der aber, wie sich später herausstellte, erst 29 war), arbeitete bereits seit 15 Jahren auf solchen Baustellen. Schließlich war da noch ein Student, eine ständige Belastung für sich selbst und für alle anderen; er pendelte Tag für Tag in die grüne Vorstadt zurück, mit Staub und Dreck bedeckt, Schulter an Schulter mit Stadtmenschen in Nadelstreifen. Eines Tages trat ich den Heimweg aus nebelhaften und unwahrscheinlichen Gründen mit einer großen schmutzigen Schaufel an, die ich ins Gepäcknetz legte. Kein Wunder, dass die hübsche junge Advertising-Praktikantin nie mit mir reden wollte!

Die Erfahrungen der Leute, die Tag für Tag so arbeiten müssen, Jahr um Jahr, könnten zumindest darauf hindeuten, dass ihre Bereitschaft, für das Ausschalten von Risiken zu zahlen, durch ihre Zahlungsfähigkeit erheblich eingeschränkt wird. Ein neoliberaler Ökonom würde sagen, dass solche Daten aus der realen Welt aus eben diesem Grund valide seien – sie reflektieren die reale Welt, nicht nur eine weitere Gruppe idealer Entscheidungsmöglichkeiten. Irgendwo muss man ja Grenzen ziehen, würde er sagen. Dieser Gedankengang bedeutet jedoch, dass gleich zweimal eine soziale Ungerechtigkeit begangen wird, und damit eine doppelte Gefahr für die Schwächsten der Gesellschaft besteht. Laut den Ökonomen Richard Thaler und Sherwin Rosen – den »Vätern« des VSL – sind die Daten für riskante Arbeit klar und systematisch, und das stimmt auch zweifellos.[39] Das Vorhandensein guter Daten bedeutet jedoch nicht, dass wir gezwungen wären, auf eine bestimmte Weise zu handeln. Viele Leute nehmen Risiken auf sich, weil sie es sich nicht leisten können, ihnen aus dem Weg zu gehen, und wenn man ihren Lohn in die preisliche Bewertung des Risikos einbezieht, wird ihr Leben noch stärker verbilligt: Dann ist der Schadenersatz nämlich aller Wahrscheinlichkeit nach niedriger, und die jetzt relativ teure Vermeidung von Risiken verliert an Notwendigkeit. Messgrößen für den Wert eines Menschenlebens schützen also gerade diejenigen nicht, die das ganz besonders brauchen, diejenigen, für die die Knappheit der Mittel so erdrückend geworden ist, dass sie gar keine wirkliche Wahl haben.

Kosteneffektivität und die Zuteilung medizinischer Behandlungen

Thaler und Rosen beginnen ihre Analyse von der Position aus, dass unser gesamtes Verhalten einen objektiven, wissenschaftlichen Preis für das Risiko erkennen lassen kann: Der Wert eines Menschenlebens sei der Betrag, den die Mitglieder der Gesellschaft zu zahlen bereit sind, um eines zu retten. Ihre über 40 Seiten mit dichter ökonomischer Prosa – von den drei Jahrzehnten der nachfolgenden Modellentwicklung, der Tests und der Debatte ganz abgesehen – zeigen jedoch, dass der VSL selbst ein in ein intellektuelles und technisches Milieu eingebettetes Artefakt ist. Er wird gemäß einer bestimmten Ideologie erzeugt und ist in diesem Sinne nur wie die Zahl 200 000 Dollar und wie ein anderer, ebenso seltsamer Satz von Berechnungen, der in den 1970er-Jahren in Großbritannien entwickelt wurde, damit man den besten – den nützlichsten – Einsatz medizinischer Behandlungen beurteilen konnte.

Die Ärzte und die Mitarbeiter des Gesundheitswesens stehen

Tag für Tag vor furchtbaren Entscheidungen: Wer soll behandelt werden, wer nicht? Diese Frage wird schlimmstenfalls zu einer Entscheidung über Leben und Tod führen. Das Argument lautet so: Wenn die Mittel stets knapp sind, sollten wir uns auf das konzentrieren, was – gemäß irgendeiner Standardmetrik – die nützlichste Verwendung des verfügbaren Geldes darstellt. Dank der aufblühenden Disziplin der Ökonomie des Gesundheitswesens gibt es heute eine ganze Reihe von Messgrößen, die den Ärzten bei der Entscheidung darüber helfen sollen, wie die nützlichste Zuteilung der Behandlungen aussieht. Die Vorrangstellung nimmt der Quality Adjusted Life Year (QALY, qualitätsbereinigtes Lebensjahr) ein.[40]

Ich muss mich hier natürlich auf eine ganz knappe Darstellung beschränken: Der QALY eines Patienten wird über die Zahl der Lebensjahre berechnet, die ihm vermutlich noch bleiben werden, und zwar durch Multiplikation mit der zu erwartenden »Qualität« dieser Jahre; dabei bedeutet 1 völlig gesund und 0, dass der Betreffende tot ist; es gibt sogar −1, viel schlimmer als tot. Wie immer beruht die Kalkulation auf weiteren Berechnungen: Das Maß für die »Qualität« ist selbst eine Mischung aus Skalen für das Leid und die Behinderungen, die durch Surveys sorgfältig quantifiziert und entwickelt werden, allerdings im Hintergrund verschwinden, wenn die Messgröße immer breitere Akzeptanz findet.[41] Hier einige Beispiele: »schweres Leid« bei voller Mobilität beeinträchtigt die Lebensqualität kaum (0,967), während das Gefesselt-Sein ans Bett oder an einen Stuhl ohne Leid mit 0,875 beziehungsweise 0,677 bewertet wird. Die Kombination beider Faktoren gilt als sehr viel schädlicher: Die Beschränktheit auf einen Stuhl mit schwerem Leid oder Bettlägerigkeit mit mäßigem Leid ergeben beide 0, also das Äquivalent dazu, tot zu sein; dagegen werden Bettlägerigkeit mit schwerem Leid oder Bewusstlosigkeit mit −1 bewertet, was ja »viel schlimmer, als tot zu sein« bedeutet. Diese Zahlen entwickeln von Anfang an wenig dienliche Äquivalente. So bekommt ein Patient in den späteren Stadien von unheilbarem Krebs die gleiche Bewertung wie einer, der im Koma liegt; jemand mit Migräne schneidet ebenfalls mit »viel schlimmer, als tot zu sein« ab. Obwohl diese drei Zustände sich offensichtlich stark unterscheiden, werden sie durch die Qualitätsgröße vergleichbar gemacht.

Der nächste Schritt bei der Anwendung des QALY besteht darin, dass die Ärzte oder die Mitarbeiter im Gesundheitswesen die Veränderung beim QALY, die durch eine bestimmte Behandlung bewirkt wird, mit den Kosten der Behandlung vergleichen, sodass sie zu einem Kosten-Nutzen-Wert kommen. Durch die Benutzung des QALY können sie sehen, welche Behandlungen ein besseres Preis-Leistungs-Verhältnis darstellen, in Form der qualitätsbereinigten Lebensjahre pro Pfund. Bei der Beurteilung unterschiedlicher Behandlungen für *denselben* Zustand ist diese Vorgehensweise nützlich, da die Mittel im Gesundheitswesen stets knapp sind und nicht verschwendet werden sollten. Gewöhnlich wird der QALY jedoch nicht für Kosten-Nutzen-Analysen von unterschiedlichen Behandlungen für denselben Zustand verwendet, sondern bei *unterschiedlichen, ansonsten nicht vergleichbaren* Erkrankungen und Zuständen. Der QALY und sein Bruder, der DALY (disabiliy adjusted life year, behinderungsbereinigtes Lebensjahr), drängen die Manager praktisch dazu, denjenigen Behandlungen den Vorrang zu geben, die das beste Preis-Leistungs-Verhältnis bieten. Eben weil die Kosten-Nutzen-Analyse hier zu einem Prinzip des universellen moralischen Denkens erhoben wird, bezeichnet John Harris, Chefredakteur des akademischen *Journal of Medical Ethics*, den QALY als »möglicherweise lebensbedrohlich« und als »bösartig« und »töricht«.[42]

Ich möchte durch einige Beispiele verdeutlichen, weshalb Harris und auch andere wegen des QALY beunruhigt sind. Die Messgröße beruht darauf, dass die Idee wahr oder zumindest plausibel ist, dass ein Mensch ein kürzeres gesünderes Leben einem längeren mit großen Beschwerden und Behinderungen vorziehen würde. Das mag stimmen oder auch nicht. Selbst ein Patient im Endstadium einer tödlichen Krankheit, der große Schmerzen erdulden muss, könnte sich noch an seine letzten Monate und die Möglichkeiten, die sie ihm bieten, klammern. Es ist sogar leicht zu verstehen, dass jemand in den letzten Monaten seines Lebens jeden einzelnen Tag viel höher bewerten kann als diejenigen von uns, die sich einfach von einer Woche zur nächsten treiben lassen. Harris weist zudem darauf hin, dass diese Regel nicht für alle gelten muss, auch wenn wir sie für uns selbst akzeptieren; es könnte durchaus sein, dass ich selbst ein langes Leben mit Beschwerden vorziehe, während jemand anders sich ein kurzes und gesundes wünscht.

Wenn sieben Personen ohne Behandlung keine Lebenserwartung mehr hätten, sechs von ihnen nach einer Operation jedoch ein glückliches Jahr erwarten könnten, der siebte hingegen sieben glückliche Jahre, würde die Zuteilung auf Basis des Lebensjahrschemas den siebten retten. Auf der Populationsebene könnte das das beste Ergebnis für alle sein, doch die sechs Personen, die bald sterben werden, und ihre zahlreichen Angehörigen und Freunde werden es kaum begrüßen. Das Leben hat etwas Persönliches und Individuelles an sich, etwas Wichtiges, was der QALY nicht berücksichtigt. Das Leben ist, wie Harris sagt, das Sine qua non. Stellen Sie sich also bitte mal vor, dass ein Mitarbeiter im Gesundheitswesen zwischen einem künstlichen Hüftgelenk, der Dialyse und der Abschaltung der lebenserhaltenden Apparate entscheiden muss. Eine Hüftoperation ist billig und bringt dem Patienten eine messbare Verbesserung der Lebensqualität, sodass sich niedrige Kosten pro QALY ergeben. Die Dialyse ist teuer und verlängert das Leben bei mäßigen Beschwerden. Nach den Standards der Kosten-Nutzen-Analyse sind künstliche Hüftgelenke eine viel bessere Behandlung als die Dialyse, da der QALY die mit der Dialyse, die ja Jahr für Jahr weitergeht, verbundenen Unbequemlichkeiten als *Kosten* behandelt. Der Patient dürfte die wahrscheinliche Alternative zur Dialyse allerdings als viel schlechter betrachten. Und was den unglückseligen Menschen angeht, der nur noch durch die Apparate am Leben erhalten wird, deutet ein QALY von −1 darauf hin, dass das Geld, das für die Erhaltung seines Lebens ausgegeben wird, einen negativen Nutzen – schlechter als nichts – bringt und man die Apparate einfach abschalten sollte.[43]

Wir können sofort sehen, dass ein Management-Regime, das billige, effiziente Lösungen teuren Interventionen vorzieht, Probleme hervorrufen kann. Der Fokus liegt dann auf den Lebensjahren, nicht auf den Menschenleben; auf dem Nutzen, nicht auf dem Bedarf. Man wird junge Menschen bevorzugen, mit systematisch besseren Behandlungsergebnissen und höherer Lebenserwartung. Ältere Menschen mit unheilbarem Krebs können kaum Mitgefühl erwarten. Das bedauernswerte Opfer eines Autounfalls, das furchtbare Verbrennungen erlitten hat und unter schrecklichen Schmerzen leidet, sieht sich einer »doppelten Gefahr« gegenüber, da seine Lebensqualität bereits so stark gesunken ist, dass die Kosteneffektivität aller Behandlungen, die man ihm zuteilwerden lassen könnte, automatisch fällt.[44] Passiert das in der Praxis? Ja, tatsächlich! 2006 schlug das britische National Institute for Health and Clinical Excellence (NICE) vor, dass der National Health Service aufgrund des schlechten Kosten-Nutzen-Verhältnisses keine Behandlungen für Alzheimer und Demenz – obwohl sie effektiv waren – bezahlen solle.

Eben diese Entscheidung brachte Harris dazu, die Behandlung nach dem Kosten-Nutzen-Prinzip als »bösartig« und »töricht« zu geißeln. Das Argument der Gesundheitsökonomen ist jedoch ebenso einfach: Wir leben in einer endlichen Welt, und daher ist jede Handlungsweise mit Kosten verbunden, weil dann Mittel aus anderen Projekten abgezogen werden müssen.[45] Jemandem eine Behandlung zuzugestehen bedeutet, jemand anders eine Behandlung zu versagen. Wir brauchen einen klaren und transparenten Maßstab. Die Verteidiger der NICE-Entscheidung brachten vor, dass es irgendwo einen Punkt geben müsse, an dem eine Behandlung als zu teuer betrachtet werde – was sollte man beispielsweise machen, wenn eine einzige Behandlung mehr kosten würde als das gesamte Budget des NHS? –, doch das dringende Problem ist herauszufinden, wann das der Fall ist. Die Debatte wird dadurch besonders verwirrend, dass sie alle, jeder auf seine Weise, über die Gleichheit des Zugangs diskutieren. Für den Philosophen Harris bedeutet Gleichheit, die Barrieren zu entfernen und allen Menschen die gleiche Chance für eine Behandlung zu geben, unabhängig von den Kosten. Für die Ökonomen des Gesundheitswesens hingegen bedeutet Gleichheit, durch die verfügbaren Mittel möglichst viel »Gesundheit« zu generieren, indem dafür gesorgt wird, dass niemand bei seiner Behandlung zu gierig ist.

Das NICE hat für die künstliche Befruchtung entschieden, dass sie nur Frauen zwischen 23 und 39 zugänglich gemacht werden sollte, da die Behandlung in diesem Altersbereich mit der größten Wahrscheinlichkeit effektiv sein wird. Wenn wir wollen, dass durch das für die künstliche Befruchtung aufgewendete Geld so viele Babys wie möglich entstehen, macht die Entscheidung des NICE Sinn; wenn wir aber der Ansicht sind, dass der Sinn der künstlichen Befruchtung darin besteht, unfruchtbaren Patientinnen eine bessere Empfängnischance zu geben als gar keine, ergibt sie überhaupt keinen Sinn. Wie wir über die Verwendung der Mittel im Gesundheitswesen entscheiden, steht in direktem Zusammenhang mit unserer Auffassung davon, worum es beim Gesundheitswesen geht. Welche *Waren* soll es unserer Meinung nach liefern?

Für den QALY spricht natürlich, dass er uns vor der Willkür der menschlichen Beurteilung schützt und stattdessen auf die wissenschaftliche Strenge der numerischen Analyse setzt. Die

Kalkulation reicht jedoch bis nach ganz unten, und hinter dem QALY steckt viel verborgene Arbeit. Wenn wir alle Entscheidungen verfolgen und identifizieren, die in seine Konstruktion eingeflossen sind, werden wir zu Augenblicken der Beurteilung durch Fachleute, aber auch zu willkürlichen Annahmen kommen. Der Anspruch auf Objektivität, der einen zentralen Punkt der Ökonomie des Gesundheitswesens bildet, wird durch die unvermeidliche Präsenz von Urteilen an irgendeinem Punkt der Kette oder Kalkulation unterminiert; eine Gruppe von Experten mag zu dem Schluss gekommen sein, dass die Jugend mehr wert ist als das Alter oder dass Schmerzen hier schädlicher sind als Schmerzen dort. Doch zwischen uns Menschen bestehen ja Unterschiede. Das gilt immer, wenn wir die Wirksamkeit der Vorbeugung gegen Risiken oder die angemessene Zuteilung knapper Ressourcen beurteilen. Selbst bei dem einfachen Beispiel von den Bauern und dem Pflug werden die Ergebnisse im Markt von der Beurteilung des möglichen zukünftigen Ertrags getrieben, den die Bauern auf Grundlage ihrer Ressourcen generieren können. In komplexen organisatorischen Situationen wird die Kalkulation immer vielschichtiger und verbirgt immer mehr dieser Experten- oder Zufallsurteile bei der letztendlichen Gestaltung der Entscheidungen. Wie sollte es denn möglich sein, die Lebensqualität eines Individuums und ihre mögliche Verbesserung durch ein Medikament oder einen chirurgischen Eingriff zutreffend zu bestimmen? Wir Menschen unterscheiden uns doch sowohl physiologisch als auch psychisch. Exogene Details, insbesondere Netzwerke der Angehörigen und Freunde, werden einen echten Beitrag zur Lebensqualität leisten. Und bei einer allein auf dem Nutzen beruhenden Zuteilung werden andere positive Aspekte vernachlässigt, die wir als mindestens ebenso wichtig betrachten könnten: Klagen vor Gericht vielleicht, oder die Verpflichtung, diejenigen zu behandeln, die unter besonders starken Schmerzen leiden.

Die Parole der Ökonomie des Gesundheitswesens ist »ein Verfahren, das auf Beweisen beruht«, und Beweise müssen mit Sicherheit eine Rolle spielen. Das gilt aber auch für die Beurteilungen, für die Anerkennung der Bedeutung von Fachwissen im Gesundheitswesen und vor allem für eine demokratische, offene Diskussion darüber, was wir vom Gesundheitswesen erwarten. Erst wenn wir entschieden haben, was das Gesundheitswesen machen soll, können wir darüber entscheiden, welche Daten gesammelt werden müssen und was für Beweise erforderlich sind.

Als die Debatte über den QALY Mitte der 1980er-Jahre erstmals in die Medien schwappte und dort explodierte, wurde er mit den Personen in Verbindung gebracht, die ihn erfunden hatten – insbesondere mit Alan Maynard und Alan Williams von der University of York. Williams, »der Mann mit den blauen Augen und den blauen Anzügen«, wurde ein Medienstar, als er seine rationale Analyse der Probleme im Gesundheitswesen präsentierte. Der Vergleich von Hüftoperationen mit der Dialyse stammt von ihm und war für die rationale Budgetierung eine Provokation: 1986 kostete die Dialyse 14 000 Pfund pro QALY, ein künstliches Hüftgelenk hingegen nur 750 pro QALY. Williams erzählte den Medien, wir dürften nicht vor den Schlussfolgerungen zurückschrecken, zu denen uns die ökonomische Vorgehensweise führt: dass wir die Dialyse-Geräte abschalten und das Geld für andere Dinge ausgeben sollten. Es fügte sich so, dass in den 1980er-Jahren auch das Seminar für wissenschaftliche Studien in York einen Boom erlebte, und 1989 veröffentlichten drei Soziologen ein Buch über die Ökonomie des Gesundheitswesens, das Williams, Maynard und ihre Kollegen – plötzlich sind wir bei einer Geschichte mit Menschen und Orten! – als bloß eine weitere Gruppe mit speziellen Interessen charakterisierte, die sich ebenso auf ihr eigenes Vorankommen konzentriere wie auf die objektive Wahrheit ihrer Messgrößen.[46]

30 Jahre später haben Williams und Maynard sich als so erfolg-

reich erwiesen, dass sie aus der Geschichte verschwunden sind. Der Kosten-Nutzen-Wert ist schlicht eine etablierte, zuverlässige Messgröße: Das NICE erklärt öffentlich, dass Alzheimer nicht mehr behandelt werden sollte; bei meinen eigenen Forschungen habe ich herausgefunden, dass die Gesellschaft für Lebertransplantationen hinter verschlossenen Türen mit Simulationen der Populationsschichten und der Lebensjahre experimentiert, um die optimale Zuteilung von Organen zu ermitteln.[47] Die bunten lokalen Charakteristika der Erfindung des QALY sind weg; er ist eine akzeptierte Methode geworden, ein weiterer Präzedenzfall beim wachsenden Fallrecht der Bürokratie.

Das ist ein gefährlicher Weg. Die ökonomische Vorgehensweise legt den Fokus auf die Behandlungen und das Geld, das dafür ausgegeben werden müsste, statt auf die Menschen, die behandelt werden. Die Patienten werden zu Hindernissen für das reibungslose Funktionieren der Verwaltung, für den effizientesten Einsatz der Mittel, in Form von pro Pfund Sterling besuchten Betten oder irgendeiner äquivalenten Messgröße. Wird die Kosten-Nutzen-Logik systematisch genug angewendet, wird sie in der täglichen Praxis ausreichend normalisiert, *bedeutet* die Qualität der Behandlung letztlich eine Kostenersparnis. Private Anbieter konkurrieren dann auf Grundlage der effizienten Lieferung von Diensten um Verträge. Hier sehen wir eine weitere Facette desselben Problems: Kosteneinsparungen zu kommunizieren ist viel *einfacher* als die Demonstration immaterieller Faktoren wie Mitleid oder Fürsorge, und wenn wir darauf bestehen, dass jeder einzelne Faktor klassifiziert und gewogen wird, wird die Aufmerksamkeit sich schnell zur Effizienz verlagern.

In *The Lancet*, einem der weltweit führenden Medizinjournale, stand vor Kurzem ein sehr interessanter Leitartikel. Die Positionierung des NHS durch die britische Regierung als zum Scheitern verurteiltes Unterfangen sei »eine der zynischsten und zugleich geschicktesten Weisen, auf die die Regierung sich von jeder Verantwortung für ein Gesundheitssystem verabschiedet, bei dem die Sorge um die Patienten und ihre Sicherheit im Mittelpunkt stehen.«[48] *The Lancet* zufolge lässt man die ökonomischen Tugenden das Gesundheitswesen so stark bestimmen, dass von den Ärzten erwartet wird, in erster Linie Geschäftsleute und Verwalter zu sein, mit dem Schwerpunkt auf der Effizienz, der finanziellen Solvenz und Kosteneinsparungen.

Im Jahre 2009 wurde der NHS in Großbritannien von einem Skandal erschüttert: Beim Mid Staffordshire NHS Foundation Trust mangelte es in erschreckendem Maße an Fürsorge. Die Patienten litten unter systematischer Vernachlässigung – man ließ sie stundenlang in ihren Exkrementen liegen und stellte sie auf den Fluren ab, und ein Teil des Pflegepersonals missbrauchte sie. Nachdem Kronanwalt Robert Francis diese Zustände untersucht hatte, wies er im ersten »Francis-Bericht« darauf hin, dass das Problem ganz überwiegend auf zielgetriebenen Prioritäten und den Vorstellungen von der Konkurrenzfähigkeit beruhe. In seinem zweiten, neueren Bericht schrieb er es jedoch der Organisationskultur des Trusts zu und forderte ein Werkzeug wie ein »Kulturbarometer«, um die »kulturelle Gesundheit« aller Systemteile messen zu können.[49] Seit dem Mid-Staffordshire-Skandal sind elf andere Trusts wegen untragbar hoher Sterberaten zu »Sondermaßnahmen« gezwungen worden. Dass das Versagen beim NHS so um sich greift, deutet darauf hin, dass irgendetwas furchtbar falsch gelaufen ist und dass die Werte der Ökonomie eher eine Ursache als eine Lösung dafür sind. Laut Ansicht von Leuten, die beim NHS an der Organisationskultur gearbeitet haben, wird dort jeder Versuch, die »kulturelle Gesundheit« zu messen, nur wieder auf eine Übung reduziert, bei der Kästchen angekreuzt werden müssen, auf eine andere Variante des Kosten-Nutzen-Prinzips.[50] Eine gesunde Organisationskultur braucht aber Zeit, um wachsen, und Raum, um gedeihen zu können; wie die Verantwortlichkeit ist auch die Kultur harte Arbeit.

Durch die Rankings konnte der Sektor der höheren Bildung neu organisiert und transformiert werden, was es bedeutet, Student zu sein. Die Credit Scores haben Kreditnehmer und -geber auf bis dahin unvorstellbare Weise miteinander verbunden und das Financial Engineering in verhängnisvollem, globalem Umfang erleichtert. Beim Risikomanagement und bei der Bereitstellung medizinischer Leistungen haben ökonomische Vorstellungen vom Wert eines Menschenlebens die Zuweisung der Mittel und den Umgang mit Problemen von Grund auf verändert. Aus dem Risiko ist schlicht ein weiteres Verbrauchsgut geworden, aus dem Gesundheitswesen eine kommerzielle Sache mit dem Fokus auf Kosteneinsparungen und der Effizienz. Diese Transformationen wurden alle durch das politische Empfinden getrieben, dass der Markt und die Form der Beziehungen, die er verkörpert – heftiger Wettbewerb, die Sitten des Verbrauchs und die Kosten-Nutzen-Analyse aller Entscheidungen –, die einzigen geeigneten Mittel sind, wenn man beurteilen will, was gerecht und was richtig ist.

Solche Fragen, Diskussionen darüber, wie wir unsere Gesellschaft organisieren und was wir wertschätzen, gehören zweifellos in die öffentliche Debatte, und Zahlen werden immer Bestandteil dieses Gesprächs sein. Doch die Ökonomie ist uns dabei voraus, sie arbeitet daran, eine Welt zu erschaffen, in der die ökonomische Beurteilung der einzige Diskurs von Bedeutung ist. Im Mittelpunkt der medizinischen Behandlung und der Risikovorbeugung sollten ja das Fachwissen, die Urteilskraft und das Gefühl, unseren Mitmenschen verpflichtet zu sein, stehen, doch sie werden beiseitegeschoben – ökonomische Modelle und Analysen schaffen Fakten, reißen unsere Sprache an sich und verändern das, was wir wissen. Im nächsten Kapitel geht es um die ökonomische Denkweise im Rohzustand, beim Kaufen und Verkaufen unserer Körper, und um die Frage, ob man wirklich alles kaufen kann.

7 Kann man wirklich alles kaufen?

Es ist üblich, dass Studenten nebenher arbeiten, und es ist nicht ungewöhnlich, dass sie dann – wie meine eigene Geschichte zeigt – unangenehme und niedere Jobs annehmen. Bei einem Denkmodell, bei dem die Ausbildung ebenso als kollektives wie als persönliches Gut betrachtet wird, wo die Grenzen der Kausalität zwischen der persönlichen Investition und dem persönlichen Gewinn nicht so klar gezogen sind, könnte man diese Arbeit als Bestandteil der Bildung junger Menschen ansehen: als informativ, als Ablenkung oder sogar als Charakterbildung. Es könnte auch eine Grenze im Hinblick darauf geben, wie weit man von einem Individuum vernünftigerweise erwarten kann, dem Gemeinwohl zu dienen: Wird von uns erwartet, dass wir uns selbst schaden, uns verbrauchen, uns korrumpieren? Dass wir wirklich auf persönliche Weise für unsere Ausbildung zahlen?

Das neoliberale Weltkonzept spült solche Unterscheidungen weg. Ihm zufolge sind wir produktive Maschinen, fügsame Körper, die Einnahmen erzielen und Kosten tragen. Kein einziger Teil unserer Person kann sich dieser ökonomischen Analyse entziehen. Wir sind in unterschiedlichem Maße mit einem Intellekt, Fähigkeiten und physischen Attributen ausgestattet; es steht uns frei, Kapital von einer dieser Gaben zu einer anderen zu verschieben, um mit unserer gesamten Person die besten Erträge zu erzielen. Ein attraktiver, aber nicht besonders intelligenter Mann könnte aus seinem Aussehen durch eine Karriere als Model oder eine sorgfältig geplante Ehe Kapital schlagen; ein kluger, aber unattraktiver Mann könnte beispielsweise die Einkünfte aus seinem gut bezahlten Job in eine neue Garderobe stecken – vielleicht sogar in Schönheitsoperationen, um sich bessere Klienten oder Kunden, einen höheren gesellschaftlichen Status, eine attraktivere Frau und anderes in dieser Art zu verschaffen.

Der Neoliberale, wie Karl Marx, versteht die produktive Aktivität als Wesen des Menschseins. Die Selbstausbeutung verdammt er jedoch nicht, sondern tritt vielmehr für sie ein: Wir müssen immer Unternehmer für unsere eigene Person sein. Wir müssen alle wie Allie sein, die ganze Zeit über, wir müssen aus uns selbst Firmen machen, wir müssen in überfüllten Märkten antreten, um aus unseren Aktivposten den maximalen Wert ziehen zu können.

Wenn man die Sache so betrachtet, investieren Studenten, die für ihre Ausbildung zahlen, in ihre intellektuellen Gaben, um ihre künftigen Gewinne zu maximieren. Da sie den Nutzen ernten werden, müssen sie die Kosten auf sich nehmen. Ein attraktiver junger Mensch, der Besitzer seines physischen Kapitals ist, könnte seinen Körper auf verschiedene Weisen verkaufen, um seine Ausbildung bezahlen zu können. Er könnte beispielweise sexuelle Dienste anbieten. Er könnte sich aber auch von einer seiner Nieren oder einem Teil seiner Leber trennen, um das Geld für die Studiengebühren aufzubringen. Ich habe einen durchaus seriösen akademischen Aufsatz gelesen, dessen Autor schrieb, ein derartiger Tausch könne doch in Form eines Stipendiums auf landesweiter Ebene institutionalisiert werden.[51]

Der neoliberale Ökonom kann kaum Einwände gegen diese Transaktionen erheben; ein ökonomischer Tausch zwischen zwei Erwachsenen, die sich einig sind, durch den beide ihren Nutzen maximieren und bei dem sie ihre Präferenzen über den Preis zum

Ausdruck bringen, ist ja die Wurzel der demokratischen Freiheit.[52] Der enthusiastische Anhänger des freien Marktes muss jeden Widerwillen gegenüber einem derartigen Tausch als irrational verwerfen und darf zwischen gefährlicher Arbeit, der Prostitution und dem Verkauf einer Niere keinen moralischen Unterschied sehen.

Wir wollen es jetzt dem neoliberalen Ökonomen nachtun und den Einwand, das sei moralischer Frevel, beiseiteschieben. Richten wir unsere Aufmerksamkeit stattdessen auf die Prozesse des Vergleichs und des Zur-Ware-Machens, die diese Transaktion erst ermöglichen. Dabei sollte uns nicht der Geldtransfer selbst interessieren, sondern die Verlagerung des Denkens, ohne die die Transaktion nicht stattfinden könnte. Wir sollten die Leichtigkeit hinterfragen, mit der wir jetzt das künftige Gehalt, die Universitätsausbildung und den Nierenverkauf in einem Satz nennen können, und untersuchen, wie es so alltäglich werden konnte, über die moralische Machbarkeit einer derartigen Verbindung zu debattieren – und in sie einzuwilligen.

Was ein Leichnam kostet

Nachdrückliche Argumente gegen Organmärkte kommen von denen, die selbst Zeugen des Elends und der Ausbeutung geworden sind, die der illegale Organhandel mit sich bringt.[53] Natürlich kommt der Verkauf eines Organs nur für die Allerärmsten und die ökonomisch besonders Verzweifelten in Betracht, die dann erschreckend wenig dafür bekommen und unter dem Fehlen von Nachsorge und Unterstützung leiden. Viele scheinen irregeführt oder durch einen Trick zu der Spende gebracht worden zu sein. In den Augen der Anthropologin Nancy Scheper-Hughes, Gründerin der Organisation Organwatch, die gegen den Organhandel kämpft, ist der illegale Handel ein Symptom für die größten Übel der Globalisierung: »Die Zirkulation der Nieren erfolgt generell über etablierte Kapitalrouten von Süden nach Norden, von Osten nach Westen, von ärmeren zu wohlhabenderen Menschen, von schwarzen und braunen Körpern zu weißen und von Frauen zu Männern oder von armen Männern mit niedrigem Status zu reicheren Männern.«[54] Es konnte gezeigt werden, dass das Geld gewöhnlich nicht zur Gründung eines Unternehmens oder zur Bezahlung einer Ausbildung benutzt, sondern durch Rückzahlungen an Kreditgeber verschlungen wird; und dass das, was dann noch übrig bleibt, für Grundbedürfnisse wie Nahrung und Kleidung ausgegeben wird.

Wie sieht es denn mit einem legalen Handel aus, der nicht von Kriminellen betrieben wird, sondern gesetzlich geregelt ist? Im Iran, wo der Handel legal ist, kann die große Mehrheit sich aus finanziellen Gründen keine Nachsorge leisten, und der Verkauf führt zu schweren Depressionen, Problemen in der Ehe und gesellschaftlicher Stigmatisierung. Die Spender müssen oft feststellen, dass sie geschwächt sind und nicht arbeiten können, und verarmen daher noch mehr; manche denken sogar daran, auch ihre andere Niere zu verkaufen! Bei einer Umfrage unter 300 iranischen Spendern fand man *keinen einzigen*, der von einer Verbesserung seiner Lebensqualität gesprochen hätte.

Von der empirischen Seite her scheint man also kaum sagen zu können, dass der reiche Nierenkäufer und der arme Nierenverkäufer eine Transaktion durchführen können, die auf gleicher und gerechter Basis erfolgt und beiden Seiten Vorteile bringt. Ganz im Gegenteil – in seinem derzeitigen Zustand ist der Organhandel ein Beispiel für alles, was an den Märkten falsch ist: Die Reichen bekommen mehr, die Armen stehen am Ende mit weniger da.

Was könnte ein Anhänger des freien Marktes dazu sagen? Er könnte – und wird das auch stets tun – den Bedarf anführen. In der industrialisierten Welt gibt es viel zu wenig Organe für Transplantationen: Die Prozedur ist zuverlässiger geworden und hat eher Routine-Charakter, und daher sind die Wartelisten angeschwollen. So warten in Großbritannien etwa 7000 Menschen auf eine neue Niere, und viele von ihnen werden sterben, ohne je eine zu bekommen. In den USA warten sogar 119 000 Menschen auf eine Transplantation. Bei einer Bevölkerung von 313 Millionen ist der Prozentsatz hier fast viermal so hoch wie in Großbritannien.[55] Das Anschwellen der Wartelisten wird auch durch in der ganzen Gesellschaft verbreitete Probleme wie Fettleibigkeit hervorgerufen, die zu Diabetes, Nierenversagen und Leberverfettung führt. Die Nachfrage nach Organen ist groß, doch sie wird nicht gedeckt. Natürlich werden die Leute zur Organspende angeregt, doch der Verkauf von Organen – selbst wenn es die eigenen sind – ist immer noch illegal. Die Frage ist also: Würde es das Problem lösen, wenn der Verkauf von Organen gesetzlich erlaubt würde?

Wir können nicht einfach davon ausgehen, dass der Markt das Angebot dann vergrößern würde. Der Anthropologe Richard Titmuss, der sich mit Bluttransfusionen befasst hatte, äußerte 1970 die Ansicht, dass eine Bezahlung die freiwilligen Spender »vergraulen« würde.[56] Sein Standpunkt wird durch empirische Arbeit gestützt (Bluttransfusionen sind inzwischen ja in vielen Ländern erlaubt.): Eine Bezahlung verändert offenbar das Angebot, vergrößert es aber nicht; das führt zu Spendern von geringerer Qualität, die zudem schneller wechseln. Die Qualität sinkt, die Kosten für die Kontrolle steigen – und das Angebot bleibt, wie es ist.[57]

Trotz dieser Unsicherheit besteht die Herausforderung für Ökonomen schlicht darin, deutlich zu machen, dass ein freier, gesetzlich erlaubter Nierenmarkt eine effizientere Lösung wäre, die allen Vorteile bringen würde. Ein ausgefeiltes ökonomisches Modell könnte helfen, wenn es zeigen würde, wie viel wir, in Dollar oder Euro ausgedrückt, durch legalisierte Organmärkte gewinnen könnten. Dann wird die Widerlegung der moralischen

Einwände gegen derartige Märkte zu einer Übung in der Entwicklung quantitativer Modelle: Werden die Organmärkte gut genug sein, um die auf hohen Grundsätzen beruhenden Einwände gegen sie überwinden zu können? Diese Frage können wir nur beantworten, wenn wir den Preis von Nieren kennen.

Der im Januar 2008 im Alter von erst 61 Jahren verstorbene David Kaserman war Ökonomieprofessor an der Auburn University in Alabama. Er hatte zunächst im Staatsdienst gearbeitet und wurde als Akademiker dann eine anerkannte Autorität auf dem Gebiet der Betriebsorganisation und der Anti-Trust-Ökonomie. Seinem Nachruf zufolge war er ein großartiger Gelehrter und bis zu seinem Lebensende ein »anständiger« Mensch. In diese Geschichte kommt er als einer der vielen Unglücklichen, die ein Nierenversagen erlitten und fortan zur Dialyse mussten; und als einer der wenigen Glücklicheren, die tatsächlich eine Spenderniere erhielten. Es muss ihm ganz natürlich erschienen sein, die Ressourcen seiner beruflichen Ausbildung auf das anzuwenden, was in seinen Augen eine bessere Organisation des Transplantationssystems gewesen wäre. Kaserman und die Kollegen, mit denen er an einer Reihe von Aufsätzen arbeitete, wollten zeigen, dass das gesellschaftliche Wohlergehen steigen – die ganze Welt besser dran sein – würde, wenn ein Marktsystem eingeführt würde.

Es ist ein Axiom der klassischen wie der neoklassischen Ökonomie, dass der Wohlstand der Nationen – wie Adam Smith es ausdrückte – auf der auf unterschiedlichen Fähigkeiten und Ressourcen basierenden Spezialisierung und auf dem Tausch von Gütern beruht. Für die Neoliberalen stehen der freie Tausch von Gütern und der Wohlstand notwendigerweise miteinander im Zusammenhang; in Kursen zum internationalen Handel präsentiert man den Ökonomiestudenten Diagramme zu Angebot und Nachfrage, die zeigen, dass die Beseitigung der Zölle den allgemeinen Wohlstand steigert. Nach Ansicht von Kaserman und seinen Kollegen würde das, was auf den Handel mit Gütern zutraf, auch für den Organhandel gelten: Wenn man die Schranken abbaut, gewinnen alle.

Das Grundmodell der Ökonomie ist das Diagramm zu Angebot und Nachfrage. Am Beispiel von Allie haben wir ja gesehen, dass die Angebotskurve steigt und alle Güter in größerer Menge erhältlich sind, wenn der Preis steigt. Die Nachfragekurve hingegen fällt, da die Nachfrage sinkt, wenn die Preise steigen. Die beiden Kurven treffen sich am Punkt der Markträumung: beim niedrigsten Preis, bei dem das Angebot ausreicht, um die Nachfrage zu decken, und beim höchsten Preis, bei dem die Nachfrage mit dem Angebot Schritt halten wird. Der Markträumungspreis (Market Clearing Price, MCP) ist eine Laborversion des Marktpreises; er ist rein, nicht durch Faktoren aus der realen Welt verschmutzt. Das Angebot-Nachfrage-Diagramm stellt in idealisierter Form dar, wie die Welt aussehen könnte, wenn wir uns die störenden Unregelmäßigkeiten des realen Lebens wegdenken würden.

Kaserman und seine Kollegen begannen mit der Entwicklung eines Modells, das einen Markträumungspreis für das Recht etablieren sollte, die Organe von Personen nach deren Tod zu »ernten«.[58] Sie simulierten Angebots- und Nachfragekurven, um die Tatsache auszugleichen, dass keine echten Daten verfügbar sind, da der Markt in Wirklichkeit ja gar nicht existiert; ihre grandiose Annahme ist, dass er sehr wohl existiert und dass jeder froh ist, wenn er seine Organe verkaufen darf oder zumindest das Recht hat, sie nach seinem Tod zu »ernten«. Sie erinnern sich sicher an die Zirkularität von Erica Fields scheinbarer Demonstration, dass Eigentumsrechte in den Slums von Peru zu einer besseren Durchsetzung der Gesetze führten. Genau dieses Problem droht auch hier. Wenn Kaserman und seine Mitstreiter zeigen konnten, dass Organmärkte gut funktionieren, gelang ihnen das aus einem einzigen Grund: Sie gingen dabei von der Voraussetzung aus, dass niemand Einwände gegen das Vorhandensein eines Marktes hat, und lieferten so den Kontext, der diese Voraussetzung valide machte.

Die Nachfrage schien unproblematisch zu sein: Angesichts von Transplantationen als billige Alternative zu einer langen Dialyse nahmen die Ökonomen an, dass die Nachfrage »elastisch« sein würde – dass die Krankenversicherungen und das Gesundheitssystem weiter für Organe zahlen würden, ungeachtet von Preisschwankungen. Mit dem Angebot ist es schwieriger. Kaserman und seine Kollegen benutzten als Strategie die kontingente Bewertungsmethode (»Contingent Valuation Method«, CVP), die zuerst in der Umweltökonomie verwendet wurde, um für Dinge wie saubere Luft einen Preis bestimmen zu können. An sich ist diese Methode ebenso genial wie einfach: Die Teilnehmer sollen auf einem Fragebogen angeben, wie viel sie zu zahlen bereit wären, um eine Ware zu bekommen, und wie viel sie akzeptieren würden, um auf die Ware zu verzichten; aus den Antworten lässt sich dann eine Angebotskurve errechnen.

Später werde ich zu Kaserman und seinen Kollegen zurückkehren. Jetzt möchte ich mich erst einmal auf die Methode konzentrieren. Die kontingente Bewertungsmethode ist für ihre Unvorhersehbarkeit berüchtigt. Sie leidet beispielsweise unter dem, was die Fachleute »Anchoring Bias« nennen. In der Laiensprache ausgedrückt bedeutet das, dass die Antworten oder Bewertungen der Teilnehmer durch die Konstruktion des Surveys selbst beeinflusst werden. Beim Wert von etwas wie sauberer Luft, bei dem es keinen natürlichen Anker gibt, wird dieser Effekt noch stärker sein. Wenn ich Sie beispielsweise fragen würde, wie viel Sie für ein gebrauchtes Familienauto zahlen würden, hätten Sie vielleicht eine recht gute Vorstellung davon, und der Wert würde sich wahrscheinlich kaum ändern, wenn ich einen Bereich zwischen null und 50 000 oder zwischen 5000 und 100 000 Pfund vorgeben würde; wenn ich Ihnen aber ein Abendessen mit dem Filmstar Ihrer Wahl oder eine Zukunft ohne Atomkriege für Ihre Kinder anbieten würde, würde eine Veränderung am oberen Ende der Skala die Ergebnisse drastisch verändern. Auch die Tatsache, dass es sich um eine hypothetische Transaktion handelt, bringt Probleme mit sich. Ich könnte ja bereit sein, eine Riesensumme imaginäres Geld für eine ebenso imaginäre Verabredung oder atomfreie Zukunft zu zahlen, doch imaginäres Geld trübt das Wasser der politischen Debatte. Deshalb bleibt es trotz der intensiven Anstrengungen der Ökonomie und der sorgfältigen Richtlinien, die die Regulierer bieten, schwierig, diese Methode zu benutzen.

Außerdem ist diese Methode unausweichlich politischer Art, denn wenn man Leute fragt, wie sehr sie irgendetwas wertschätzen, ändert sich das Wesen dieser Sache. Wenn man mich auffordert, einen Preis für etwas anzugeben, das derzeit keinen Preis hat, wie saubere Luft, bekommt es einen Preis, es wird eine Ware, etwas, mit dem wir Transaktionen durchführen können. Wer die Ergebnisse der Methode benutzt, um politische Antworten zu eliminieren, institutionalisiert diese Transformation. Ich möchte diesen Punkt durch ein Beispiel verdeutlichen, das weltweit sehr viel Aufmerksamkeit erregte: Im März 1989 lief der Öltanker *Exxon Valdez* im Prince William Sound, einem Gebiet von außergewöhnlicher Naturschönheit in Alaska, auf Grund. Die Auswirkungen des auslaufenden Öls wurden dadurch verschlimmert, dass diese Gegend kaum zugänglich ist. Das Ergebnis war dann ja, wie wir alle wissen, eine Umweltkatastrophe, die nur durch die Ölpest, die BP 2010 im Golf von Mexiko verursachte, übertroffen wird. Welcher Mechanismus benutzt wurde, um zu rechtfertigen, dass dem Staat Alaska ein Ausgleich in Milliardenhöhe zugestanden wurde, ist jedoch nicht so bekannt. Ein von dem Staat eingesetztes Team von Ökonomen sprach von einem Verlust beim »Nutzungswert« in Höhe von 2,8 Milliarden Dollar – eine enorme Summe, zu der man gekommen war, indem man die kontingente Bewertungsmethode auf die gesamten USA angewendet hatte.

Die Riesensumme hatte nichts mit den Kosten für die Behandlung ölverschmierter Vögel und Tiere zu tun; das war ein relativ kleiner Betrag, der größtenteils bereits ausgegeben worden war. Die Anwälte des Staates stellten sich auf den Standpunkt, dass selbst für Menschen, die Alaska nie besuchen würden, in dem Wissen, dass es existierte und für die Benutzung durch künftige Generationen verfügbar war, ein Wert gelegen habe. Und – das war der umstrittene Punkt – dieser »Nutzungswert« könne in Form von Dollar ausgedrückt werden.

Um den Nutzen beziffern zu können, den jeder Haushalt aus dem Wissen zieht, dass Alaska existiert, fragte das Team einfach Leute, wie viel sie dafür zahlen würden, die Ressource zu erhalten, und wie viel sie verlangen würden, um auf sie zu verzichten. Das Team ermittelte, dass jeder Haushalt bereit wäre, für die Erhaltung der Schönheit Alaskas 31 Dollar zu zahlen; durch Multiplikation mit den 91 Millionen Haushalten ergab sich für die Umweltkatastrophe im Prince William Sound ein Gesamtwert von 2,8 Milliarden Dollar. Laut Marion Fourcade, die die Übereinkunft analysiert, hatte die Studie den Wert der Wildnis »offenbart«, und ihre Wortwahl muss bewusst ironisch sein, da die Sprache der Offenbarung darauf hindeutet, dass es hier um eine transzendentale Wahrheit geht.[59] Die Methode, mit ihren Surveys und Samples und ihrer statistischen Analyse, wird als wissenschaftlich präsentiert; durch sie könne man Präferenzen und Werte entdecken, die schon immer existiert hätten, aber nie angemessen gewürdigt worden seien. Sie geht davon aus, dass das natürliche und angemessene Mittel für die Bewertung einer Wildnis darin besteht, sie genauso zu behandeln wie jeden anderen Besitz, den man nach Belieben kaufen und verkaufen kann. Wenn man richtig darüber nachdenkt, ist das Schockierende daran, dass die Menschen der unberührten Natur einen so *geringen* Wert beizumessen scheinen. Ein Essen für eine Person oder eine wunderbare Heimat für immer – nach besonders viel sieht das nicht gerade aus, doch wenn die Verbindung zwischen der Souveränität der Verbraucher und der Wildnis einmal hergestellt wurde, lässt sie sich nur sehr schwer wieder durchtrennen.

Die Befürworter des Organhandels machten bei ihrer Studie die gleichen Züge und kamen zu ähnlichen Ergebnissen. Man fragte die Teilnehmer an einem Kurs an der Auburn University – die allerdings vielleicht nicht in der besten Position waren, um ihr eigenes Ableben zu bewerten –, wie viel sie zahlen würden, um ihre Organe nach ihrem Tod behalten zu dürfen, und wie viel sie für die Unterzeichnung eines Vertrags akzeptieren würden, in dem sie einer posthumen Organentnahme zustimmten. Diesen jungen Leuten muss die Vorstellung gefallen haben, für etwas, was noch in so ferner Zukunft lag, schon jetzt Geld zu bekommen; das Angebot, das sich ergab, war sehr empfänglich für Anreize; ein Preis von 1000 Dollar pro Spender reichte für die Markträumung. Die Ärzte können aus einem einzigen Leichnam zwei Nieren, eine Leber, Gedärme, eine Bauchspeicheldrüse, ein Paar Hornhäute, Knochenmark, Gewebe und anderes, was wir selbst kaum erkennen, entnehmen; die Autoren kamen daher zu dem Schluss, dass der Preis pro Organ »unbedeutend« sein würde.[60]

Eine erneute Durchführung des Auburn-Experiments, dieses Mal mit einer älteren, breiter gefassten Survey-Gruppe, ergab jedoch einen Markträumungswert von 1,2 Billionen Dollar. Man sagt uns, diese »inflationäre« Zahl sei auf die Neigung dieser Teilnehmer zurückzuführen, einen Wert von null anzubieten, wenn sie angeben sollten, wie viel Geld sie für ihre Körper akzeptieren würden – als Ausdruck ihrer Abneigung gegen diese Frage.[61] Während die studentischen Teilnehmer bei Kaserman und seinen Kollegen mit der Aussicht auf Geld ganz zufrieden waren, griff die ältere und vielleicht nachdenklichere Gruppe durch ihre Antworten die Grundannahme bei dem Fragebogen an. Die Kalkulationsinstrumente hatten letzten Endes hart zu kämpfen, um nicht durch eine persönliche Ethik aus der realen Welt verunreinigt zu werden, und während der erste Survey indirekt zeigte, dass Märkte akzeptabel sein würden, wenn sie existierten, war das beim zweiten ganz eindeutig nicht der Fall.

Der moralische Status von Märkten für posthum entnommene Organe bleibt unklar – zumindest, wenn man sich die Fußnoten ansieht. Diese Untersuchung versieht Nieren aber nicht nur mit einem Preis. Kaserman und seine Kollegen behandeln den Leichnam bei ihrer Analyse von Angebot und Nachfrage als Ware und *machen* ihn dadurch zu einer Ware. Ich habe ja schon auf J. L. Austins Konzept von der Performativität der Sprache hingewiesen, laut dem das Aussprechen eines Satzes die Welt verändert. Auf ähnliche Weise erschaffen die Modelle eine Welt, in der ein Leichnam nicht nur der letzte Überrest eines geliebten Menschen ist, sondern auch ein Artefakt, das 1000 Dollar wert ist. Es kann ja schließlich auch dann einen auf wissenschaftliche Weise geschätzten Wert geben, wenn der für seine Produktion erforderliche Apparat nicht legal ist.

Da jetzt ein Preis existiert, gibt es eine andere – eine ökonomische – Möglichkeit zu fragen, ob wir Märkte für Transplantationsorgane haben sollten. Die Umstände, unter denen der Preis – der ökonomische Fakt – produziert wurde, treten in den Hintergrund und nehmen die methodologischen Unsicherheiten und Komplexitäten mit. Der 1000-Dollar-Leichnam streift wie Frankensteins Monster seine Ketten ab und beginnt zu reisen. In späteren Aufsätzen behaupten Kaserman und seine Kollegen, ein Markt für Organe würde zum Ende der organisierten Kriminalität und des Schwarzmarkts führen, da die Organe dann bald so billig sein würden, dass der Handel mit ihnen sich für die Kriminellen nicht mehr lohnen würde. Im Rahmen einer Diskussion über die Ausbildung als Mittel der Ermutigung zur Organspende kommen die Autoren zu dem Schluss, dass das teuer und ineffizient und der 1000-Dollar-Leichnam eine bessere Lösung sei. Das ist jetzt keine moralische Argumentation mehr, auch keine Diskussion über die Art von Welt, in der wir gern leben würden, sondern eine Sache der technischen Simulation, bei der die Verbindung von Ausbildung und Organspende nur durch ein überragendes ökonomisches Modell gerechtfertigt werden kann.

Eine Ökonomie der lebendigen Körper

Durch die Simulation von Angebot und Nachfrage kann man also einen Preis für ein Organ herleiten und so die Bezahlung von posthum entnommenen Organen legitimieren. Für so einen Markt bleibt jedoch ein deutliches Hindernis: Der bedauernswerte Betroffene muss vorzeitig und bei generell guter Gesundheit sterben. Dinge wie bessere Technik für die Intensivstationen, die Benutzung von Gurten beim Autofahren und eine allgemein größere Sicherheit auf den Straßen haben das Angebot von verfügbaren Leichnamen reduziert.

Ein in der Austauschbarkeit von Körpern und Kapital geschulter Ökonom könnte anführen, dass man durch die Legalisierung des Verkaufs lebender Organe ein zuverlässigeres Angebot erzeugen könnte, und sich daran machen, den Wert einer lebenden Niere zu berechnen. Eine ausgefeilte Bewertung könnte man durch die Analyse des Verbrauchsverhaltens von Individuen gewinnen, nach der Logik des Werts des statistischen Lebens, den ich im letzten Kapitel vorgestellt habe: des Punktes, an dem die Population Wohlstand gegen kleine Steigerungen der Überlebenswahrscheinlichkeit tauschen wird. Aus dem Aufschlag, den wir für gefährliche Arbeit fordern oder den wir für einen sichereren Toaster zu zahlen bereit sind, können wir einen gerechten Wert für unsere Körperorgane ableiten. Anders ausgedrückt: Man könnte bei der Analyse in Betracht ziehen, wie viel Geld wir dafür verlangen würden, die mit der Trennung von einer Niere verbundenen Risiken und Beschwerden auf uns zu nehmen.

Natürlich ist Gary Becker derjenige, der genau das gemacht hat. Er hat zusammen mit Julio Elias einen Preis für den Verkauf von lebenden Nieren und Lebern berechnet.[62]

Becker geht bei seiner Kalkulation davon aus, dass es »beim Buchungspreis für ein Organ drei Hauptkomponenten gibt: einen finanziellen Ausgleich für das Sterberisiko, einen finanziellen Ausgleich für die während des Heilungsprozesses verlorene Zeit und einen finanziellen Ausgleich für das Risiko einer schlechteren Lebensqualität«. Mit anderen Worten: Er leitet den Preis aus der Einstellung gegenüber dem Tod, schlechterer Lebensqualität und entgangenem Einkommen ab. Im vorigen Kapitel haben wir ja gesehen, dass diese Werte sich bereits in freier Zirkulation befinden, sodass Becker sie benutzen kann. Die Ökonomen wenden viel Zeit dafür auf, die Präferenzen der Leute aus anderen Quellen zu erschließen: Wenn man beispielsweise ansonsten identische Häuser in Gebieten mit unterschiedlichen Schulen, Kriminalitätsraten oder kulturellen Aktivitäten vergleicht, kann man berechnen, wie viel Familien für eine bessere Schulausbildung, niedrigere Kriminalitätsraten oder mehr Kultur zu zahlen bereit sind. Und wenn man vergleicht, wie viel Geld die Leute für gefährliche Arbeit zusätzlich bekommen, kann man ableiten, zu welchem Preis sie Risiken eingehen oder einen Risikozuschlag annehmen. Meine Erfahrungen mit der Abrissarbeit haben allerdings gezeigt, dass das Risiko sich nicht immer so gut auszahlt und dass manche Leute es einfach auf sich nehmen müssen.

Trotzdem gibt es auch bei der besten Kalkulation ein Element des Ratens. Das Risiko der reduzierten Lebensqualität hat sich als schwer schätzbar erwiesen; Becker misst ihm einen »großzügigen« (das heißt: willkürlichen) Wert von 7500 Dollar zu. Die Kosten für die Arbeitsunfähigkeit während der Heilungszeit nach der Operation beziffert er auf einen entgangenen Monatsverdienst für jemanden, der 35 000 Dollar im Jahr verdient, knapp unter 23 000 Pfund. Der Risikoausgleich wird aus vorhandenen Zahlen für den »Wert des statistischen Lebens« abgeleitet, den gleichen, die den Preis von Sicherheitsmaßnahmen in Fabriken und öffentlichen Werken bestimmen. Auf Grundlage dieser Zahlen schätzen Becker und seine Kollegen, dass ein Preis von 15 200 Dollar genug Nieren für die Markträumung liefern würde. Die Leberspende ist eine gefährlichere Prozedur, mit einer längeren Heilungszeit und einem größeren Verlust an Lebensqualität; daher ist der Preis hier höher: Der derzeitige Marktwert für zwei Drittel einer Leber liegt bei 37 600 Dollar.

Die Ausgefeiltheit von Beckers Modell verdeckt nicht nur den willkürlichen Charakter mancher Werte, sondern auch die zahlreichen Annahmen, die in der Mathematik verborgen sind. Wenn die Preisbildung für das Risiko von den realen beruflichen Möglichkeiten derjenigen abhängt, die gefährliche Arbeit am ehesten auf sich nehmen werden – weil sie weder eine gute Ausbildung noch gefragte Fertigkeiten haben, in wirtschaftlichen Schwierigkeiten stecken oder schlicht nicht in der Lage sind, einen angemessenen Wert für das entsprechende Risiko zu berechnen –, führt der sich ergebende Preis wahrscheinlich dazu, dass gerade diese Personen in Betracht ziehen werden, einen Teil ihrer Anatomie zu verkaufen. Das erkennt Becker bei seiner Berechnung auch an, wenn er dabei 35 000 Dollar als Jahreslohn ansetzt, auf dessen Grundlage der jeweilige Ausgleich ermittelt werden sollte; würde man dieselbe Berechnung auf der Basis der Risikopräferenzen und des Einkommens führender amerikanischer Ökonomieprofessoren vornehmen, könnte sie ganz anders aussehen. Es ist jedoch immer noch eine große Zahl, so groß, dass sie verführerisch ist, vielleicht sogar groß genug, um die College-Gebühren zahlen zu können; diejenigen, die der Versuchung am ehesten erliegen, werden aber immer die Ärmsten und besonders Benachteiligten sein.

Solche Bewertungen und Sprechweisen schleichen sich ins Alltagsleben ein. Als ein »Little Zheng« genannter chinesischer Teenager ins Krankenhaus ging und eine seiner Nieren verkaufte, damit er sich ein iPad kaufen konnte, schien es in den Nachrichten weltweit mehr Empörung über das zu geben, was er sich kaufte, als über den Verkauf.[63] Hätte er sich stattdessen dafür entschieden, sich ein Studium zu finanzieren, wäre er meiner Ansicht nach kaum in die Schlagzeilen gekommen. Viele Leute hätten ihn verstanden und seine Entscheidung gut gefunden.

30 Jahre sind vergangen, seit Richard Titmuss den Standpunkt vertrat, dass man die Spender, von denen das System abhing, durch Märkte für Blut vertreiben würde. 2011 veröffentlichte der Nuffield Council for Bioethics, einer der führenden Thinktanks in Großbritannien, die Ergebnisse seiner Beratung über menschliche Körper und Anreize, bei der es um die Frage gegangen war, ob es moralisch hinnehmbar ist, das Angebot durch Anreize zu vergrößern. Man *geht* jetzt also davon *aus*, dass Anreize das Angebot tatsächlich vergrößern würden. Ein höherer Mitarbeiter beim britischen Transplantationsamt hat mir gegenüber die Ansicht vertreten, dass man das Angebot durch eine kleine Bezahlung erheblich steigern könne, denn »so sind die Leute nun mal«.

Eine Bezahlung vertreibt also die Spender – und die ökonomische Logik, stark und schnörkellos, vertreibt die nicht so materiellen Dinge: Gleichheit und Gerechtigkeit zum Beispiel, oder das erste Prinzip des Arztes – dass er nichts tun darf, was den Patienten schaden könnte. Schon bei den Lebendspenden für Freunde und nahe Angehörige, die ja aus Altruismus erfolgen, ist es für die Ärzte schwierig, ein Organ aus einem lebenden Körper zu entnehmen, in das gesunde Fleisch zu schneiden; die Motivation durch einen ökonomischen Tausch würde vielen Chirurgen zu weit gehen. Angesichts der angeblichen Objektivität der ökonomischen Modelle schwinden solche schwierigen moralischen

Fragen dahin. Laut dem Gesundheitsökonom Anthony Culyer sprechen die Ökonomen heutzutage wie Philosophen. Ich habe selbst Zeit mit Philosophen verbracht und vermute, dass das daran liegt, dass die Philosophen sich der Ökonomie ergeben haben, da sie nicht in der Lage waren, die Annahmen und die fachlichen Spezifika in den technischen Argumenten der Ökonomen zu erkennen. Die Auseinandersetzungen über Transplantationsorgane zeigen jedoch, dass die Ökonomie nicht nur beschreibt, sondern ihre Beschreibungen auch auf die Bühne des realen Lebens überträgt. Und wenn das stimmt, ist es wirklich von Bedeutung, was die Ökonomie analysiert.[64]

Die positive Ökonomie und der Preis von Sex

Milton Friedman befürwortet in seinen *Essays in Positive Economics*[65] eine leidenschaftslose, desinteressierte und von Werturteilen getrennte Wissenschaft. Die Ökonomie befasse sich mit dem, was ist, nicht mit dem, was sein sollte. Im Mittelpunkt dieser Wissenschaft steht die Verwendung unzutreffender Annahmen.

Friedman fordert uns auf, uns die Blätter eines Baums vorzustellen, die dort am dichtesten wachsen, wo das Sonnenlicht am stärksten ist. Wir könnten annehmen, dass Blätter empfindungsfähig sind, sich frei bewegen können und sich absichtlich so positionieren, dass sie die maximale Menge Sonnenschein bekommen. Diese Annahme wird es uns erlauben, über Blätter an Bäumen bestimmte zutreffende Vorhersagen zu machen. Friedman fragt, ob diese Hypothese dadurch entwertet wird, dass Blätter nicht denken, und stellt sich auf den Standpunkt, dass das nicht der Fall ist. Der Ökonom behaupte nicht, dass Blätter empfindungsfähig seien und sich selbst in günstige Positionen bringen würden, sondern nur, dass die Ergebnisse so sind, *als ob* es so wäre.

Von da aus, sagt Friedman, sei es nur noch ein Schritt zur Untersuchung der Hypothese, dass Firmen sich so verhalten, *als würden* sie danach streben, die erwarteten Gewinne rational zu maximieren. Und wir stellen fest, dass sie sich tatsächlich so verhalten, auch wenn Unternehmer laut Friedman nicht alle Kosten-Nachfrage-Kalkulationen durchführen, also beispielsweise nicht die Grenzkosten und die Grenzerträge berechnen.

Heute verhalten Unternehmer sich aber so. Seit Friedmans Essay haben junge Führungskräfte 60 Jahre lang in Betriebswirtschaftskursen gelernt, die Grenzkosten und die Grenzerträge gegeneinander abzuwägen und die Produktion an den Punkt zu treiben, wo sie sich gegenseitig berühren. Durch stete Innovation bei den Beratungsfirmen und Ökonomie-Gurus ist eine Fülle von Instrumenten entstanden, die den Managern dabei helfen sollen, auf ökonomischer Basis »wissenschaftliche« Entscheidungen zu treffen. Obwohl Friedman die besten Absichten hatte, ist die positive Ökonomie nicht von normativen Urteilen zu trennen – sie *erzeugt* vielmehr normative Urteile. Ökonomische Annahmen sind in der Welt so normal geworden – sie werden durch unseren Lehrplan, unsere Sprechweise und durch die Populärliteratur verbreitet –, dass sie jetzt als Leitlinien dafür akzeptiert werden, wie wir uns verhalten sollten. Es sieht so aus, als würden wir immer, wenn wir im Labor eine ökonomische Kalkulation finden, bald auch ihren furchteinflößenden Cousin in der Wildnis entdecken.

Ein weiterer umstrittener Markt, der die Ökonomen fasziniert hat, ist der Verkauf und Kauf sexueller Dienste. Hier gibt es einen zwar illegalen, aber gut entwickelten Markt. Die Analysten brauchen dabei keine Laborpreise zu extrapolieren, sondern können mit realen Daten arbeiten. Sie schlagen sich vor allem mit einer Frage herum: Um Prostituierte zu werden, braucht man doch keine Qualifikationen oder speziellen Fertigkeiten, kein Kapital und keine besondere Ausrüstung – wieso ist der Verdienst da systematisch höher als bei Arbeitern in anderen Sektoren? Daten aus

Großbritannien zeigen, dass Prostituierte doppelt so viel verdienen wie Angestellte und dreimal so viel wie Arbeiter. Nehmen wir London als Beispiel: Der Wochenlohn für körperliche Arbeit lag hier bei 278 Pfund, der Wochenverdienst für nicht körperliche Arbeit bei 465 Pfund und der für Prostitution bei 1024 Pfund.[66]

Wenn die Löhne in irgendeinem Gebiet besonders hoch und die Markteintrittsschranken niedrig sind, erwarten wir, dass die Berufstätigen in das lukrativere Gebiet ziehen und so das Angebot vergrößern und die Preise drücken werden. Bei der Prostitution scheint das jedoch nicht der Fall zu sein. Möglicherweise begrenzen das Risiko und die Unannehmlichkeiten, die mit diesem Beruf verbunden sind, das Angebot oder führen dazu, dass die Frauen (es *sind* überwiegend Frauen) einen höheren Lohn verlangen. Diese Erklärung hält aber nicht stand. Gerade die Frauen vom Straßenstrich tragen das höchste Risiko und arbeiten unter den unangenehmsten Bedingungen, verdienen aber am wenigsten. Auch beim anekdotischen Beispiel von Allie verringern hohe Preise die Nachfrage nicht. Das stellt den unerschrockenen Ökonomen vor ein Rätsel: Was hält die Preise auf diesem hohen Niveau?

Es ist nützlich, uns hier an George Akerlofs »Markt für Zitronen« zu erinnern. Akerlof zeigt ja am Beispiel des Gebrauchtwagenmarktes, wie sich eine ungleiche Verteilung der Informationen über die zum Verkauf stehende Ware auf einen Markt auswirkt. Auf dem Gebrauchtwagenmarkt weiß nur der Verkäufer, welche Autos geflickt und ausgebeult wurden und welche von guter Qualität und daher von größerem Wert sind. Der Käufer ist also stets im Nachteil. Die Reaktion der Käufer besteht dann darin, niedrigere Preise zu bieten, um sich gegen die Möglichkeit zu schützen, Waren angedreht zu bekommen, die nicht in einem einwandfreien Zustand sind; daher gehen die Verkäufer guter Autos woanders hin. Bald stehen dann nur noch die geflickten und ausgebeulten »Zitronen« auf dem Gelände.

Um dieser misslichen Situation zu entgehen, kann der Verkäufer die hohe Qualität seiner Waren durch *viel* höhere Preise signalisieren. Er kann aber auch in Garantien und seinen Ruf investieren oder langfristige Beziehungen aufbauen, sodass der ökonomische Tausch stabilisiert und der Wettbewerb gedämpft werden. Allie scheint das alles getan zu haben: Sie erhöhte ihren Preis, als Zeichen für »Qualität«, und bot »treuen Kunden« Kopplungsverkäufe an. Da die Prostituierte bei diesem Geschäft persönlich verwundbar ist, könnte man die Bereitschaft des Kunden, einen hohen Preis zu zahlen, auch als Signal dafür betrachten, dass er zuverlässig und ungefährlich ist. Allie scheint, zumindest in den Händen von Levitt und Dubner, zu diesem Schluss gekommen zu sein.

Die Ökonomen sprechen in solchen Fällen, bei denen der Käufer nicht so viel weiß wie der Verkäufer, von »Asymmetrie bei den Informationen«. Die Verfügbarkeit von Informationen ist bei der Analyse von Erscheinungen in der realen Welt ungemein wichtig; sie kann sich, wie wir gesehen haben, auf die Preisbildung auswirken und Preise stützen, wenn wir an sich erwarten würden, dass sie fallen.

Bei der ökonomischen Analyse gibt es neben den Informationen noch eine zweite Säule: die Kosten. Der Gesundheitsökonom Alan Williams, den ich im vorigen Kapitel als führenden Architekten des QALY erwähnt habe, schreibt: »Für einen Ökonomen sind die Kosten das, was geopfert werden muss, und das kann sich stark davon unterscheiden, wie viel Geld wir zahlen müssen.«[67] Eine – zumindest im Hinblick auf die Erzeugung überprüfbarer Hypothesen – wirkungsvolle Möglichkeit, den Markt für sexuelle Dienste durch Modelle zu erfassen, ist die Annahme, dass beim Beruf der Prostituierten »Opportunitätskosten« (Dinge, die aufgegeben werden) auftreten und dass die Löhne einen Ausgleich für diese Opfer bieten müssen: Man muss das, was die schöne Allie Levitt und Dubner zufolge macht, also durch ein Modell erfassen.

Das Modell der Prostitution, das in der Disziplin, nach der Zahl der Veröffentlichungen in führenden Journalen zu urteilen, besonders stark verbreitet ist, beruht auf der Annahme, dass eine Frau *entweder* verheiratet *oder* eine Prostituierte sein kann – weder keins von beidem noch beides.[68] Wenn sie verheiratet ist, bezieht sie aus ihrer eigenen Arbeit und aus der Ehe Geld; ist sie hingegen eine Prostituierte, bekommt sie nur das, was sie in diesem Beruf verdient. Daher muss der Lohn für Prostitution stets höher sein als der für andere Arbeit, denn er muss der Frau einen Ausgleich für die entgangenen Vorteile der Ehe bieten. Der ökonomische Nutzen der Ehe, in Form von Glück und anderem, ist an anderer Stelle auf 70 000 Pfund geschätzt worden. Daraus ergibt sich, zumindest grob geschätzt, dass eine Frau, die sich gegen die Ehe entscheidet, als Ausgleich einen Verdienst von zusätzlichen 70 000 Pfund im Jahr erwarten sollte.[69]

Diese Annahmen erscheinen Ihnen etwas ungewöhnlich? Denken Sie daran, dass ökonomische Modelle für ihre Sparsamkeit und Vorhersagekraft gelobt werden, nicht für ihre komplexe Beschreibung des realen Lebens. In diesem Licht betrachtet ist Vereinfachung eine Tugend, und aus der Perspektive eines Ökonomen gesehen liegt die Stärke dieses Modells darin, dass es echte Erkenntnisse über das Lohngefälle bieten kann: Die Prostitution bleibt ein wenig einladender Beruf, und die Löhne bleiben tatsächlich hoch – weshalb? Weil damit Kosten verbunden sind.

Aufgrund der Tatsache, dass die Verdienste aus der Prostitution weiter an andere makroökonomische Faktoren gekoppelt sind, kann das Modell noch andere Vorhersagen machen. Ein Beispiel: Wenn die Löhne der Frauen generell steigen, steigen auch die Opportunitätskosten der Prostituierten, deren Löhne zum Ausgleich ebenfalls steigen müssen. Höhere Löhne für die Prostituierten bedeuten höhere Preise für ihre Kunden, was eine geringere Nachfrage und weniger Prostituierte bedeuten würde; eine Begleiterscheinung ist, dass die Armut niedrige Preise, große

Nachfrage und daher mehr Prostituierte erzeugen wird. Eine Erhöhung der Löhne bei den Männern wird zu einer höheren »Prämie für die Ehefrauen« führen, und der erforderliche Ausgleich wird die Preise nach oben treiben und die Zahl der Prostituierten sinken lassen.

Dieses Modell zeigt deutlich die Spannung zwischen dem, was die Ökonomie meint, wenn sie zu »erklären« behauptet, und dem, was alle anderen unter diesem Wort verstehen. Die oben aufgeführten Vorhersagen – die »Ehefrauenprämie« und so weiter – sind nur in dem sehr begrenzten Sinn wahr, in dem sie empirisch überprüfbar sind. Wenn Friedman sagt, die Ökonomie erkläre, meint er, dass sie Vorhersagen macht und dass wir diese Vorhersagen weiter testen können. Wenn die Populärliteratur zur Ökonomie für sich in Anspruch nimmt, die Welt zu erklären, wird das Wort in diesem Sinne benutzt: Die Ökonomie versteht nicht, sagt aber immer detaillierter voraus.

Für die meisten anderen Leute ist eine Erklärung jedoch ein Prozess, der Einblick in die reichhaltigen und vielfältigen Beziehungen von Ursache und Wirkung auf der Welt gibt. Das Konzept einer »Ehefrauenprämie« ist so unscharf, dass es nach jedem sinnvollen Standard des Wortes falsch ist. Die Prostitution ist in den armen Ländern zwar tatsächlich sehr verbreitet, doch wir haben das Gefühl, dass an der Erklärung mehr dran ist als das bloße Fehlen signifikanter Opportunitätskosten. Ökonomische Erklärungen scheinen unabhängig und vollständig zu sein, während die Erklärungen aus der realen Welt gewöhnlich unvollständig sind; trotzdem bemühen wir uns zu verstehen, denn solange wir nicht verstehen, können wir niemals wissen, ob Vorhersagen über eine gewisse Zeit hinaus zutreffen. Der Philosoph Robert Long liefert eine sehr anschauliche Darstellung dieses Problems:

Lassen Sie uns sagen, dass ich Anfang 2001 eine Theorie formuliere, laut der es im Universum eine »konstante tolkienische Kraft« gibt, die jedes Jahr einen Tolkien-Film hervorbringt. Als die Österreicher einwenden, meine Theorie lasse außer Acht, dass Filme ein Produkt menschlichen Handelns und nicht konstanter unpersönlicher Kräfte sind, erwidere ich: »Oh, das weiß ich. Meine Theorie erhebt keinen Anspruch darauf, realistisch zu sein. Die Frage ist, ob sie gute Vorhersagen macht!« 2001, 2002, 2003 – schauen Sie doch nur: Meine Theorie funktioniert jedes Jahr! … Falls ich der wahren Erklärung für diese Reihe von Kinopremieren aber nicht wenigstens ein bisschen Aufmerksamkeit widme, wird es mich überrumpeln, wenn die Regelmäßigkeit 2004 nicht mehr auftritt.[70]

Das lächerliche Konzept einer »konstanten tolkienischen Kraft« zeigt, was für Schlussfolgerungen wir ziehen könnten, wenn wir im Labor bleiben und uns in unrealistischen Annahmen vor der Komplexität der realen Welt verstecken würden. Unglücklicherweise schwappt das enge Verständnis der Erklärungskraft der Ökonomie auch ins reale Leben. Im Fall der oben umrissenen ökonomischen Theorie der Prostitution werden wir das Gleichgewicht zwischen den Löhnen und den Opportunitätskosten bei der sexuellen Arbeit möglicherweise nicht als »Erklärung« akzeptieren und hätten lieber eine detaillierte deskriptive Erklärung dafür, dass manche Frauen gerade diesen Beruf ergreifen. Wenn Levitt und Dubner sich fragen, weshalb nicht mehr Frauen Allies Beispiel folgen und die hohen Löhne genießen, die die Kosten in Form der entgangenen ehelichen Vorteile mehr als aufwiegen, scheinen sie aber wirklich zu glauben, dass die positive Ökonomie »Erklärungen« liefert.

Hier hört die Ökonomie der Prostitution allerdings noch nicht auf. Das Modell der Opportunitätskosten und der hohen Löhne ist zwar aufschlussreich, wirft aber wenig Licht darauf, welchen

Wert die Beteiligten körperlichen Begegnungen zumessen. Das ist wie bei den Freihandelsmodellen der begeisterten Befürworter des Organmarktes, bei denen die Ebene der Analyse der Markt insgesamt ist und Vorhersagen auf Grundlage des Gruppenverhaltens gemacht werden. Bei ihrer imaginären Simulation benutzten Becker und Elias ja die Risikozuschläge, um viel spezifischere Preise aus den Lohndaten ableiten zu können – und die Ökonomen Peter Moffatt und Simon Peters haben die Preise analysiert, um herauszufinden, was die Freier im Zusammenhang mit dem Besuch bei Prostituierten als wirklich wertvoll betrachten.[71]

Die von Moffatt und Peters benutzten Daten stammen von »Punternet«, einer Berichtssite im Internet, auf der die Käufer sexueller Dienste ihre Besuche aufschreiben können, einschließlich der gezahlten Preise und der jeweiligen Dauer, und angeben können, ob sie noch einmal dort hingehen würden. Es ist mit einer Travel-Review-Website (allerdings nur für Männer) vergleichbar. Dank Punternet entdecken Moffatt und Peters die Vorlieben der Freier, die auch hier durch das Medium des Preises zum Ausdruck gebracht werden.

Eine Zusammenfassung für den lüsternen Leser: Die Frauen, die die höchsten Preise verlangten, waren 23,75 Jahre alt und »sehr dünn«. Abgesehen von »ausgefallenen Extras«, die erheblich mehr kosteten, reflektierten die Preise eher die Zeit als die gebotene Dienstleistung. Und in Übereinstimmung mit den theoretischen Vorhersagen des Modells der Opportunitätskosten waren die sexuellen Dienste im wohlhabenden Zentrum von London teurer und in Schottland und im Nordosten am billigsten. Lange Besuche machten die Kunden glücklicher, erfahrenere Frauen auch; die 31,5 Jahre alten Frauen erzielten die größte Zufriedenheit. Moffatt und Peters spekulieren, dass diesen etwas älteren Frauen Stammkunden wohl wichtiger sind und dass sie daher auf die Qualität ihres Services achten. Das am wenigsten zu erwartende Ergebnis ist, dass Attraktivität (auf Grundlage der

Beschreibung, die der Freier geliefert hat) zu niedrigeren Preisen führt, während höhere Preise von *unattraktiven* Frauen verlangt werden. Auch hier wird eine spekulative Erklärung geboten: Es könnte sein, dass diese Frauen nicht mit einem Wiederholungsbesuch rechnen und daher den höchstmöglichen Preis fordern, unter Ausnutzung der Kosten, die dem Kunden durch seine Suche, seine Reise und seine Erwartungen bereits entstanden sind. Da der Punter schon so viel in seinen Besuch gesteckt hat, zahlt er lieber einen zu hohen Preis, als mit leeren Händen zu gehen.

Moffatt und Peters kommen zu dem Schluss, »dass in einem reibungslos funktionierenden Markt jedes Merkmal der Dienstleistung, das die Zufriedenheit des Kunden steigert, einen Preisaufschlag nach sich ziehen sollte. ... Dieses und andere Ergebnisse deuten darauf hin, dass die Marktsignale nicht perfekt funktionieren und dass es noch nicht realisierte Profitchancen gibt«.[72] Mit anderen Worten: Die Suchkosten sind ein Problem – wie bei der Suche nach einem Universitätskurs oder dem perfekten Kaffee. Sie können durch schlechte oder unzureichende Informationen oder durch Schwierigkeiten bei der Erlangung von Informationen verursacht werden. Bei einem reibungsloser funktionierenden Markt, in dem Informationen von hoher Qualität frei fließen, würde es ein gutes Verhältnis von Qualität und Preis und einen allgemeinen Anstieg des gesellschaftlichen Wohlstands geben: Alle Beteiligten wären besser dran.

Im Fall der Prostitution, wo eine Legalisierung den Informationsfluss erheblich verbessern würde, gibt es ein politisches Argument, das sich allein aufgrund des gesellschaftlichen Wohlstands vorbringen lässt. Was für die eine Ware gilt, gilt auch für die andere, ob es sich nun um gefrorenes Orangensaftkonzentrat, eine noch warme Niere oder käufliche intime Beziehungen handelt: Freie Märkte und persönliche Entscheidungen sind die Hauptpfeiler des nationalen Wohlstands. Vielleicht wirkt all das so absurd, dass man es als irrelevant betrachten könnte. Ökonomische Simulationen können die Politik aber durchaus beeinflussen und in die Debatten über die Legalisierung der Märkte für Körperteile und die sexuellen Dienstleistungen vordringen, wie bei den Debatten über schädliche oder suchtfördernde Stoffe – beispielsweise Tabak und Alkohol. Die ökonomische Analyse der Prostitution könnte mit ihrer Betonung der Informationskosten im Laufe der Zeit die Art und Weise verändern, auf die wir über den ältesten Beruf der Welt sprechen und ihn regulieren.

Die Ökonomie als Unterdrückerin

In der Zwischenzeit schwappt die Forderung der Ökonomen nach einem reibungslos funktionierenden Markt, bei dem die Informationen frei und in großer Breite zugänglich sind, die Preise sich vergleichen lassen und das Preis-Leistungs-Verhältnis etabliert ist, auch in die Wildnis. Wir haben ja schon gesehen, dass die Beurteilungen der Kunden und die Websites für Preisvergleiche unaufhörlich dafür sorgen, dass wir uns als Kunden an ökonomische Normen im Hinblick auf das Preis-Leistungs-Verhältnis und den Wettbewerb bei den Preisen halten, und so diejenigen, die uns etwas anbieten wollen, dazu zwingen, diese Regeln als vorherrschende Geschäftsbedingungen zu akzeptieren. Ich muss leider sagen, dass es selbst in der Welt des käuflichen Sex viele Dienste dieser Art gibt und dass Punternet, zumindest in Großbritannien, nur der berühmteste ist.

Laut dieser entzückenden Internetinstitution, die nur Großbritannien abdeckt, wurden seit den Anfängen im Jahre 1999 110 170 »Berichte aus dem Feld« veröffentlicht, die gekauften Sex im Wert von rund 14 Millionen Pfund repräsentieren. In über 90 Prozent dieser Berichte wurde die »Lady« (sic) empfohlen. Wer möchte, kann sich ein Ranking der am stärksten empfohlenen Prostituierten ansehen; derzeit liegt »Rosina of Newcastle« (»früher of Sunderland«) in Führung, mit 125 Reports für den Zeitraum von 2001 bis 2011.[73] Ich habe ja schon deutlich gemacht, dass Rankings – von Städten, von Bildungseinrichtungen – die Fähigkeit haben, die von ihnen beschriebenen Institutionen umzugestalten. Denselben Prozess kann man auch auf den schmutzigen Seiten von Punternet sehen; die »Working Girls« oder »Ladys« bemühen sich, ihren Status auf der Site zu verbessern, die am stärksten empfohlene, sichtbarste Anbieterin von Zufriedenheit bei den Freiern und einem guten Preis-Leistungs-Verhältnis zu werden.

Punternet macht den Beurteilungsprozess der »Punter« sichtbar. Die Gemeinschaft der Benutzer kann sich darüber einigen, was zählt, was zu schätzen ist und wie. Die Feldberichte auf der Site sind detailliert und schmutzig. Zum Glück für diejenigen von uns, die zarter besaitet sind, hat die Soziologin Lynne Pettinger von der University of Essex analysiert, wie die Punter über ihre Erfahrungen sprechen und deren Wert artikulieren. Sie qualifizieren die Dienstleistungen auf unterschiedliche Weise – dem einen ist vielleicht die Kundenbetreuung auf einem sehr hohen Preisniveau wichtig, dem anderen das Preis-Leistungs-Verhältnis am Schnäppchenende der Skala. Hier zwei typische Beispiele aus Pettingers Aufsatz:

Für so viel Geld erwarte ich ehrlich gesagt wirklich jemanden, der sich ein bisschen Zeit für mich nimmt und sich Mühe gibt und zumindest versucht, mich zu entspannen, statt zu drängeln. Ich bin keine 18 mehr und keine Maschine und kann nicht termingerecht zum Orgasmus kommen. Bin wirklich sehr enttäuscht …

Im Preis waren HR oder oraler Sex eingeschlossen, doch für zusätzliche 10 Pfund konnte ich beides kombinieren. … Am Anfang zog sie mir das Kondom mit dem Mund über, was ich toll fand, und dann blies sie mir einen, dass mir Hören und Sehen verging. … Sehr gutes VFM!!!!!!![74]

VFM heißt eindeutig »Preis-Leistungs-Verhältnis« (»value for money«), HR »Handbetrieb« (»hand relief«). In einer Fußnote werden die Punternet-Akronyme übersetzt – da sträuben sich dem Leser besonders angesichts von Pettingers leidenschaftsloser, gelehrter Prosa die Haare. Ihrer Ansicht nach stellen die Berichte aus dem Feld den Kauf von Sex als legitime Kundenaktivität dar, bei der der Freier das Recht auf Service und ein gutes Preis-Leistungs-Verhältnis hat. In all diesen Berichten kommt die Souveränität des Kunden – der Kunde hat immer recht – zum Ausdruck. Außerdem definiert die Site, wie der Kunde sich verhalten sollte: Der gute Kunde begibt sich auf eine Suche und trifft rationale Entscheidungen, die seinen Nutzen maximieren, und die Site existiert, um ihm bei diesen Entscheidungen zu helfen.

Laut ihrer eigenen Beschreibung wurde die Website »angelegt, um den Austausch von Informationen zur Prostitution in e zu erleichtern« und »hat zum Ziel, ein besseres Verständnis zwischen den Freiern und den Ladys zu fördern, in der Hoffnung, dass davon beide Seiten profitieren werden, durch Besuche, die nicht so stressig, sondern angenehmer und von gegenseitigem Respekt geprägt sind«. Auf einer anderen Seite steht: »Die Jungs werden eine Vorstellung davon bekommen, ob sie gern eine bestimmte Lady aufsuchen möchten. Die Ladys mit positiven Reports sollten im Laufe der Zeit Zuwächse beim Geschäftsvolumen verzeichnen können ...«[75] Pettinger hat recht, wenn sie Punternet als ein Instrument betrachtet, durch das Bewertungen guter Dienste und die Ansprüche der Kunden – moralische Ansprüche – explizit gemacht werden und über sie verhandelt wird. Es dient jedoch noch einem anderen, simpleren Zweck – es macht genau das, was es behauptet! Es erleichtert den Informationsaustausch in einem Markt: zwischen Käufern und Verkäufern, Käufern und Käufern, Verkäufern und Verkäufern. Es ermöglicht es denen, die die »Working Girls« besuchen möchten, Preise zu vergleichen, den Marktpreis zu ermitteln und ein Gefühl für guten Service oder ein gutes Preis-Leistungs-Verhältnis zu be-kommen. Den Frauen ermöglicht es, sich mit ihren »Kolleginnen« und Rivalinnen zu vergleichen. Es etabliert Marktpreise und bie-tet eine besondere Klassifizierung der Aktivitäten, die durch seine unaussprechlichen Akronyme bestimmt wird. Die Site begrüßt Entgegnungen auf negative Reviews, und in offenen Räumen kann man Diskussionen über die Qualität des Service hören. Ins-gesamt legitimiert es, wie Pettinger sagt, den Kauf und Verkauf von kommerziellem Sex. Und das ist noch nicht alles: Vor allem zeigt es durch Handeln, dass der Service, der verkauft wird, und die Austauschbarkeit derjenigen, die verkaufen, vergleichbar sind.

Über den Status von käuflichem Sex als Beruf wird viel debat-tiert. Für manche ist er eine Form der Unterdrückung, eine ganz spezielle Form von Arbeit, die seltsame Ansprüche an die Identi-tät und Person der Verkäuferin stellt. Für andere unterscheidet er sich nicht wesentlich von anderen Arten der Arbeit oder auch von der Ehe und der Hausarbeit. Man kann ihn als Chance für die Frauen betrachten, wieder eine gewisse Kontrolle über ihr Leben zu gewinnen, sich eine Identität als aktive und unternehmerische Menschen zu sichern, wo die sexuelle Arbeit eine Laufbahn und ein Beruf ist.[76] Das neoliberale Beharren auf Autonomie als einer Primärtugend beherrscht die Diskussionen darüber, was verkauft werden darf und was nicht, und die Argumente der zweiten Gruppe scheinen die Oberhand zu haben. Die glückliche Allie ist ein wunderbares Beispiel dafür: Sie verlangt hohe Preise, sucht sich ihre Kunden sorgfältig aus und verkauft nicht nur ihren Kör-per, sondern auch ihre Persönlichkeit.

Punternet tut das Gegenteil. Während Allie sich bemüht, sich einzigartig zu machen, sich den Charakter einer Ware zu nehmen, arbeiten Websites wie Punternet angestrengt in die entgegenge-setzte Richtung – sie machen die »Ladys« zu Waren, zu austausch-baren Objekten, die der Logik des Preis-Leistungs-Verhältnisses und des Kundendienstes unterliegen. Punternet erinnert uns an die Kraft von Marktinstrumenten, denn was kann eine einzige Frau angesichts von durch Zehntausende von Benutzern angehäuften Kalkulationen, von den gesammelten Erfahrungen aus für 14 Millionen Pfund gekauften sexuellen Begegnungen, schon ausrichten? Wie bei den Sites mit Reiseerfahrungen, die neue Mechanismen für die Disziplinierung der Hotelbesitzer geworden sind und ihnen bestimmte Erwartungen und Standards beim Service aufzwingen, sind die Anbieter gegenüber den Ansichten einer Masse, die durch eine Online-Engine kalibriert und geleitet werden, auch hier machtlos.[77] Was wahr ist – was am stärksten akzeptiert wird –, wird durch ein Instrument bestimmt, das seine große Macht aus den Netzwerken zieht, die es um sich versammelt. Die Verkäuferinnen von Sex werden gnadenlos als ökonomische Menschen konfiguriert, die durch ökonomische Gesetze und Protokolle gebunden sind. Es gibt keine Würde, keine Autonomie, keine emanzipierte Identität – nur die zermürbende Schätzung des Preis-Leistungs-Verhältnisses und offenen, erbitterten Wettbewerb.

Bisher ist der Schurke in diesem Stück das Geld gewesen. Es ermöglicht ja den Tausch aller Aspekte des menschlichen Daseins gegen Nutzen und Kosten und spielt daher die Hauptrolle bei der Koordinierung der ökonomischen Erkenntnisse und Einstellungen, über die ich bisher gesprochen habe. Wir können aber durchaus auch ohne die Hilfe des Geldes ökonomische Menschen werden. So eine Transformation wurde durch eine Institution bewirkt, die in der heutigen Gesellschaft immer natürlicher wird: das Onlinedating. Im nächsten Kapitel werde ich mich damit beschäftigen, wie es diesem Phänomen aus dem 21. Jahrhundert gelungen ist, das zu erreichen, was Dennis Robertson sich erhoffte: die Ökonomisierung der Liebe.

8 Es geht nicht ums Geld, Schatz!

Das Onlinedating ist eine ernste Sache.[78] Der Umsatz der großen Dating-Unternehmen liegt bei Hunderten von Millionen Pfund. Die europäische Firma Meetic hat im Jahr Einnahmen von rund 200 Millionen Pfund, was meiner Schätzung nach über eine halbe Million einsame Herzen bedeutet. Meetic betreibt einige der größten europäischen Sites, darunter die europäischen Geschäftsbereiche von match.com, gemäß einem Abkommen, das 2009 mit der amerikanischen Firma geschlossen wurde. Sein Gründer, Marc Simonici, sagte bei einem seiner seltenen Interviews, er »liebe es, den Menschen zu helfen, die Liebe zu finden«; ich glaube allerdings, dass er das sogar noch mehr liebt, weil jeder von ihnen 30 Euro im Monat zahlt. eHarmony, einer der wenigen Giganten, die den Dating-Markt in den USA beherrschen, schreibt sich 5 Prozent der jährlichen amerikanischen Eheschließungen zu. Hier gibt es ganz offensichtlich riesige Größenvorteile, die den größeren Firmen helfen, noch größer zu werden: Die Kosten für die Infrastruktur werden im Großen und Ganzen stabil bleiben, sodass mehr Kunden mehr Profit bedeuten, und damit mehr Geld, das man für Werbung und Erweiterungen ausgeben kann. Auch Netzwerkeffekte spielen eine Rolle: Wenn jeder, der etwas auf sich hält, auf match.com nach einem Partner sucht, wird es noch mehr Gründe geben, dort Mitglied zu werden. Es ist hier wie bei allen sozialen Medien: Ein paar Firmen an der Spitze haben die gesamte Branche effektiv unter Kontrolle.

Die großen Firmen haben die Branche nicht nur dominiert, sondern auch ausgeweitet. Es gibt unzählige Sites im mittleren Bereich: Jede Zeitschrift und jede Zeitung, die ihr Pulver wert ist, scheint ihren eigenen Dating-Dienst zu haben. Man kann sich schon denken, dass es nur noch eine Frage der Zeit ist, bis auch die großen Supermärkte in diesen Markt strömen! Tatsächlich: 2011 begann der britische Lebensmittelhändler Asda mit einem Dating-Dienst, der die Leute angeblich auf Basis ihrer Einkaufsgewohnheiten zusammenbringen wollte. (Das löste eine wahre Lawine kurzer Kommentare aus: »Hast du schon von der neuen Dating-Site von [Name des entsprechenden Supermarkts] gehört? Meine Freundin hat das ausprobiert und sitzt jetzt mit einer Tüte fürs ganze Leben da.« Der Markt ist aufgespalten worden, da die Sites sich jetzt an Leute wenden, die speziellere Angebote suchen, als die Onlinegiganten anbieten können. So gibt es Websites für Naturliebhaber, die Fans der klassischen Musik, sportliche Typen und ehemalige Oxbridge-Studenten, Sites für Leute, die eine Affäre wollen … Was auch Ihre Passion sein mag – Sie können wahrscheinlich eine Dating-Site finden, die Ihren Bedürfnissen gewidmet ist, denn das Onlinedating hält eisern an seiner Behauptung fest, dass es bei der Partnersuche um das geht, was für Sie das Richtige ist.

Der Gedanke, dass die Dating-Dienste von heute lediglich eine moderne Manifestation eines alten Problems sein könnten, ist verlockend. Im Laufe der Geschichte hat es ja schließlich arrangierte Ehen gegeben, Debütantinnenbälle, Verbindungen zwischen verschiedenen Clans und alle möglichen anderen ausgetüftelten Mechanismen, um Paare zusammenzubringen. Meine Kollegin Shiona Chillas und ich haben die letzten beiden Jahre damit verbracht, sie genau zu beobachten. Wir haben Schnittstellen analysiert, Aufsätze gelesen und Interviews mit

Gründern geführt und sind uns in einer Hinsicht sicher: Das stimmt nicht!

Auch wenn die Mobilität, die sexuelle Befreiung und die Gleichheit der Geschlechter viel verändert haben, sind die meisten Grundmechanismen für das Kennenlernen von Partnern in der realen Welt gleich geblieben. Die Schulen und Universitäten sind weiter riesige, informelle Begegnungsstätten, die die einzelnen Personen zudem nach dem Alter, den Interessen und der sozialen Gruppierung sortieren. Akademiker, die sich mit den Beziehungen befassen, wissen schon lange, dass die Leute dazu neigen, Menschen zu heiraten, die ihnen beim Alter, bei der Bildung und beim Hintergrund ähneln, und dass auch die Geografie eine Rolle spielt. Die Frau oder der Mann des Herzens lebte stets in einer Entfernung, die man bequem mit dem Auto zurücklegen konnte.[79]

Solche Faktoren bestimmen den Erfolg von Beziehungen allerdings nicht so stark, wie man vermuten könnte. Ähnlichkeiten bei der sozialen Gruppe und bei der Demografie scheinen für das Funktionieren langfristiger Beziehungen keine entscheidende Rolle zu spielen – sie sind ein Nebeneffekt, das Ergebnis von dem, was die Ökonomen »Search Frictions« nennen. Wenn Sie Ihren Partner oder Ihre Partnerin auf der Schule oder an der Universität kennenlernen, was ja bei vielen auch heute noch der Fall ist, werden Sie wahrscheinlich gleichaltrig sein und einen ähnlichen Hintergrund bei der Bildung haben; wenn Sie sich hingegen beim Joggen, im Gartencenter oder bei der Hundeausstellung begegnen, dürften Sie gemeinsame Interessen haben. Solche Gemeinsamkeiten können am Anfang durchaus hilfreich sein, da die Leute ihre Beziehung dann auf den gemeinsamen Interessen aufbauen können, aber das ist nicht der entscheidende Faktor. Die gemeinsamen Erfahrungen in der zusammen verbrachten Zeit werden bald eine viel größere Gemeinsamkeit bilden.

Wir dürfen auch die seltsame Genetik der Anziehung nicht

vergessen, die wir noch kaum verstehen. 1995 führte der Schweizer Genetiker Claus Wedekind sein berühmtes Experiment mit den »verschwitzten T-Shirts« durch; dabei schnupperten Freiwillige an T-Shirts, die zwei Tage lang von einem Mitglied des anderen Geschlechts getragen worden waren – und bevorzugten den Geruch derjenigen, deren Immunsystem sich am stärksten von ihrem eigenen unterschied. Dieses Experiment zeigt, dass die zwischenmenschliche Anziehung von unbewussten, evolutionären Faktoren bestimmt werden könnte, über die wir bisher kaum etwas wissen.

Dank des Internets können die Leute nun Beziehungen eingehen, die die halbe Welt umspannen, und ihre Wahl, zumindest der Theorie nach, unabhängig von Alters- und Demografiefaktoren treffen. Es besteht keine Notwendigkeit, sich mit Search Frictions zu belasten; die Informationen fließen auf perfekte Weise, die Suchkosten sollten tragbar sein. Schon dieser Luxus der Wahl fokussiert die Aufmerksamkeit auf den Auswahlakt, denn er scheint zu bedeuten, dass die wesentliche Grundlage für eine erfolgreiche Beziehung darin besteht, überhaupt die richtige Person zu finden. Durch dieses zentrale Versprechen – dass die Websites den perfekten Partner für Sie finden werden (der dann wie jedes andere Verbrauchsgut in der vorgegebenen Form ankommen wird) – unterscheidet sich das Onlinedating von den bisherigen Systemen für die Partnersuche und die Eheschließung.

Stimmt das? Gibt es einen Mann oder eine Frau, ohne den/die Sie niemals glücklich sein werden? Oder gibt es eine Vielzahl möglicher Zuordnungen, und gute Beziehungen werden im Laufe der Zeit durch die Bemühungen beider Partner aufgebaut? Hier kann die Psychologie uns solide Antworten bieten. Wir wissen, dass gedeihliche Beziehungen langfristig Erfolg haben, weil die Partner lernen, sich empathisch zu verhalten und sich gegenseitig zu unterstützen. Es stimmt mit Sicherheit, dass manche Leute bei Beziehungen einfach schlecht sind und nie gute Ehepartner sein werden. Das Gegenteil trifft ebenfalls zu: Manche Menschen sind schlicht bei allen Beziehungen gut. Solche Personen kann man mit ein paar altmodischen, nicht wissenschaftlichen Wörtern beschreiben: nett, anständig, fürsorglich – eben mit den Wörtern, die Ihre Mutter benutzen könnte, wenn sie Ihren idealen Partner beschreibt. (Zur Beschreibung der ersten Kategorie gibt es übrigens einige noch ältere Wörter.) Insgesamt betrachtet erzählt die Wissenschaft der Beziehungen uns also: Suchen Sie sich einen gutherzigen Partner, der Sie auf eine urtümliche Art erregt, und bleiben Sie dann bei ihm. Machen Sie gemeinsame Erfahrungen und seien Sie kompromissbereit. Verändern Sie sich.

Dating-Sites hingegen sagen fast das Gegenteil: Suchen Sie sich einen Partner, der dieselben Dinge mag wie Sie selbst und die körperlichen Charakteristika aufweist, die Sie generell attraktiv finden. Suchen Sie sich die Person, die für Sie so, wie Sie im Augenblick sind, die richtige ist. Verändern Sie sich nicht und erwarten Sie kein urtümliches Feuerwerk. Überlassen Sie das ganze Problem der Kompatibilität den Fachleuten.

Es ist meine Lieblingstheorie – mehr aber auch nicht –, dass das Onlinedating deshalb als kommerzielle Möglichkeit funktioniert, weil es einen Grenzbereich zwischen zwei Auffassungen von der Beziehungsbildung einnimmt. Einerseits profitiert es von der zeitgenössischen Vorstellung, dass es irgendwo auf der Welt jemanden gibt, der für uns perfekt ist, in diesem Augenblick, und dass wir ihn so aufspüren müssen, wie wir das bei einem bestimmten Paar Schuhe machen würden. Einen Partner zu finden ist dann einfach nur eine Ausdehnung des Einkaufens. Andererseits sind die Psychologen sich darin einig, dass die Websites etwas Wichtiges können: Sie können die Menschen, die bei Beziehungen gut sind, von denen trennen, die das nicht sind. Die Dating-Sites müssen daher durchblicken lassen, dass sie Zuordnungen dank eines bestimmten wissenschaftlichen intellektuellen Eigentums auf eine Weise machen können, die dem wirklichen Leben und den anderen Websites verschlossen bleibt; generell bringt man gutherzige, geistig gesunde Menschen miteinander in Kontakt und lässt die schwere Arbeit einfach von ihnen erledigen.

Wenn man damit durchkommt, ist das ein schöner Trick – wie beim Verkauf von Möbeln, die der Käufer selbst zusammenbauen muss: Die Kunden fahren zum Möbelhaus, laden die Kartons ein und verbringen das Wochenende mit Hämmern und Fluchen. Sie machen die ganze Arbeit selbst – aber das Möbelhaus hat das ganze Geld einkassiert.

Wie man Liebesgeschichten verkauft

Es gibt noch eine andere Möglichkeit: dass das Onlinedating denen etwas bietet, die nach dem suchen, was der Psychologe John Alan Lee als »pragmatische Liebe« bezeichnet hat, nach einer stabilen, für beide Seiten lohnenden Verbindung.[80] Der ökonomischen Auffassung von der Beziehungsbildung liegt eine pragmatische Einstellung zugrunde, bei der Männer und Frauen versuchen werden, ihren künftigen Nutzen (in Form des kombinierten Outputs verstanden) und die wahrscheinlichen Anteile, die sich jeder der beiden nehmen kann, zu maximieren. Daher werden die Individuen mit den größten Vorteilen – Intelligenz, gutes Aussehen, Charme oder Reichtum – dazu neigen, sich zusammenzutun, da der kombinierte Nutzen dann größer ist (5 mal 5 ist ja auch viel größer als 3 mal 3). Die ökonomische Darstellung geht von der üblichen Annahme aus: dass wir Menschen uns vom Selbstinteresse leiten lassen und nach dem größten Gewinn aus dem Kapital streben, das uns zur Verfügung steht.

Das Onlinedating kann ein viel unmittelbareres Erbe des ökonomischen Denkens für sich beanspruchen als beispielsweise Punternet.[81] Während Letzteres eine Manifestation allgemeiner ökonomischer Prinzipien ist, werden Dating-Sites aktiv um die

Prinzipien der Sozialwissenschaft herum gestaltet, die wiederum auf Theorien der rationalen Wahl basieren. Für urzeitliche Feuerwerke gibt es hier nicht viel Platz, wohl aber für die Wahl und den effizienten Informationsfluss. Ein höherer Manager bei einem der globalen Dating-Dienste – ich möchte ihn hier Michael nennen – hat das so ausgedrückt: »Im Gegensatz zu einer lokalen Partnervermittlung mit vielleicht 200 oder 500 Leuten erlaubt dieses System es den Nutzern, aus Millionen von Menschen zu wählen, versetzt sie also in die Lage, noch bessere Entscheidungen zu treffen … Ich bin der Ansicht, dass wir den Leuten dabei helfen können, Auswahlmöglichkeiten zu finden und bessere Entscheidungen zu treffen.«

Michael und sein Kollege – den ich Norman nennen möchte – haben mir erklärt, wie der Algorithmus ihrer eigenen Firma aufgebaut wurde: Der Firmengründer engagierte Norman, einen Psychologen, der ihm beim Zusammentragen der für die Entwicklung von Algorithmen für die Partnerzuordnung erforderlichen Daten helfen sollte. Da die wichtigen Prädiktoren für langfristige Beziehungen bis dahin noch nie zusammengestellt worden waren, machten die beiden Männer sich selbst an diese Arbeit. Die Prädiktion ist ja schließlich ein wesentlicher Bestandteil aller Zuordnungs-Algorithmen; wenn man Beziehungen verkaufen will, muss man doch vorhersagen können, welche funktionieren werden. Also gingen der Psychologe und der Unternehmer daran herauszufinden, welche Faktoren erfolgreiche Beziehungen gemeinsam hatten. Dazu benutzten sie die Survey-Methoden der klassischen Sozialwissenschaft; sie führten einen umfangreichen Survey durch, bei dem sie Ehepaaren extrem detaillierte Fragen stellten. Diese Mischung versahen sie durch Fragen zu Dingen, die gemeinhin als Zeichen für eheliche Zufriedenheit gelten, noch mit einem Teil Eheglück.

Durch eine statistische Analyse konnten die beiden Männer dann erkennen, welche Faktoren diejenigen Paare gemeinsam hatten, die beim Glück hohe Werte erreichten. Das war eine schlaue Idee. Ihre besondere Erkenntnis war, *Kombinationen* von Merkmalen *bei den Partnern* als für erfolgreiche Beziehungen ausschlaggebend zu betrachten, die Beziehungen also auf der Paarebene zu analysieren waren; nachdem sie das gemacht hatten, wurde das Finden von Partnern ein Problem der Zuordnung kodependenter Variablen, des Sortierens. Dass es beim Finden angemessener Zuordnungen um die Organisation der statischen Charakteristika individueller Persönlichkeiten geht, ist schon an sich ein sehr ökonomisches Konzept. Es handelt sich um die rationale Auswahl und den reibungslosen Informationsfluss eines gut organisierten ökonomischen Marktes, die durch Survey-Mechanismen und ziemlich mühsame Berechnungen entstanden sind; eine bilaterale Zuordnung auf Grundlage einer Datenbank von mehreren Millionen ist keine kleine rechnerische Leistung! Diejenigen, denen man die Fähigkeit zur Bildung langfristiger Beziehungen abspricht (die beim Ranking des Eheglücks in die unteren Quartile fallen), werden schon in einer frühen Phase ausgeschlossen. Den »Touristen« ergeht es auch nicht besser – während unserer Forschungen erkannte eine dieser cleveren Maschinen, dass ich verheiratet war (vielleicht hatte ich das auch zugegeben) – und warf mich sofort raus.

Norman erzählte uns, dass die Entwicklung effektiver Indikatoren eine große Investition von Laborzeit, Validierungsmaßnahmen, Analysen und Kontroll-Surveys erfordert. Seiner Erinnerung nach waren die Ergebnisse eine Überraschung gewesen, und man hätte die Faktoren, die bei dem Survey ermittelt wurden, nicht leicht aus den Rohdaten bestimmen können. Im Gegensatz zur damals vorherrschenden Ansicht schien die Zuordnung von Gleichem zu Gleichem unwichtig zu sein, und Hobbys und Freizeitaktivitäten waren kaum von Belang. Stattdessen sind Michael und Norman sich darin einig, dass stabile Beziehungen sich auf Grundlage bestimmter Persönlichkeitszüge vorhersagen lassen.

Am Ende dieser ganzen algorithmischen Arbeit könnte dem Benutzer kaum noch eine Wahl bleiben. Wer die richtige Entscheidung treffen will, muss das akzeptieren, was der Algorithmus empfiehlt. Die Dating-Sites haben die Methoden der Ökonomie – Surveys, Statistik (genauer gesagt: Regressions- und Faktorenanalyse) sowie die algorithmische Zuordnung – für sich nutzbar gemacht, um Anspruch auf besondere wissenschaftliche Erkenntnisse im Hinblick auf das, was eine perfekte Beziehung ausmacht, erheben zu können.

Vielleicht fühlen wir uns an diesem Punkt ein bisschen unwohl. Wissenschaftler demonstrieren die Stärke ihrer Ergebnisse ja, indem sie sie veröffentlichen und zulassen, dass andere sie imitieren. Für Dating-Dienste wäre das natürlich schwierig, da der Sortiermechanismus das zentrale intellektuelle Eigentum der Site ist. Pharmafirmen sehen sich einem ähnlichen Problem gegenüber, doch die Regulierung zwingt sie dazu, die Zusammensetzung ihrer Medikamente und die Testergebnisse anzugeben, sodass sie sich auf Patente und die Gerichte stützen müssen, um ihr intellektuelles Eigentum zu schützen. Die Dating-Dienste geben die wesentlichen Details der Algorithmen aber einfach nicht preis, sondern bevorzugen halbherzige Maßnahmen, um dafür zu sorgen, dass diejenigen von uns, die draußen sind, glücklich und die Geheimnisse geheim bleiben.

Ein Beispiel: Die Onlinedating-Site TRUE.com veröffentlichte ein »technisches Handbuch«, um in durch und durch wissenschaftlicher Sprache die »Reliabilität« und »Validität« der benutzten »Messgrößen« zu demonstrieren und »den Eindruck von TRUE und seinen Vertragspartnern zu bestätigen, dass es immer nötiger wird, den Status der Forschungen zu den Onlinebeziehungen und der Cyberpsychologie generell zu erhöhen und zu unterstützen«.[82] In diesem »technischen Handbuch« können wir lesen, dass der Kompatibilitätstest von TRUE 99 Schlüsselattribute abdeckt, die teils auf Komplementarität (gegensätzlichen

Merkmalen) beruhen, teils auf Ähnlichkeit. Er beruht auf einem adaptiven Fragebogen, bei dem spezielle Antworten zu unterschiedlichen Fragesträngen führen, und enthält 616 Items. Manche werden bei allen Teilnehmern angewendet, andere nur bei denen, die inkonsequent sind oder die der Algorithmus der Flunkerei verdächtigt. In einem Augenblick strahlender Klarheit erzählt das Handbuch uns, dass der Zuordnungs-Algorithmus der Site eine »Kompatibilitäts-Matrix« benutzt, die Folgendes umfasst: »Kompatibilitätsniveaus individueller Merkmale unter Benutzung von Ähnlichkeits-, Unähnlichkeits- oder Komplementaritätsalgorithmen, je nach Thema; Interaktionen zwischen spezifischen Merkmalen; geschlechtsspezifische Gewichtung der Merkmale; relative Wichtigkeit der Merkmale; bidirektionale Algorithmen für die Zusammenstellung des abschließenden Indexes«. Fairerweise muss ich betonen, dass dieses Handbuch eine der umfassendsten Preisgaben ist, die ich gesehen habe. Die Undurchsichtigkeit der Branche bereitet sogar denjenigen Sorgen, die sich auf ihrer Innenseite befinden; das zeigt beispielsweise der folgende Auszug aus einem Aufsatz:

> *Es ist eine bedrückende Vorstellung, dass Millionen von Singles auf Grundlage von nicht wissenschaftlich überprüften Kompatibilitätstests Entscheidungen treffen, die ihr Leben verändern werden. Patienten würden doch kein Medikament nehmen, das nicht von der zuständigen Behörde zugelassen wurde. … Und Menschen, die nach Beziehungen suchen, sollten psychologischen Onlinetests und Zuordnungssystemen, bei denen die Erfüllung professioneller Teststandards nicht von einer unabhängigen Stelle nachgewiesen wurde, nicht so bereitwillig vertrauen.*[83]

Die Fragen, mit denen Neulinge sich konfrontiert sehen, sind häufig genauso undurchsichtig. Man könnte Sie beispielsweise auffordern, Ihre Lieblingsfarbe oder Ihren bevorzugten Urlaubsort anzugeben. Ich bin mir sicher, dass ich auch schon irgendwo auf Tintenklecksmuster gestoßen bin! Benutzer, die versuchen, die Algorithmen zu durchschauen, könnten durch Items der folgenden Art zu Boden gestreckt werden:

Ihre persönliche Anzeige [lautet] in einem Satz:
»Wildpferde werden uns ans Ende der Welt bringen, damit wir einen Stern vom Himmel holen können – mit mir wird jeder Tag ein neues Abenteuer sein.«
[Oder]
»Deine Notfalltropfen, dein Fallschirm und dein Rettungsboot – ich werde da sein, um dich aufzufangen, wenn du fällst.«

Ich habe in diesem Buch ja immer wieder den Standpunkt vertreten, dass Kalkulationsmacht sich dadurch manifestiert, dass man über mehr oder besseres Wissen verfügt. Das wissenschaftliche Wissen ist hier eine unschätzbare Hilfe. Auf einer Site wird der Benutzer aufgefordert, die Länge der Finger an seiner linken Hand zu vergleichen und nachzuschauen, ob sein Zeigefinger länger oder kürzer als sein Ringfinger ist; das ist angeblich ein Anzeichen für die Testosteronwerte, die das Individuum im Mutterleib erlebt hat, und damit ein Indikator für den Persönlichkeitsstatus eines »Direktors« oder eines »Verhandlungsführers« (bei Direktoren ist der Ringfinger länger).[84]

Es gibt erstaunlich viel wissenschaftliche Literatur zur Beziehung zwischen der Fingerlänge und Persönlichkeitscharakteristika. Zu diesem Thema wurden Hunderte von Aufsätzen verfasst. Man nimmt zwar generell an, dass die Unterschiede eine Folge des Hormonspiegels sind, dem das Kind im Mutterleib ausgesetzt war, doch über die Folgen wird hitzig diskutiert.[85] Angesichts dieser wissenschaftlichen Komplexität wird man uns verzeihen, wenn wir das Gefühl haben, dass die Annahme eines direkten Zusammenhangs zwischen der Fingerlänge und der Chance auf harmonische Beziehungen zumindest eine zu starke Vereinfachung ist.

Trotz Dingen wie dem Vergleich der Fingerlänge sind die Dating-Unternehmen im Hinblick auf die Probleme der biologischen Anziehung ehrlich. Norman hat das so ausgedrückt: »Den magischen Funken kennen wir nicht«, und sein Kollege räumte ein, dass die physikalische Chemie »schwer durch Modelle zu erfassen« sei. Daher sind die Dating-Sites mit ihren Versprechungen vorsichtiger: nicht Liebe auf den ersten Blick, sondern eine gewisse Wahrscheinlichkeit für die Entwicklung einer langfristigen Beziehung. Galen Buckwalter, der Pionier von eHarmony, sagt: »Langfristige Zufriedenheit ist nicht dasselbe wie kurzfristige Anziehung. Viele Leute denken beim ersten Anblick ihrer späteren Partner: ›Schrott!‹«[86]

Argumente wie das von Buckwalter werden gern von Dating-Diensten – von Onlinegiganten wie von Partnervermittlungen – vorgebracht: Man muss der Wissenschaft vertrauen, dem Algorithmus, da der Algorithmus es besser weiß als man selbst. Eingeschränkte Kurzlisten potentieller Partner schränken die Fähigkeit der Benutzer ein, auf eigene Faust zu browsen. eHarmony bietet eine »wissenschaftliche Partnersuche«, Match.com »Methoden, denen Sie vertrauen können«: Dass die sofortige Anziehung fehlt, lässt sich durch langfristige Kompatibilität rechtfertigen.

Als Shiona mit Heiratsvermittlern sprach, hörte sie dasselbe: Sie betonten die Notwendigkeit, an der Attraktivität eines Partners oder einer Partnerin zu arbeiten und sie wachsen zu lassen. Sie regen ihre Kunden dazu an, ihre potentiellen Partner erst einmal über Telefongespräche kennenzulernen, bevor sie sie persönlich treffen, hart daran zu arbeiten, dass die Anziehung funktioniert. Eine dieser Vermittlungen sagt zu ihren Kunden: »Auch wenn Sie diese Person zunächst nicht besonders schön finden, wird sie immer schöner werden, wenn Sie sie näher kennenlernen, falls sie all die anderen Qualitäten hat, nach denen Sie suchen.«

Wenn wir aber selbst nicht *wissen*, was wir wirklich wollen, woher weiß es dann die Dating-Site? Auch auf diese Frage hat die Ökonomie eine Antwort: Laut der Theorie der offenbarten Präferenzen (revealed preferences), die der große Ökonom Paul Samuelson in der ersten Hälfte des 20. Jahrhunderts vorstellte und die seitdem einer der Hauptpfeiler der ökonomischen Theorie ist, lassen sich die wahren Präferenzen eines Individuums aus seinen Entscheidungen beim Konsum ablesen. Ein früherer Chef von Match.com beschreibt den Mechanismus der »offenbarten Präferenzen« bei der Site so:

> *Sie können angeben, dass Ihr Partner blond oder groß oder ein Jude oder ein nicht rauchender Demokrat sein soll, doch vielleicht interessieren Sie sich gewohnheitsmäßig für Marihuana rauchende südasiatische Republikaner. Das wird als »offenbarte Präferenz« bezeichnet und ist das Hauptelement beim algorithmischen Prozess von Match. Match weiß, was für Sie das Richtige ist – auch wenn es Sie nicht wirklich kennt. Das Programm erfasst Ihre angegebenen und Ihre offenbarten Präferenzen, sucht dann nach Menschen auf der Site, bei denen dieselben Dissonanzen bestehen, und benutzt seine Erfahrung, um für Sie den bestmöglichen Partner zu finden.*[87]

Anders ausgedrückt: In die Site sind ökonomische Annahmen im Hinblick auf die Weise eingebettet, auf die Individuen sich durch Websites bewegen, und darauf, dass das Profil-Browsing wie jede andere Konsumaktivität so gestaltet werden kann, dass es Präferenzen enthüllt, die der Benutzer selbst gar nicht kennt. Bei der Verwendung der Ergebnisse und des Verhaltens eines Individuums werden grundlegende ökonomische Axiome – dass die Individuen sich bei ihrem Handeln von Selbstinteresse leiten lassen und konsistent auf Reize reagieren – benutzt, um das Verhalten eines anderen Menschen mit »denselben Dissonanzen« abzubilden. Onlinedating-Sites werden also unter der Voraussetzung entworfen, dass wir alle ökonomische Menschen sind, und daher können diese Sites, die über mehr Rechenkraft und ökonomisches Fachwissen verfügen, mit Fug und Recht behaupten, es am besten zu wissen.

Fungibilität, oder: Die Dinge austauschbar machen

Kein Wunder, dass das Onlinedating der offensichtlicher ökonomischen Aktivität des Einkaufens ähnelt: Die Partner werden zu Waren, die man vergleichen und konsumieren kann, und die Aufgabe des Vermarkters besteht darin, Produkte zu liefern, die die Anforderungen der Käufer am besten erfüllen (wir müssen dann allerdings noch lernen, das Produkt, das uns angeboten wird, zu mögen). Die Benutzer browsen durch sehr viele Profile, suchen nach einem perfekten Partner und bringen den Profilen dabei die gleichen kultivierten Zweifel entgegen wie jeder anderen Form der Werbung und den angebotenen Beziehungen wie allen anderen Produkten. Wegen der Betonung des leichten Konsums anstelle von langfristigen Bemühungen hat eine Gruppe von Autorinnen dem Prozess den Spitznamen »relationshopping« (»Beziehungseinkauf«) gegeben.[88] Die Benutzer betrachten die Profile, »als hätten sie eine Einkaufsliste, auf der sie durch Häkchen die Produkte kennzeichnen, die die von ihnen gewünschten Spezifikationen erfüllen«.[89] Im Gegensatz zu der für Beziehungen in der realen Welt typischen allmählichen Enthüllung und zum beiderseitigen Lernen findet man im Internet viel direktere und freimütigere Informationen. Die Leute geben intime Details online viel schneller preis als im wirklichen Leben.

In den schmutzigeren Teilen der Dating-Welt bedeutet die volle Enthüllung zu oft genau das, und zwar ohne die barmherzige Retusche von Photoshop.

Die starke Nachfrage nach Informationen führt natürlich bald zur Täuschung. Wir wissen, dass die Leute online wirklich größer, jünger und schlanker werden. Forscher haben herausgefunden, dass solche nicht zutreffenden Beschreibungen nicht einmal als Lügen betrachtet werden, solange dabei die Absicht besteht, das ideale Ich zu werden, mit dem man online wirbt. Falls Sie sich fest vorgenommen haben, im neuen Jahr 20 Kilo abzunehmen, ist es legitim, in Ihrem Profil das Gewicht anzugeben, das Sie nach Ihrer Diät haben werden – gewissermaßen als elektronischer Schuldschein.[90] Es ist durchaus üblich, dass die Benutzer verschiedene Versionen ihres Profils konstruieren oder eine unverbindliche Beziehung versprechen, um den »Markt« zu testen.[91] Das erinnert mich an Börsenmakler, die mit kleinen Aufträgen »angeln«, bevor sie große Summen anlegen. Es scheint, dass der Umfang der akzeptierten Verhaltensformen sich merklich verändert, sobald wir in einem Markt sind. Solche Geschichten haben wir auch von Heiratsvermittlern gehört, deren Kunden auf der Suche nach zuverlässigeren Präsentationen in den Offline-Bereich gewechselt hatten. Einer hat uns erzählt, dass es dabei häufig um mehr als ein paar Kilo oder ein, zwei Jahre geht: »Ich kenne Männer, die beispielsweise zu mir sagen: ›Oh, online ziehe ich über zehn Jahre ab!‹« Frauen machen das auch. »Die Leute sind gekommen und gegangen – ›sie hat nie im Leben Größe 38, sondern mindestens Größe 46!‹«

Um frei gehandelt werden zu können, müssen Waren also *fungibel* sein: identisch mit anderen Waren dieser Art und leicht durch sie zu ersetzen. Gewöhnlich bezieht Fungibilität sich auf standardisierte Artikel, die häufig gehandelt werden, wie gefrorenes Orangensaftkonzentrat, Scheffel Weizen, junger Wein, Rohöl und Banksicherheiten. Standardqualitäten, -gewichte und -maße gehören zu den großen Leistungen der ökonomischen Organisation und ermöglichen weltweit einen leichten Handel. Das Wort *fungibel* geht auf den mittelalterlichen lateinischen Begriff *fungibilis* zurück, der wiederum von *fungi* abstammt, das »durchführen« oder »genießen« bedeutet. Die mittelalterlichen Theologen verstanden, dass die Leichtigkeit, mit der eine Ware getauscht werden konnte, ganz eng mit ihrem Verbrauch bei der Benutzung verbunden war: Die fungibelsten Güter, wie Nahrungsmittel und auch das Geld, sind die am besten konsumierbaren und austauschbaren Waren.[92] Sehen Sie sich meine Beispiele für fungible Produkte doch noch einmal an: gefrorenes Orangensaftkonzentrat, Weizen, Wein, Rohöl und Banksicherheiten – lauter konsumierbare Güter, bis auf das Letzte, und das ist eine Form von Geld; sie existieren sämtlich, um den Appetit des Menschen zu stillen.

Vielleicht ist das der Hauptgrund dafür, dass nicht mehr Frauen Prostituierte der Luxusklasse werden. Der Lohn ist hoch, auch wenn man sich dann bestimmte »Chancen« entgehen lassen muss; ich bin mir sicher, dass viele Frauen sich für das Geld statt für einen Mann entscheiden würden, wenn das alles wäre, was auf dem Spiel stehen würde. Eine Prostituierte zu werden bedeutet aber, wie Punternet so klar macht, fungibel zu werden. Es bedeutet, bei der Benutzung *konsumiert* zu werden, bei der Lieferung eines Dienstes aufgebraucht zu werden. Kant zufolge erniedrigt eine Frau sich, wenn sie ihren Körper einem Mann übergibt und sich zu einem Gegenstand macht, an dem ein anderer Mensch seinen Appetit stillt, wie seinen Hunger auf ein Steak.[93] Sie wird zu einer Ware, die durch jede andere ersetzbar und vom Rest nicht zu unterscheiden ist.

Kants Kritik ist scharfsinnig, weil sie gegen die Austauschbarkeit gerichtet ist, nicht gegen das Geld an sich. Geld ist gewiss ein nützliches Medium, doch ökonomische Beziehungen – einen vom Wettbewerb geprägten marktmäßigen Tausch – kann man auch ohne Geld erreichen. Ein Tauschmarkt zum Beispiel ist eindeutig ökonomisch, da die Teilnehmer darum ringen, den bestmöglichen Preis zu erlangen oder die meisten Waren im Tausch gegen die wenigsten mit nach Hause zu nehmen. Einer der größten noch lebenden Ökonomen, Alvin Roth, hat darauf hingewiesen, dass ein gut funktionierender Tauschmarkt alle Vorteile eines auf Geld basierenden Marktes bieten kann, ohne die mit Letzterem verbundenen Probleme.[94] Roth erhielt 2012 für seine Innovationen bei der Zuordnung von Transplantationsorganen, den Aufbau von Tauschmärkten für Nieren, die es viel mehr Menschen ermöglichen, Organe zu bekommen, den Wirtschaftsnobelpreis. Seine Arbeit zeigt, wohin die Ökonomie des 20. Jahrhunderts geht: Die Rechenkraft und die technische Ausgefeiltheit der Ökonometrie haben ein so hohes Niveau erreicht, dass die Ökonomie – nicht der Markt! – der beste verfügbare Kalkulator ist.

Da der computergestützte Tausch die positiven Aspekte eines freien Marktes reproduzieren kann, kann er auch die negativen reproduzieren: Wenn man das Geld aus dem Bild herausnimmt, ändert der moralische Inhalt des Tausches sich nicht notwendigerweise. Ein Mann, der sich auf der Suche nach einer Begleiterin eine Website anschaut, wird wahrscheinlich ökonomisch handeln: Er wird für seine hohe Gebühr möglichst viel bekommen wollen. Wir wissen alle, dass es sich beim Verkauf von Sex um eine ökonomische Transaktion handelt, und können daher erwarten, dass der Kunde für sein Geld einen guten Wert haben will. Wie steht es aber mit einer Website anderer Art, auf der ein ausgefeilter Tausch von zwei Warengruppen stattfindet? Im Fall des Onlinedatings ist es durchaus möglich, dass wir uns in einer Situation wiederfinden, in der wir uns den Problemen der Markttransaktionen gegenübersehen, obwohl wir unsere Brieftasche gar nicht zücken. Wenn wir uns Liebe kaufen wollen, dürfen wir nicht überrascht sein, wenn wir selbst den Status einer Ware erlangen.

Ich möchte Ihnen ein Beispiel dafür geben: Viele Websites ermöglichen es den Benutzern, über einen Mechanismus nach einem potentiellen Partner zu suchen, der jedem vertraut ist, der schon mal im Internet nach einem Gebrauchtwagen oder einem Haus gesucht hat. Dort findet man ein detailliertes Menü von Auswahlmöglichkeiten, sodass der Benutzer Partnerattribute wie Alter, Größe, Figurtyp, Haarlänge, Haarfarbe und Interessen, Familienstand, ethnische Abstammung, Religion, Bildung, Kinder und Einstellung gegenüber Alkohol und Zigaretten auswählen kann. (Die letzte Site, die ich mir angesehen habe, bot bei den Interessen rund 15 Kategorien, darunter verschiedene Arten von Musik, Filmen und Tieren, Gartenarbeit und Kochen.) Oben auf dem Bildschirm wird die Zahl der passenden Partner angezeigt. Der Benutzer beginnt mit einem Reservoir aller aktuell im Land verfügbaren Männer oder Frauen (das können durchaus Tausende sein). Dieser Mechanismus wird auch bei den Websites für Gebrauchtwagen verwendet, wo durch einen Zeiger in der oberen Ecke die verfügbaren Fahrzeuge aufgelistet werden. Man braucht nur die eine oder andere Änderung vorzunehmen – beispielsweise im Hinblick auf die Entfernung, die zurückzulegen man bereit ist, und einen passenden Altersbereich –, und schon sackt der Zeiger ab. Dann beginnt der wahre Spaß. Brünett oder blond? Schon rast der Zähler weiter nach unten. Bevorzugen Sie warm und mollig, lustig und sprühend oder sehnig und sportlich? Wenn Sie Ihren perfekten Partner online entwerfen, können Sie sich das alles aussuchen!

Lassen Sie uns mal sagen, dass ich mich für blond und lockig entscheide, für eine Frau, die ihr Heim liebt, mit einem Vollzeitjob, die gern kocht und auf Partys und Reisen geht, aber auch regelmäßig in die Kirche. Ihre Augen sollten unbedingt haselnussbraun sein, ihre Haare schulterlang. Groß, mit Kurven an den richtigen Stellen, aber schlank. Als Letztes kommt noch ein abgeschlossenes Studium auf meine Liste. Die Reihenfolge bei meinem Wunschzettel verrät keine etwaigen Vorurteile meinerseits – dass die Ausbildung nach den körperlichen Attributen und den Interessen kommt, liegt am Programm. Während ich meine perfekte Frau entworfen habe, ist die Uhr immer weiter abgelaufen – und jetzt steht sie auf null! Ich muss also ein paar Kompromisse eingehen. Der Ökonom könnte sagen, dass ich meine »dynamischen Präferenzen« umsetze. Ich muss mich jetzt fragen, welche dieser Kategorien mir am wichtigsten sind. Und beginnen, mich mit dem Zusammenhang zwischen den einzelnen Kategorien und der Verfügbarkeit zu befassen. Vielleicht gibt es ja einige Attribute, die eine größere Rolle spielen als die Knappheit? Das Layout der Seite deutet darauf hin, dass am Alter und am Wohnort nicht zu rütteln ist, während bei anderen Kategorien eher ein Kompromiss möglich sein könnte. Selbst dort gibt es aber offenbar eine Hierarchie: Die Hobbys und die Haarfarbe scheinen erheblich wichtiger zu sein als die Religion und die Ausbildung.

Wie verhält der Benutzer sich angesichts eines Interface dieser Art? Es gibt keine Alternative dazu, die eigenen Präferenzen bei der Suche nach einem Partner zu maximieren. Wir streben nach dem Besten, was wir aus dem vorhandenen Angebot bekommen können, wir treffen Entscheidungen im Hinblick auf die relative Wichtigkeit der verfügbaren Attribute. Im Augenblick möchte ich mich nicht mit der Komplexität der Onlinezuordnung befassen oder eine Diskussion darüber eröffnen, ob wir tatsächlich in der Lage sind, online einen Partner zu wählen. Der entscheidende Punkt ist, dass durch die Benutzung eines technischen Interface eine Form des ökonomischen Verhaltens – die Maximierung der dynamischen Präferenzen – erzeugt wurde. In Kombination mit der Dating-Site ist der Benutzer der individuelle ökonomische Agent geworden, der instrumental rationale, maximierende Akteur der ökonomischen Theorie.

Die Website hilft uns aber längst nicht nur, die Entscheidungen zu treffen, die wir ohnehin getroffen hätten: Sie spezifiziert die Entscheidungen, die wir fällen können, und bringt komplexe Beziehungen zwischen ihnen zum Ausdruck. Sie fokussiert unsere Entscheidung allein auf die Qualitäten, nicht auf die Bündel von Qualitäten, denen wir im Alltag begegnen: die Personen. Wir werden ihn oder sie auswählen, weil wir uns Schlankheit wünschen, rotes Haar und eine Vorliebe für das Felsenklettern – das ist ein völlig anderer Prozess, als uns in jemanden zu verlieben, der schlank, ein Rotschopf und Felsenkletterer ist. Im ersten Fall müssten wir bereits selbst Felsenkletterer sein; im zweiten probieren wir diesen Sport vielleicht zum ersten Mal aus, und dadurch könnten sich uns völlig neue Ausblicke auf das Leben eröffnen. Eine Freundin von mir scherzt gern, sie habe erst gewusst, dass sie einen jamaikanischen Salsa-Tänzer wollte, als sie ihn gefunden hatte.

Die Protokolle des Onlinedatings machen die Individuen in dem Sinne fungibel, dass sie ersetzbar und austauschbar werden. Die Maschine konstruiert sie als Waren, die bei der Benutzung konsumiert werden sollen. Die Systeme tun alles, was sie können, um die fundamentalen Unterschiede zwischen den Personen – dass es sich um unterschiedliche Menschen handelt – auszuhöhlen und sie als vergleichbar darzustellen. Wenn eine Benutzerin ihre Liste der präferierten Attribute bei einem Partner zusammenstellt, wählt sie nicht die Person aus, zu der die Charakteristika gehören, sondern die Charakteristika selbst: Ein großer, attraktiv aussehender Fan von Bayern München ist genauso gut wie der andere.

Diese Schlussfolgerung wird durch psychologische Erkenntnisse gestützt. Das Durchsehen zahlreicher Profile fördert die Illusion von Überfluss und bringt uns dazu, beiläufig zu handeln, als würde uns das eigentlich gar nichts angehen.[95] Bei der Identifizierung von Charakteristika, die generell als attraktiv gelten, sind wir viel besser als beim Herausfinden, was uns als Person anspricht – offenbarte Präferenz hin oder her. Unsere Art, Attraktivität online zu identifizieren, dürfte bedeuten, dass unsere Aufmerksamkeit sich auf einige wenige Profile konzentrieren wird, und das scheint tatsächlich so zu sein; empirische Studien von Dating-Sites haben nämlich ergeben, dass die Aufmerksamkeit auf die »heißen« Individuen fokussiert ist.[96] Die Algorithmen werfen ein Schlaglicht auf die beliebten Kandidaten, und das verschärft das Problem nur, da die Aufmerksamkeit auf einige wenige fokussiert wird und viele ausgeschlossen werden.

Dieser Zustand ist beinahe eine Parodie von Beckers den Nutzen maximierender Partnerschaft. Er meint, dass wir nutzbringend analysieren können, wie Paare ihre Partnerschaft bilden, wenn wir annehmen, dass sie ihren Nutzen maximieren; wir brauchen nicht zu wissen, was sie wertschätzen. Im Fall eines Interface für die Suche und das Ranking sind wir jetzt vom »als ob« zum Fakt gelangt. Während Beckers Analyse alle nur erdenklichen Präferenzen einbeziehen kann, haben wir unsere Optionen auf 15 Typen der Freizeitgestaltung beschränkt.

Der Auswahlprozess funktioniert in beide Richtungen. Wenn wir beginnen, unsere Präferenzen explizit zu machen und diejenigen, die online nach der Liebe suchen, systematisch zu beurteilen, kommen wir zu einer nuancierten Beurteilung unseres eigenen Wertes und seines Verhältnisses zu anderen. Wir haben ja schließlich genau den gleichen Fragebogen ausgefüllt und wissen, wo wir bei den einzelnen Punkten stehen. Im Einklang mit den ökonomischen Modellen werden wir den besten Partner wählen, den wir uns auf der Grundlage unserer eigenen Attribute leisten können. Wenn wir das tun, sieht die Welt eher wie ein theoretisches Modell aus, das als »Matching-Hypothese« bezeichnet wird.

Diese Hypothese ist seit ihren Anfängen im Jahre 1966 ein Eckpfeiler der Beziehungspsychologie. Ihr zufolge suchen die Individuen sich aktiv Partner aus, die ihnen von der Erwünschtheit oder »Qualität« her äquivalent sind. Ihre Motivation dabei ist, den Partner mit der besten Qualität zu finden, der sich wahrscheinlich auch zu ihnen hingezogen fühlen wird; die Suche nach einem Partner von übermäßig hoher Qualität dürfte keine Ergebnisse bringen und wäre nur Kraft- und Zeitverschwendung. Die Hypothese wird weithin akzeptiert; sie steht ja im Einklang mit den Erkenntnissen der Evolutionsbiologie, die selbst ein Kosten-Nutzen-Paradigma ist. Ihre Vorhersagen laufen jedoch unserer Intuition zuwider, denn ihr zufolge werden sich zwar reiche, intelligente, attraktive, charmante, gebildete (oder was wir sonst als Zeichen für Qualität wählen wollen) zu ebenso reichen, intelligenten, attraktiven, charmanten, gebildeten Individuen hingezogen fühlen, die weniger Glücklichen aber aktiv nach Partnern suchen, denen die Natur nicht so viel mitgegeben hat. Im Laufe der Zeit wurde die Hypothese immer stärker mit der körperlichen Anziehung in Zusammenhang gebracht, bis zu dem Punkt, dass sich ihr zufolge die Unattraktiven nur mit den Unattraktiven befassen werden. Die Menschen denken jedoch gar nicht daran, sich durch eine Theorie zu irgendetwas zwingen zu lassen: Die empirischen Beweise deuten mit überwältigender Mehrheit darauf hin, dass die Individuen unabhängig von ihren persönlichen Vorzügen auf attraktive Partner abzielen. Ich gehöre sogar selbst zu den kleinen, aber hoffnungsvollen Männern mit einer merkwürdigen Statur, die nach großen, schönen Frauen suchen (oder, in meinem Fall: gesucht haben). Mit durchwachsenen Ergebnissen, das muss ich zugeben, doch angesichts meiner jugendlichen Begeisterung war die These der Evolutionsbiologie nutzlos: Die Theorie entspricht der Realität einfach nicht.

Trotz des theoretischen Erfolgs und der breiten Akzeptanz der Hypothese gibt es keine empirischen wissenschaftlichen Beweise für die Behauptung, dass unattraktive Menschen unattraktive Partner bevorzugen. Zumindest war das bis 2011 so; in jenem Jahr berichtete nämlich eine Gruppe von Psychologen von der University of California, Berkeley, über ihre neue Studie.[97] Vier Gruppen von Experimenten hatten gezeigt, dass die Individuen tatsächlich nach Menschen von äquivalenter sozialer Erwünschtheit suchen; dabei handelte es sich um ein breit gefasstes Kriterium, das auch das Aussehen berücksichtigte. Was diese Ergebnisse so bemerkenswert macht, ist das Medium, das Lindsay Shaw Taylor und ihre Kollegen für die Durchführung der Experimente wählten: das Onlinedating. Drei der Experimente wurden unter Laborbedingungen durchgeführt, wobei die Teilnehmer Pseudoprofile anfertigten, bevor sie sich mit den Profilen von anderen befassten. Beim vierten wurden reale Daten von einer Website benutzt, und man nahm die Kontaktzahlen anderer Mitglieder als Maß für die Erwünschtheit; es zeigte, dass beliebte Männer und Frauen Kontakt zueinander aufnahmen und nicht so beliebte Männer und Frauen ebenfalls Kontakt zueinander suchten.

Es ist möglich, dass die Matching-Hypothese richtig ist und dieses Experiment das schlicht bestätigt. Es kann aber genauso gut sein, dass die Mechanismen des Onlinedatings die Teilnehmer dazu anregen, den hypothetischen Verhaltensmustern zu entsprechen, die dem Design des Programms selbst zugrunde liegen. Anders ausgedrückt: dass die Erstellung eines Profils die Selbstbeurteilung der Leute so konkret macht, dass sie andere von äquivalentem Wert wählen, und dass der Grund dafür der Druck ist, bei der Partnersuche Erfolg zu haben. Natürlich müsste das Experiment mit einer Kontrollgruppe wiederholt werden, doch ein Vergleich mit den Ergebnissen anderer Experimente deutet tatsächlich darauf hin, dass das Onlinedating die theoretische Hypothese umsetzt, die von einem ökonomischen Konzept des Selbstinteresses und der Kosten im Verhältnis zum Nutzen abgeleitet wurde; dass es die Ökonomie real macht, in der Wildnis.

Der Faktor, auf den es wirklich ankommt, ist also, wie wir darüber entscheiden, was zählt – was von Bedeutung ist, von Wert.

Der Prozess, einen potentiellen Partner durch einen speziellen Suchmechanismus auszuwählen, wird dem Verhalten eine entsprechende Gestalt geben. Zumindest gilt, was eine der Studien sagt: »Die Merkmale von Personen, die Match.com als für eine Liebesgeschichte am wesentlichsten präsentiert, werden allmählich an psychischem und kulturellem Einfluss gewinnen, wenn 40 Millionen Amerikaner sie sich jeden Monat ansehen.«[98] Wenn der Mechanismus uns zuerst zur Größe und zum Gewicht führt, werden wir das wählen; wenn er Dinge vernachlässigt, die wir vielleicht als wichtig erachtet hätten, werden wir sie auch vernachlässigen. Die Mechanismen können nicht einmal ansatzweise mit der Art und Weise fertig werden, auf die wir gewöhnlich über Partner sprechen: Werturteile (»Er hat wunderschöne Augen!«) werden durch Aussagen über Fakten (»Er hat blaue Augen«) ersetzt. Wir schränken uns auf eine Liste von Charakteristika ein, und das Verhandeln beginnt: Ökonomische Menschen streben nach dem besten Geschäft, das sie für den Kredit, der ihnen zur Verfügung steht, bekommen können.

Eine Frage der Methode

Die Objektivität und die Strenge der wissenschaftlichen Methode sind zentrale Aspekte der Anziehungskraft des Onlinedatings, und das ist ein kritischer Punkt, denn es scheint tatsächlich einige signifikante Probleme mit den Prinzipien zu geben, auf denen die Onlinezuordnung beruht. Über die Mechanismen selbst zu sprechen ist schwierig, da sie geheim gehalten werden; in den führenden Magazinen gibt es keine Aufsätze, in denen die genauen Zuordnungsmechanismen erklärt würden. Wir können aber die allgemeinen Prinzipien betrachten, auf denen die Zuordnungsmethoden aufgebaut sind; das haben beispielsweise Eli Finkel und seine Kollegen, akademische Psychologen aus den USA, gemacht.[99]

Zunächst einmal gibt es mehrere Probleme bei den Vorhersagen, einem ganz wichtigen Bestandteil des Onlinedatings, da das angebotene Produkt ja eine Beziehung ist, eine Paarbildung, die sich in die Zukunft hinein aufrechterhalten lässt. Somit macht jede Dating-Site, die einen Kompatibilitätswert oder eine Auswahl von möglichen Partnern anbietet oder Anspruch darauf erhebt, potentielle Partner identifizieren zu können, Aussagen über ihre Fähigkeit, die Zukunft vorherzusagen.

In manchen Fällen sind wir beim Vorhersagen sehr gut. Wir wissen beispielsweise, was bei den Transplantationen funktioniert; dort ist die Paarbildung ein gut definiertes Kompatibilitätsproblem, bei dem die genetischen Codes so kombiniert werden, dass der Körper ein Organ annehmen wird, und Immunsuppressiva eingesetzt werden, um die raffinierteren Mechanismen des Körpers in Schach zu halten: Die Ärzte haben große Datenmengen zu Erfolg und Misserfolg zusammengetragen, die getestet wurden und über die in der Öffentlichkeit diskutiert wurde. Bei den Partnerbörsen ist es leider nicht so einfach. Die Ehe scheint eher dem Aktienmarkt zu gleichen als dem menschlichen Körper. Wir wissen sehr viel über die Gründe für die Bewegungen der Aktienkurse. Wir verstehen im Nachhinein die Macht von ökonomischen Schocks, Neuigkeiten und Gewinnprognosen und den ganzen anderen Kleinigkeiten, die die Kurse steigen und fallen lassen. Akademiker untersuchen sie seit mindestens vier Jahrzehnten immer genauer. Trotzdem können wir die Aktienkurse immer noch nicht vorhersagen: Dass wir erklären können, weshalb irgendetwas *passiert ist*, ermöglicht es uns nicht, vorherzusagen was *passieren wird*; deshalb arbeiten die Finanzwissenschaftler an den Universitäten ja von den dortigen Seminaren aus, nicht von ihren Villen am Comer See.

Wenn wir wissen, was gute Beziehungen in der Vergangenheit funktionieren ließ, liefert uns das also nicht notwendigerweise die Mechanismen, die wir brauchen, um vorhersagen zu können, welche Paarungen in der Zukunft Erfolg haben werden. Wie Generationen von Börsen-»Chartisten« entdecken mussten, ist die gewinnbringende Kraft von Hypothesen immer schwach, so gut sie auch zu den Daten aus der Vergangenheit passen mögen. Die Vorhersagekraft von Hypothesen wird sogar umso schwächer, je stärker die Daten aus der Vergangenheit berücksichtigt werden. Es handelt sich in Wirklichkeit um ein methodologisches Problem. Die Technik, Daten aus der Vergangenheit zu untersuchen, um Faktoren herauszukristallisieren, die bestehende Beziehungen beeinflusst *haben*, ist für *diesen* Zweck durchaus valid und geeignet – aber eben nur für diesen Zweck! Dass diese Faktoren genaue *Prädiktoren* sind, muss dadurch bewiesen werden, dass man ihre Vorhersagekraft mit der eines unabhängigen Samples vergleicht. Diese Methode wird als »Cross-Validation« bezeichnet und gleicht der, die bei den in der pharmazeutischen Forschung verlangten »Doppelblindtests« benutzt wird. Die Forscher in der Industrie tun das gewöhnlich nicht; wenn aber doch, ist der Unterschied bei den Ergebnissen einer akademischen Studie zufolge frappierend. Nach der Cross-Validation sank die Vorhersagekraft bei ihrem Sample von 65 Prozent auf 21 Prozent! Das bedeutet, statt drei aus fünf nur noch eins aus fünf – eine für den Aufbau einer Ehe viel weniger zufriedenstellende Chance![100]

Bei den Vorhersagen für den Aktienmarkt ist das Problem, dass die Kurse von Ereignissen in der Welt abhängen. Da wir die Politik, Unfälle oder auch nur einen verregneten Sommer nicht zuverlässig vorhersagen können, so intelligent oder komplex unsere Theorie der Märkte auch sein mag, können wir einfach nicht vorhersagen, wie die Kurse sich von einer Woche zur nächsten ändern werden. Die Zukunft einer Ehe wird durch Ereignisse im Leben beider Partner bestimmt, und aus demselben Grund können zwei Onlinetests, die jeweils nur ein paar Minuten dauern und auf proprietären Indikatoren beruhen, keinesfalls viel über die Fähigkeit eines Paares aussagen, die Höhen und Tiefen einer langen Zukunft zu überstehen – ob die beiden Partner zusammen wachsen und reifen werden und ob ihre interpersonelle Dynamik über viele Jahre hinweg eine gedeihliche Beziehung aufrechterhalten kann.

Wenn Dating-Dienste, wie kürzlich in einer Anzeige, »jemand Besonderes, einen Menschen, der Ihre Interessen teilt, der genau wie Sie selbst ist« versprechen oder dazu anregen, wie eine Agentin sagte, nach Partnern zu suchen, die »genau das gleiche Beziehungsziel« haben, erzeugen sie ein auf sich selbst bezogenes, »metrologisches« Projekt, bei dem »Liebe« und »Beziehung«, wie Humpty Dumpty es ausdrücken könnte, genau die Bedeutung haben, die sie ihnen beilegen. So behauptet eHarmony, bessere Paarungen zu erschaffen als die »in der Wildnis«. Die Website liefert dafür auch Beweise: Bei Paaren, die die Site verlassen, seien die Kompatibilitätswerte höher als bei denen, die sich auf andere Weise gefunden haben. Die Website hat diese Werte allerdings benutzt, um die Paare überhaupt erst zusammenzubringen … Einer anderen Studie zufolge zeigen die Daten von eHarmony in Wirklichkeit nur, dass man dort das macht, was man machen will: Man bringt Paare auf Grundlage ihrer Kompatibilitätswerte zusammen.[101]

Schließlich geben Finkel und seine Kollegen in gemessener akademischer Prosa zu bedenken, dass die Fähigkeit des Onlinedatings, das zu liefern, was es verspricht, begrenzt sein könnte:

Diese Sites lassen durchblicken (manche versichern das sogar ausdrücklich), dass die wesentlichen Qualitäten einer Beziehung sich anhand von Charakteristika der potentiellen Partner vorhersagen lassen, die bereits existieren, bevor sie sich kennenlernen. Dieser Behauptung steht jedoch die wissenschaftliche Forschung aus 75 Jahren direkt entgegen …, die zeigt, dass die schon vorher vorhandenen persönlichen Qualitäten nur für einen ganz kleinen Prozentsatz der Varianz beim Erfolg von Beziehungen verantwortlich sind.«[102]

In neuerer Zeit berichteten der Psychologe John Cacioppo von der University of Chicago und seine Kollegen über einen großen Survey in den USA mit fast 20 000 Teilnehmern, die zwischen 2005 und 2012 geheiratet hatten. Sie hatten festgestellt, dass in Amerika inzwischen mehr als ein Drittel aller Ehen online beginnt, dass die Partner dabei gewöhnlich berufstätige Personen mit höherer Bildung sind und dass die Zufriedenheitsraten etwas höher und die Scheidungsraten etwas niedriger sind. Ihr Survey umfasste neben Sites für das Onlinedating, das 45 Prozent der Ehen repräsentiert, auch Sites für das soziale Networking und Spiele, Online-Messaging und Chats. Wir wissen allerdings immer noch nicht, *weshalb* diese Unterschiede existieren; Cacioppo und seine Kollegen sind der Meinung, dass zu den Ursachen Unterschiede bei der Persönlichkeit, die ursprüngliche Absicht, eine langfristige Beziehung einzugehen, ein größeres Reservoir von potentiellen Partnern und die ehrliche, offene Selbstenthüllung im Internet gehören könnten.[103]

Das Onlinedating präsentiert uns eine eindeutig ökonomische Weise, die Liebe zu verstehen. Es verlangt, dass wir das Sich-Verlieben als einen Augenblick der aktiven und rationalen Entscheidung behandeln, bei der die persönlichen Attribute und die Kompatibilität die Basis der Anziehung bilden. Die Werbung sagt, wir sollten die Kontrolle über unsere Zukunft selbst übernehmen und uns nicht auf den Zufall oder das Glück verlassen. Die Sites, die es den Benutzern ermöglichen, nach potentiellen Partnern zu suchen, konfigurieren die Individuen als bloße Kombination von Attributen, sie arbeiten den Wert der einzelnen verfügbaren Attribute heraus, in Relation zueinander und zu dem, was der Benutzer zu bieten hat. Dem Verhaltensökonomen Dan Ariely zufolge ist das Onlinedating erbarmungslos und armselig, weil der Grundmechanismus – das Zerlegen der Menschen in Attribute – fehlerhaft ist. Er sagt, die Menschen müssten, wie ein guter Wein oder ein Urlaub, als Ganzes erlebt werden, nicht als Ansammlung von

Merkmalen. Ariely hat jedoch das Wesentliche nicht begriffen – vielleicht, weil er Ökonom und mit dem Konzept des instrumentellen Tauschs »verheiratet« ist. Wir Menschen sind nicht wie ein guter Wein oder ein Urlaub, wir sind keine Dinge, die »erlebt« werden müssen, wie die Dating-Sites uns glauben machen wollen. Das Erleben ist eine ich-zentrierte Beschäftigung, und ein Glas Wein dient – abgesehen von der vorübergehenden Befriedigung der Sinne des Trinkers – keinem Zweck. Gedeihliche menschliche Beziehungen hingegen sind dauerhafte, für beide Seiten lohnende Unterfangen.

Nachdem ich mich im ersten Teil dieses Buches mit der Ökonomie als politischem Diskurs befasst habe, habe ich mich im zweiten mit der Konstruktion des ökonomischen Menschen beschäftigt, die Grenzen der Ökonomie untersucht und gezeigt, wie die Ökonomie in der Welt arbeitet. Ich habe die Ansicht vertreten, dass durch die ökonomische Sprache und Kalkulation eine besondere Art der Rationalität erzeugt wurde, die in die Instrumente eingebettet ist, die wir benutzen, um unseren Weg durch die sich verschiebenden Passagen des täglichen Lebens zu finden. Ich hoffe gezeigt zu haben, dass das Selbstinteresse, das unsere Gesellschaft organisiert, von der uns angeborenen Selbstsucht des persönlichen Überlebens und sogar vom tugendhaften Selbstinteresse von Adam Smith weit entfernt ist. Es ist eine instrumentelle, rationale, strategische und kalkulative Menge von Handlungen, deren Existenz von den Theorien und Instrumenten der modernen Ökonomie abhängt. Um zu sehen, wie sich das manifestiert, mussten wir hinter den Tausch von Geld blicken und uns die technischen, organisatorischen Arrangements ansehen, die das ökonomische Verhalten zur Realität machen. Jetzt bleiben noch zwei reale Fragen: Wieso ist all das von Belang? Und was können wir dagegen tun?

TEIL 3

9 Die wahren Kosten
der Ökonomie

Die Beweise für einen globalen Temperaturanstieg lassen sich
nicht widerlegen, und es ist klar, dass die Auswirkungen die
ärmsten und besonders benachteiligten Regionen der Welt am
schwersten treffen werden. Wir verbrauchen die fossilen Brenn-
stoffe und die seltenen Metalle der Erde, verschmutzen die Meere
und verwüsten unseren gastfreundlichen Planeten. Science-Fic-
tion-Utopias sind wieder in Mode, man spricht von der Koloni-
sierung des Mars. Selbst wenn das gelingen sollte, kann außer den
wenigen Mutigen niemand irgendwo anders hingehen oder etwas
anderes benutzen. Wenn alles ausgebeutet worden ist, wird nichts
mehr übrig sein. Diese erschreckende Prognose wirft viele moralische Fragen auf. Ist es gerecht, dass wir die Ressourcen der Erde
aufbrauchen und die Ansprüche der künftigen Generationen
ignorieren? Ist es richtig, den Zugang zu dem hohen Lebensstan-
dard zu begrenzen, den wir genießen können und an dem die
Bevölkerung der Länder, die jetzt schnell industrialisiert werden,
teilhaben will? Sind wir für die Schäden verantwortlich, die wir
den noch nicht so fortschrittlichen Teilen des Globus durch unser
Handeln – wenn auch indirekt – zufügen? Das sind moralische
Probleme, bei denen es um Gerechtigkeit und Verpflichtung

geht – ungeachtet der komplexen und sehr problematischen Natur der Maßnahmen, die wir ergreifen könnten. Die große Frage ist also: Was sollten wir tun?

Im Oktober 2006 veröffentlichte der bekannte britische Ökonom Nicholas Stern einen Bericht zur globalen Erwärmung, den die britische Regierung in Auftrag gegeben hatte. Seine Schlussfolgerungen waren alarmierend: größere Gefahr von Überschwemmungen in tief liegenden Ländern, wenn die Temperaturen steigen und die Gletscher schmelzen; ein Rückgang der Nahrungsmittelproduktion, besonders in Afrika; das mögliche Aussterben von 40 Prozent der Arten auf der Erde; und die dauerhafte Vertreibung von 200 Millionen Menschen. Stern, Ökonom durch und durch, versuchte außerdem, die Kosten des Umgangs mit der globalen Erwärmung zu berechnen. Er kam zu dem Schluss, dass »die Gesamtkosten des Klimawandels in den beiden nächsten Jahrhunderten … Auswirkungen und Risiken beinhalten, die einer durchschnittlichen Reduzierung des globalen Pro-Kopf-Verbrauchs von mindestens 5 Prozent entsprechen – für immer«.[1] Sterns Bericht hätte auf entsetztes Schweigen stoßen können. Ein respektierter Mann, ein Experte, eine Säule des globalen Establishments, erzählt uns, dass nahezu die Hälfte der Arten auf unserem Planeten aussterben könnte, wenn die Temperatur nur leicht – um 2 Grad – steigt, und dass 200 Millionen Flüchtlinge auf dem kollektiven europäischen Rasen schlafen werden?!

Das passierte jedoch nicht. Stattdessen entbrannte eine Auseinandersetzung über die Methoden, mit denen Stern zu diesen Schlussfolgerungen gelangt war. Stern, der ja selbst Ökonom und sich der Tatsache voll bewusst war, dass ökonomische Vorhersagen der einzige Diskurs sind, der im öffentlichen Leben wirklich Macht hat, verwendete Begriffe aus der Ökonomie. Dadurch eröffnete er bedauerlicherweise eine Kalkulationsschlacht, bei der die Argumente sich auf seine Kostenschätzung und die

Methoden konzentrierten, mit denen er zu ihr gekommen war. Die Aufmerksamkeit richtete sich vor allem auf den »Diskontsatz«, bei dessen Berechnung man ihm fundamentale Fehler vorwarf.

Der Diskontsatz ist eine Methode zur Berücksichtigung der »Opportunitätskosten« von Ausgaben in der Gegenwart. Sie erinnern sich sicher daran, dass die Kosten jeder Handlungsweise in der Handlung bestehen, die sie ausschließt. Und dass diese Kosten – die alternative Handlungsweise – im Fall von Ausgaben die entgangenen Investitionserträge sind. Die ökonomische Theorie nimmt an, dass Kapital ohne Risiko angelegt werden kann und dann sichere, wenn auch niedrige Renditen abwerfen wird. Mit jeder Handlungsweise sind ja Risiken verbunden, die wir mit dieser sicheren Alternative vergleichen können, um herauszubekommen, wie gut unser Risiko sich auszahlt. Ein Beispiel: Ich stecke Geld in die Börse und mache mit einer Aktie mit mittlerem Risiko einen Gewinn; um wirklich verstehen zu können, wie stark dieses Risiko sich ausgezahlt hat, muss ich von meinem Gewinn den Betrag abziehen, den ich risikofrei hätte einnehmen können. Das wird gewöhnlich als der Ertrag verstanden, den man beispielsweise mit Staatsanleihen der USA erzielen kann.

Dieses Modell impliziert, dass ich heute eher kein Geld ausgeben werde, wenn die Erträge anderswo gut sind. Wir wollen mal annehmen, dass ich für ein Produkt 100 Pfund ausgeben muss, jetzt oder in der Zukunft. Ich habe das Geld in der Hand, ich kann es investieren oder ausgeben. Wenn ich das Geld investiere und vorhersage, dass es in fünf Jahren 110 Pfund wert sein wird, entgehen mir 10 Pfund, wenn ich heute aktiv werde. Andererseits entspricht eine Ausgabe von 100 Pfund in fünf Jahren einer von 91 Pfund heute. Es wäre also billiger, später zu handeln, da mein Geld in der Zwischenzeit woanders arbeiten könnte. Leider wissen wir natürlich nicht, was das Geld in Zukunft wert sein wird, und müssen uns dafür entscheiden, mit einem geeigneten Satz zu

»diskontieren«; je höher der Diskont ist, desto teurer wird es, jetzt zu handeln. Wenn wir also annehmen, dass die globale Politik sich nicht ändert, dass die Weltwirtschaft blüht und anderswo gute Renditen zu bekommen sind, sind die Kosten für das heutige Ausgeben hoch, und wir sollten bis morgen warten.

Man warf Stern vor, er habe einen zu vorsichtigen Diskontsatz verwendet, er habe die Kosten des Handelns in der Zukunft übertrieben und die Kosten des heutigen Handelns unterschätzt. Unter den akademischen Ökonomen, lauter Experten auf ihrem Gebiet und renommierte Gelehrte, entspann sich eine hitzige Debatte im Hinblick auf die korrekte Berechnung der mit dem Klimawandel verbundenen Kosten.

Dieses Argument kann man jedoch auf ganz unterschiedliche Weisen aufbauen. Für diese Diskontziffer gibt es nämlich keinen generell akzeptierten Standard. Wer zeigen will, dass wir jetzt handeln müssen – vielleicht, weil er die Umweltkatastrophe als dringendes Problem betrachtet –, könnte ein Argument konstruieren, das durch einen niedrigen Diskontsatz gestützt wird. Wer hingegen in einem reichen Industrieland lebt und – mit gutem Grund – das Gefühl hat, dass der Wohlstand seiner Mitbürger durch sofortiges Ausgeben beschnitten würde, würde im Sinn eines höheren Satzes argumentieren. Auch das kann man als moralische Aussage betrachten: Robert Mendelsohn, Professor für Umweltökonomie in Yale, vertritt den Standpunkt, dass »die ethische Rechtfertigung dafür, bewusst zu viel Geld für selektive Projekte mit geringen Ertragsraten auszugeben, wirklich sehr schwach ist«.[2]

Die Auseinandersetzung über den Bericht von Stern zeigt zweierlei: Zum einen – so habe ich ja schon das ganze Buch hindurch argumentiert – kann die Diskussion, wenn sie einmal auf ökonomisches Gebiet gezerrt wurde, nur noch mithilfe von Rechnern und Spread-Sheets beigelegt werden. Zum anderen ist das ökonomische Denken nicht objektiv, weder in dem Sinn, dass es sich auf eine höhere wissenschaftliche Wahrheit berufen würde, noch in dem Sinn, dass alle gleich behandelt würden. Bei der Auseinandersetzung über die globale Erwärmung werden ökonomische Werkzeuge zum Medium für bereits ablaufende politische Streitereien, da die unmittelbaren Interessen von zwei ganz unterschiedlichen Gruppen aufeinanderprallen. Die eine Aussage über die Objektivität bringt den Armen Vorteile, eine andere den Reichen. Welche ist am objektivsten? Bei einem Disput, der sich nie beilegen lassen wird, müssen wir wieder auf unsere Rechner zurückgreifen.

Die Ökonomie ist also nicht notwendigerweise objektiv oder gerecht und hat durchaus einen moralischen Inhalt. Sie ist genauso politisch und mit Moral befrachtet wie alle anderen Diskurse unserer Zeit. Die wirkliche Crux meiner Argumentation ist jedoch ein dritter Punkt: Die Ökonomie *macht* die Welt, die sie beschreibt. Die Grundlage dieser Kalkulation, das Konzept von einer Welt, in der das, was wir tun *sollten*, an Maße für den Reichtum gebunden ist, in der all unsere Entscheidungen am angemessensten in der Sprache des gesellschaftlichen Wohlstands und der Kapitalrenditen ausgedrückt werden, ist ein Produkt der Ökonomie, eines langen Prozesses der historischen und gesellschaftlichen Anpassung an bestimmte theoretische Gesetze. Die Ökonomie und unsere zeitgenössische Gesellschaft sind tief und unauflöslich ineinander verschlungen. Das ist die Machtquelle der Ökonomie, der Grund dafür, dass sie so gut erklärt. Für das kollektive Handeln, das angesichts der globalen Krise erforderlich ist, werden wir eine völlig andere Form des Gesellschaftsvertrags brauchen, bei der das Selbstinteresse als vom globalen Überleben untrennbar wahrgenommen wird. Das zu erreichen wird uns Zeit und Mühe kosten.

Wirtschaftliche Tugenden und Laster?

Im 20. Jahrhundert haben die Anhänger von Adam Smith – dieselben, die dem schottischen Intellektuellen Kleinkariertheit vorgeworfen haben – den vom Selbstinteresse geprägten Wettbewerb stets als Fundament der menschlichen Motivation und einen Markt als natürliche Arena betrachtet, in der dieses Selbstinteresse zum Ausdruck gebracht wird: »Wir können einen Markt als Gruppe vom Wettbewerb bestimmter Beziehungen definieren, in der die Agenten sich innerhalb der durch Grundregeln gesetzten Grenzen bemühen, ihre eigene ökonomische Position zu verbessern. … Eine gewisse Gleichgültigkeit gegenüber dem Schicksal anderer im Markt ist eindeutig ein unvermeidliches Merkmal der Marktpraxis.«[3] Von diesem Standpunkt aus gesehen ist nichts Bemerkenswertes daran, dass die Leute eine vom Wettbewerb geprägte ökonomische Persona annehmen, gleichzeitig aber moralische Bürger bleiben; wenn die Märkte als effizientestes Mittel für die Zuteilung von Gütern gelten, ist kompetitives Verhalten sogar unerlässlich. Demokratie und Freiheit strömen aus dem Markt, und der hängt vom Wettbewerb ab; daher ist die Fähigkeit, sich in einer Marktsituation vom Selbstinteresse leiten zu lassen, genauso eine gesellschaftliche Fertigkeit wie das Führen guter Gespräche. Diese Ansicht kommt beispielsweise in Friedmans Behauptung zum Ausdruck, die Unternehmen hätten nur eine einzige Pflicht: nach Profiten zu streben. Für Friedman können Manager abends, auf dem Golfplatz oder beim sonntäglichen Kirchgang mit den Kindern so moralisch sein, wie sie wollen – bei der Arbeit müssen sie die Persona des erbarmungslosen Wettbewerbs annehmen, um den maximalen gesellschaftlichen Nutzen bieten zu können.[4]

Dieser Darstellung zufolge sind Selbstsucht und strategischer Wettbewerb auf Marktsituationen begrenzt. Die halsabschneiderische unternehmerische Persona im Büro und der liebevolle, großzügige Elternteil, Ehepartner und Nachbar vom Wochenende sind durch eine unüberwindliche Kluft voneinander getrennt. Diejenigen, die bereit sind, Jeremy Bentham zu folgen und Handlungen allein aufgrund ihrer Ergebnisse zu rechtfertigen, unterscheiden zwischen Gründen für den Eintritt in den Markt und der Aktivität im Markt: Auch völlig vom Selbstinteresse bestimmtes Verhalten im Markt könnte sich durch einen edlen Zweck außerhalb von ihm rechtfertigen lassen. (Ist es ethisch, die Einnahmen von Ausbeutungsbetrieben zum Bau eines Waisenhauses zu nutzen? Diskutieren Sie das bitte.)

Für Deirdre McCloskey, die so überzeugend über die rhetorische Kraft der Ökonomie geschrieben hat, beschreiten die Tugenden des Marktes einen Mittelweg zwischen den beiden großen Traditionen des ethischen Denkens in Europa.[5] Auf der einen Seite gab es eine Tradition, deren Verkörperung Friedrich Nietzsche war; sie blickte auf die aristokratischen Helden der Werke von Homer zurück, die kriegerisch, voller Verachtung, stolz, aber durch Ehre und Pflicht gebunden waren; Nietzsche wetterte gegen die Sklavenmentalität der Religion, die uns Menschen so lange in Ketten gehalten und uns ermahnt hatte, uns selbst zu transzendieren, der Übermensch zu werden. Auf der anderen Seite stand das christliche Ideal der Weltentsagung und des Dienens, die demütigen, genügsamen Bauerntugenden des heiligen Franz von Assisi. Zusammen machten diese beiden Kulturen den Ersten Weltkrieg möglich und wurden auf seinen Schlachtfeldern zerstört. Heute steht der Markt an ihrer Stelle. McCloskey zufolge sind wir jetzt alle »bourgeois« – weder Aristokraten noch Bauern – und sollten das nehmen, »was der Markt uns gibt« (und tun das auch), »als höfliche, entgegenkommende, energiegeladene, unternehmerische, risikobereite, vertrauenswürdige Menschen – nicht als schlechte Menschen«. McCloskeys Argumente sind direkte Nachkommen der in der Aufklärung verbreiteten Auffassung, dass die Tugenden des Handels den Kämpfen und Plünderungen der Herrschaft von Aristokraten vorzuziehen sind.

Meiner Ansicht nach sind diese Argumente seit 200 Jahren überholt. Sie unterlassen es anzuerkennen, dass die Ökonomie inzwischen eine wichtige Rolle bei der Regierung und Gestaltung unserer Welt übernommen hat und die ökonomischen Beziehungen, durch das Selbstinteresse verkörpert, unser Leben jetzt stark dominieren. Und hier kommt der Haken: Das Selbstinteresse des zeitgenössischen ökonomischen Menschen ist *nicht dasselbe* wie das angeborene Selbstinteresse kleiner Kinder, des vorindustriellen Dörflers oder der Menschheit im Naturzustand à la Hobbes. Es versteht sich von selbst, dass die Menschen schon immer an ihrem eigenen Vorankommen interessiert waren; das heutige Selbstinteresse – die berechnende, instrumentale Rationalität des ökonomischen Agenten des 21. Jahrhunderts – ist hingegen eine komplexe, technische Leistung, etwas ganz anderes als die oben aufgeführten bourgeoisen Tugenden. Auf das Eindringen dieser von der Technik bestimmten, kaltherzigen Rationalität in die ganz privaten, persönlichen Bereiche unseres Lebens und unserer Körper habe ich hier ja immer wieder hingewiesen.

Zudem wäre es ein Fehler anzunehmen, dieses Selbstinteresse manifestiere sich allein auf der kleinen Ebene des Individuums. Es ist Teil eines gesellschaftlichen Apparates geworden, durch den wir alle dazu angeregt werden, Unternehmer von uns selbst zu werden, unser ganzes Leben als eine Kette persönlicher Projekte zu betrachten, die jeweils im Hinblick auf die erforderliche Investition und die möglichen Erträge beurteilt werden sollten. Das Verhältnis von Kosten und Nutzen, das Philosophen wie Daniel Dennett als einzigen Motivationsfaktor der Menschheit ansehen, ist von unseren Personen bis zu unseren Institutionen eine systematische Verhaltensregel geworden. Ich bin sicher, dass es seinen Platz hat. Dem Wissenschaftshistoriker Ted Porter zufolge wuchs die Popularität des Verhältnisses von Kosten und

Nutzen als Mittel zum Aufbau von Vertrauen zu den bürokratischen Verwaltungen das ganze 20. Jahrhundert hindurch. Zahlen hatten ein Flair von Fairness und wissenschaftlicher Objektivität.[6] Ich habe jedoch die ganze Zeit über den Standpunkt vertreten, dass Kalkulationen wie der QALY oder der VSL, von Investitionserträgen oder die öffentlich ausgearbeiteten VFM-Standards von Punternet, gesellschaftlich und zeitlich spezifische Artefakte sind. Sie werden gemacht, und wir sollten in der Lage sein, das zu verstehen und uns, wenn wir das möchten, darüber zu streiten.

Ein letztes Beispiel: In Großbritannien arbeiten die Leberchirurgen und die NHS-Statistiker mit komplexen Modellen, um herauszufinden, ob die Ergebnisse am besten sind, wenn die Organe den Kränksten angeboten werden, den Gesündesten oder denen, die am stärksten von einer Transplantation profitieren würden. Die Ergebnisse werden nach dem Unterschied zwischen der zu erwartenden Lebensdauer mit und ohne Operation beurteilt. Bei diesen Experimenten werden die zusätzlichen »Lebensjahre der Population« bei den drei Gruppen ermittelt, wobei man sowohl die Sterblichkeit derjenigen, die nicht behandelt werden, als auch die Vorteile für jene, die behandelt werden, berücksichtigt. Die Zuteilungsweise, die den größten positiven Einfluss auf die Lebensjahre der Population hat, soll dann als Richtlinie für die Behandlungen benutzt werden. Anders ausgedrückt: Die erfolgreiche Zuteilungsweise wird diejenige sein, die das kollektive gesellschaftliche Wohl maximiert – eine perfekte ökonomische Lösung!

Dieses »Gedankenexperiment« (um die Worte des zuständigen Beraters zu benutzen) ergibt nur dann einen Sinn, wenn die »Lebensjahre der Population« *bereits als geeignetes Maß anerkannt worden sind* – aber weshalb hätte man das tun sollen? Es gibt auch andere mögliche Betrachtungsweisen. So würde die Regel »Die Kränksten zuerst« zwar weniger Lebensjahre bringen, aber das furchtbare Leiden der Patienten in den späteren Stadien einer chronischen Lebererkrankung sehr lindern. Wenn wir jüngeren Leuten und Kindern Priorität geben würden, könnten wir etwas gegen die naturgegebene Ungerechtigkeit tun, dass Menschen vorzeitig sterben müssen. Es gibt, im Rahmen der öffentlichen Moralisierung, auch die Ansicht, dass Menschen, die an ihrem Leberversagen »selbst schuld« sind (wegen Alkohol oder Fettleibigkeit), die Behandlung verweigert werden sollte. Manche vertreten auch die Meinung, dass bestimmte Menschen eine Transplantation mehr verdienen als andere; nicht nur einmal haben Studenten zu mir gesagt, der inzwischen leider verstorbene Steve Jobs »sollte« aufgrund seiner Verdienste um die Branche eine Lebertransplantation (die 2009 dann auch erfolgte) bekommen.[7]

Solche Überlegungen – nur einige von vielen möglichen Ansprüchen auf Spenderorgane – zeigen, weshalb die Kosten-Nutzen-Analyse in allen organisatorischen Situationen und öffentlichen Debatten so stark vorherrscht: Sie ist direkt, transparent und scheinbar objektiv. Sie kann Menschen um sich herum versammeln: Sie liefert den in den verschiedenen Ämtern und Büros Tätigen eine gemeinsame Sprache, macht das Organisieren einfacher und erlaubt es uns, bei politischen Debatten das nicht miteinander Vereinbare zu vergleichen. Das Beispiel zeigt aber auch, dass Transparenz und Objektivität bestenfalls relative Konzepte sind. Hinter jeder transparenten und objektiven Aussage über die Kosten und den Nutzen stehen Berge von Berechnungen, die für uns nicht sichtbar sind; hier nehmen sie die Form medizinischer Daten und klinischer Werte an, die durch die Modelle der Statistiker beeinflusst wurden. In die Grundfesten jedes derartigen Projekts ist moralische Arbeit eingebaut. Außerdem: Was nützt Objektivität, hier also die Maximierung der zusätzlichen Lebensjahre, wenn sie nicht das Ergebnis ist, für das wir uns entschieden haben? Forschungen haben sogar gezeigt, dass der

Öffentlichkeit Fairness und die Gleichheit des Zugangs als Leit-
prinzipien für die Zuteilung wichtiger sind als die Summe der
Lebensjahre.[8]

Wir sollten uns nicht durch die einfachen Antworten ködern
lassen, die die Kosten-Nutzen-Analyse bietet. Wenn uns ein ökonomischer Fakt präsentiert wird, ein Kosten-Nutzen-Verhältnis,
müssen wir fragen, wie und weshalb er zustande kam. Kosten-
Nutzen-Analysen gehören zu einem ganzen Universum von
Tugenden. Und wir müssen entscheiden, wann sie angebracht
sind und wann nicht. Wird die ökonomische Verfahrensweise bei
jeder möglichen Gelegenheit angewendet, resultiert sie in einem
unbarmherzigen Utilitarismus von Kosten-Nutzen, doch es sind
ja nicht alle Situationen gleich. Ich habe Nicholas Sterns Arbeit
hinsichtlich der globalen Erwärmung und die Antworten anderer Ökonomen als Beweis für die Fähigkeit der Kosten-Nutzen-
Analyse angeführt, dringende moralische Fragen unterzuordnen,
und sie bleibt das große Problem. Im Fall der globalen Erwärmung übertrumpfen Aspekte wie Gerechtigkeit, Stewardship und
unsere Verantwortung gegenüber den zukünftigen Generationen,
von der Biosphäre ganz zu schweigen, den Wunsch nach Kosten-
Nutzen-Analysen tatsächlich. Nein, das sind keine einfachen Fragen – dass es so schwierig ist, sich mit ihnen zu befassen, bedeutet aber nicht, dass wir vor dieser Aufgabe zurückscheuen sollten.

Ich habe mich das ganze Buch hindurch bemüht zu zeigen,
dass die gesamte Ökonomie normativ ist, auf die gleiche Weise,
auf die J. L. Austin zufolge die gesamte Sprache performativ ist.
Sie ist unabwendbar eng mit der Konstruktion der Welt ver-
knüpft, die sie zu beschreiben sucht. Ökonomisches Verhalten
kann man in formalen Umgebungen lernen; Ökonomiestudenten
lernen, an sich selbst interessiert zu sein und zu schnorren, private Investoren lernen, den Markt auf bestimmte Weisen anzu-
packen. Wenn wir die Welt so verstehen, *als würden* die Leute in
vom Selbstinteresse geprägter, instrumentaler Form auf Anreize

reagieren, bauen wir Institutionen auf, die die Leute *dazu bringen, so zu reagieren.* Das in die Sprache und die Instrumente eingebettete ökonomische Denken konstituiert uns als ökonomische Subjekte; wir werden ins Panoptikum der Ökonomie eingeschlossen. Die Annahmen, auf denen die ökonomische Analyse beruht, sind so gründlich normalisiert und durch weitere Tests und Hypothesen und damit verbundene Annahmen validiert worden, dass sie Teil des Gewebes unseres Wissens werden; eine großartige, einheitliche Theorie von allem, die auf einfachen, eleganten Vermutungen darüber beruht, »wie die Menschen sind«, konstituiert eben diese Menschen. Während die Naturwissenschaften eine endlose Multiplikation von Theoremen, Daten und Beweisen feiern, richtet die Ökonomie ihren Blick auf einen einzigen, universellen Algorithmus, das Verhältnis von Kosten und Nutzen unter Bedingungen der Knappheit, und arbeitet hart daran, ihn zu erzeugen.

Wenn die zentrale Frage der ökonomischen Analyse das Verhältnis von Kosten und Nutzen ist, ist die zentrale Tugend der ökonomischen Vernunft (und aller mit ihr verbundenen Entscheidungen, politischen Verfahren und Regelungen) die Effizienz. Das ist ein ausdrücklich moralischer Anspruch, eine Aussage darüber, wie die Welt sein sollte: Falls wir durch eine bestimmte Handlungsweise mit weniger mehr tun können, sind wir verpflichtet, uns so zu verhalten. Wenn die Gründe für das Handeln abgesehen von den Kosten identisch sind, sollten wir uns für die billigere Möglichkeit entscheiden – dann sind wir nämlich alle besser dran. Doch wo können wir in unserem komplizierten Leben Handlungsweisen finden, die ansonsten identisch sind? Wir müssen uns früh genug zwischen der Effizienz und den anderen vorteilhaften Ergebnissen entscheiden, und wir haben ja gesehen, dass es uns in ziemliche Verlegenheit bringt, wenn wir die Effizienz über alles andere stellen: dass wir dann lieber kaputte Hüften als kaputte Nieren behandeln und jede Art von ambulanter Behandlung mit niedriger Intensität der intensiven Behandlung chronischer oder tödlicher Krankheiten vorziehen sollten; dass wir nicht verpflichtet sind, an fehlerhaften oder defekten Geräten Änderungen vorzunehmen, falls die Kosten dieser Änderungen den Nutzen übersteigen; dass es angesichts der kommenden Umweltkatastrophe moralisch falsch ist zu handeln, und Tatenlosigkeit richtig ist. Wir haben gesehen, dass eine Kosten-Nutzen-Analyse unserer eigenen Person zu bestimmten Schlussfolgerungen führt: dass die Ausbildung über den zukünftigen Nutzen verstanden werden sollte, den sie im Vergleich zu den Kosten in der Gegenwart bringen wird, wo der einzige Wertmaßstab aus der Perspektive der Studenten stammt; dass zukünftige Partner auf Grundlage der maximalen Erträge bestimmt werden sollten, die sich auf der Basis der eigenen persönlichen Vorteile erzielen lassen.

Jetzt komme ich auf meine zentrale Frage zurück: Wie ist die Ökonomie so stark geworden? Wie hat sie sich von einer ehrgeizigen, aber hoch spezialisierten und professionellen Laborwissenschaft zu einem systematischen Modus des gesellschaftlichen Engagements entwickelt, der die Welt um sich herum organisieren kann? Wie ist es ihr gelungen, eine neue Art – den Homo oeconomicus – hervorzubringen, in deren Körper wir trotz unseres Unbehagens und unserer bösen Vorahnungen so vollständig wohnen? Die Antwort lautet: durch die Dinge, die wir besitzen und benutzen. Die Ökonomie lauert überall – in der Wildnis, bei der Medizin und bei der Sicherheit, bei den Investitionen, der Ausbildung und den Liebesgeschichten, bei der Arbeit und zu Hause – in den Instrumenten, in den weltlichen, materiellen Artefakten, mit denen wir in der Welt um uns herum navigieren. Diese einfachen, scheinbar harmlosen Artefakte nehmen uns die Anstrengung des Machens, des Denkens und des Seins ab und verteilen sie auf Datenbanken und Werte, Systeme und Rankings. Sie gestalten unsere Sprechweise und sagen uns, was wichtig ist, wenn wir eine Entscheidung treffen müssen. Selbst das schlichte Schildchen auf den Waren spielt seine Rolle, als winziges Tor zwischen unserem Geld, unseren Wünschen und Arbeits- und Produktionsketten, die den ganzen Globus umspannen. Es sagt uns, was von Bedeutung ist, es stabilisiert komplexe Entscheidungen, reale moralische Fragen – was wir tun *sollten* – in Form von ganz kleinen Zahlen, von Kilo- oder Literpreisen.

Durch diese Instrumente ist die beharrliche, instrumentelle Logik des Selbstinteresses den zentralen Aktivitäten in unserem Leben auferlegt worden: bei der Arbeit, beim Verbrauch, beim Kauf eines Eigenheims, beim Erwerb einer Ausbildung, bei der Suche nach einem Partner. Sie hat ihren Weg auch in die kollektiven Aktivitäten gefunden, die die Art von Gesellschaft, die wir sind, von der unterscheiden, die wir sein wollen. Wir scheinen also nicht mehr in der Lage zu sein, den Kranken, Alten und Gebrechlichen eine angemessene Behandlung zuteil werden zu lassen, da das nicht kosteneffektiv wäre. Wir bestehen darauf, dass nur die Studenten selbst die Früchte ihrer Ausbildung ernten dürfen – was vielleicht zutrifft, wenn sie Investmentbanker werden, aber nicht, wenn sie Lehrer, Sozialarbeiter, Ärzte, Kleriker oder »soziale Unternehmer« werden. (Selbst hier gibt es einen Selbsterfüllungseffekt: Wir zwingen diejenigen, die eine Ausbildung bekommen, dafür einen nach den Kosten und der Qualität beurteilten Preis zu zahlen, und sorgen so dafür, dass die Besten und Intelligentesten tatsächlich Investmentbanker und Anwälte werden.) Sogar beim Aufbau unserer Beziehungen erwarten wir heute eine Partnerschaft, die unmittelbar, effizient und effektiv ist; die nach Belieben aufgehoben werden kann; die von uns keine Investitionen oder Verpflichtungen verlangt. Diese Veränderungen wurden durch einfache, ganz gewöhnliche Instrumente bewirkt: durch die Listen, Rankings, Werte, Tabellen und Algorithmen, die unser Leben bevölkern.

Die Macht der Ökonomie liegt also in ihrer Fähigkeit, die

Dinge zusammenzuhalten. Divergierende Netzwerke von Menschen und materiellen Instrumenten werden durch eine gemeinsame Sprache und Weltsicht koordiniert, die ihrerseits in eine Kalkulationsmaschinerie eingebettet sind. Ungleichheit bei der Macht in Märkten, Institutionen und Organisationen kann ebenso sehr der Überlegenheit bei den Kalkulationen zugeschrieben werden wie politischen oder finanziellen Vorteilen. Angesichts der Werkzeuge, die der Supermarkt schwingt, von den Schildchen und Einkaufswagen bis zu den ausgefeilten Datenbanken und Preisbildungsstrategien, sind die Verbraucher schwach. Denken Sie nur daran, dass der ernste junge Dennis Gioia, zur Zeit der Pinto-Explosionen Koordinator der Rückrufe, keine Veränderung herbeiführen konnte. Seine Geschichte zeigt die Schlagkraft der Kalkulationsfähigkeit: Er kämpfte nicht als wütender, machtloser Rebell gegen eine gesichtslose Bürokratie. Ganz im Gegenteil: Ein gewissenhafter, offenbar teilnahmsvoller junger Mann in einer Führungsposition bemühte sich, immer sein Bestes zu geben, kam aber trotzdem zu dem Schluss, dass die angemessene – die *moralische* – Handlungsweise darin bestand, die Autos auf der Straße zu lassen. Und das machte er dann nicht nur einmal, sondern gleich *zweimal*.

Die Effizienz ist trotzdem nicht die Königin der Tugenden. Andere Tugenden sind edler, wenn auch nicht so prachtvoll gekleidet; selbst die Buben Verschwendung und Ineffizienz können eine Rolle spielen. Nicht jede Beziehung muss perfekt sein, nicht jeder Partner muss im Augenblick genau der Richtige für uns sein. Risiken, Sackgassen und Misserfolge tragen viel dazu bei, wer wir sind. Auch wenn das mühsam aussehen mag: Schon das Erkennen der Tatsache, dass eine bestimmte Person nicht ehrlich ist und dass beide Seiten Anstrengungen machen müssen, kann erhellend sein. Der ganze Tanz kann sogar Spaß machen! Frivolität und Schnodderigkeit kämpfen darum, in der strengen Welt der Kosten und des Nutzens Spuren zu hinterlassen.

Was ist mit unseren Verpflichtungen gegenüber den Schwachen, Gebrechlichen und weniger Glücklichen, den Generationen, die noch nicht geboren worden sind? Gibt es Dinge, die wir einfach nicht hinnehmen können? Die Ausbeutung der Arbeiter vielleicht? Oder Wucherzinsen, das Leiden eines Kranken im Endstadium oder die Tatsache, dass es in der Zeit eines noch nie dagewesenen Wohlstands der Menschheit und eines entsprechenden Verbrauchs selbst in den reichsten Ländern der Welt immer noch Kinder gibt, die in absoluter Armut aufwachsen? Könnte es nicht sein, dass die Seiten von Punternet bei ihrer Ökonomisierung so gnadenlos sind, dass sie uns alle ärmer machen?

1785 erschien Immanuel Kants *Grundlegung zur Metaphysik der Sitten*, das zwar recht dünn war, aber eines der fundamentalen Werke der Moralphilosophie werden sollte. Darin schlägt Kant seinen berühmten »kategorischen Imperativ« für das menschliche Verhalten vor und leitet daraus die folgende Maxime ab: »Handle so, daß du die Menschheit, sowohl in deiner Person, als in der Person eines jeden andern, jederzeit zugleich als Zweck, niemals bloß als Mittel brauchtest.«[9]

Bei der kantischen Ethik geht es um moralische Verpflichtungen, nicht um Ergebnisse und Kalkulationen. Die beglückende Rechnung des Marktes, wo die Gesamtsumme des Guten mehr wiegen kann als eine signifikante Schädigung, ist für Kant nicht hinnehmbar. Seine Ethik ist auf die Einzigartigkeit und Würde des Menschen fokussiert. Die Ökonomie stellt hingegen Verbindungen her, die umso ausgefeilter werden, je größer die Fläche ist, auf der sie ihr Netz auswirft. Es ist beispielsweise möglich, einem goldenen Kalkulationsfaden von dem überlasteten Kreditnehmer in Florida zu der nahezu bankrotten Stadtverwaltung in Europa zu folgen. Die ökonomischen Verbindungen machen die Dinge fungibel, sie verknüpfen Kreditnehmer und Geldgeber auf eine Weise, die zeigt, wie leicht manche Konstituenten sich durch andere ersetzen lassen. Dabei kommt es nicht auf persönliches

Vertrauen, den guten Willen oder den Ruf an, sondern auf Credit Scores und Zinssätze. Beim Handel sind die gesellschaftlichen Wurzeln herausgerissen und durch ökonomische Fakten ersetzt worden, auch wenn diese sich als fragwürdig erweisen könnten.

Wenn wir dahin kommen, Dinge wie Nieren oder Körper, die man kaufen kann, in ökonomischer Hinsicht zu schätzen, demonstrieren wir die Möglichkeit, Menschen gegeneinander auszutauschen, in der Praxis und lassen außer Acht, was sie als Personen zu etwas Besonderem macht. Wir signalisieren unsere Bereitschaft, sie den Handelsregeln zu unterwerfen. Wir haben allerdings gesehen, dass man dieselben Ergebnisse auch ohne Markt erreichen kann: durch ausgefeilte Tauschsysteme, die von ökonomisierenden Algorithmen beherrscht werden. Wenn wir die Profile auf einer Dating-Site durchblättern, wenn wir darauf vertrauen, dass die Wissenschaft des Matchings uns einen perfekten Partner liefern wird, geht es uns nur um unsere eigenen Zwecke und Ziele. Die anderen auf der Site werden vollständig austauschbare Waren, denen man ihre Einzigartigkeit und ihre Würde genommen hat.

Wir Menschen unterscheiden uns von den anderen Lebewesen nicht dadurch, dass wir tauschen und handeln. Wir unterscheiden uns vielmehr dadurch von ihnen, dass wir andere als Personen behandeln können, dass wir die Fähigkeit haben, Empathie füreinander zu empfinden, uns einander zu verpflichten und uns gegenseitig zu verstehen und Beziehungen aufzubauen, die stark und für beide Seiten nährend sind. Durch ihre systematische Betonung des Selbstinteresses hat die Ökonomie unsere Fähigkeit zerstört, Beziehungen einzugehen. In einem Zeitalter mit noch nie dagewesenem Wohlstand sind wir unglücklicher als je zuvor. Das sind die wahren Kosten der Ökonomie!

10 Lasst uns
die Ökonomie besetzen!

»Recycling« und »Zweckänderung« sind die Schlagwörter unseres Jahrzehnts. Sie signalisieren die Erkenntnis, dass die neuen Einkaufs- und Verbrauchsweisen nicht wieder verschwinden werden; wenn wir auf die Bereitstellung des zum Leben Nötigen in Papp- und Plastikverpackungen eingeschworen sind, können wir nicht viel anderes machen, als wenigstens dafür zu sorgen, dass die Verpackungen weiterverwertet werden. Vielleicht sollten wir über die Ökonomie dasselbe sagen. Sie ist heute ja überall zu finden und hat unsere Gedanken und Gefühle gegenüber unserer Arbeit, unserer Freizeit und sogar gegenüber unseren Liebesgeschichten verändert. Wie können wir die Ökonomie wieder für uns beanspruchen? Können wir uns eine Ökonomie vorstellen, die auf sich selbst zurückgewendet wurde, die das Vokabular und das Material des Alltagslebens so benutzt, dass die Menschheit gedeiht und ihre Blüte nicht zerstört wird?

Occupy, der führungslose antikapitalistische Aufstand im Jahre 2011, der es einer jüngeren Generation – denjenigen, deren Neoliberalismus am vollständigsten gescheitert war – ermöglichte, ihrer Wut gegen das »System« Ausdruck zu verleihen, und eine Fülle globaler Nachrichten erzeugte, machte auf das weltweite

Finanzwesen mit seiner dicken Haut so gut wie keinen Eindruck. Das könnte daran gelegen haben, dass er den Charakter der ökonomischen Macht falsch verstand. Er entschied sich für ein starkes Profil und bewusste Desorganisation, doch die Macht der Ökonomie hat ihre Wurzeln weder in den Medien noch in der politischen Vetternwirtschaft, die Occupy durch seine führungslose Struktur vermeiden wollte.[10] Sie beruht vielmehr auf der ständigen Verwendung ökonomischer Instrumente, um unserer Welt Struktur zu verleihen, und der Sprache der Ökonomie, um unsere Denkweise zu organisieren. Jeder ernsthafte Widerstand muss auf bedeutungsvolle Weise »grassroots« sein, er muss von ganz unten ausgehen und nach oben verlaufen; wenn die Ökonomie unsere Denkweise verändert, brauchen wir eine Ökonomie, die uns helfen kann, wieder klarer zu denken.

Wir müssen eine Ökonomie entdecken – wiederentdecken –, die unsere persönlichen Beziehungen beleben kann, statt sie zu zersetzen; eine Ökonomie, die die instrumentelle, vom Selbstinteresse geprägte Beurteilung anderer vermeidet. Wir müssen uns vom versagenden Modell einer leidenschaftslosen Ökonomie lösen und eine Ökonomie entwickeln, die ihre Mittel in ihre Ziele integriert. Schließlich müssen wir auch nach einer Ökonomie streben, die nicht auf Effizienz ausgerichtet ist, sondern auf das Gedeihen der Menschheit. Das scheint wahrhaftig keine kleine Aufgabe zu sein!

Eine Neubetrachtung des ökonomischen Tauschs

Bewegungen, denen es gelingt, die Ökonomie wieder für sich zu beanspruchen, sind gewöhnlich spezifisch, lokal und demokratisch, sie erwachsen aus lokalen Umfeldern und Anstrengungen der Gemeinden. Solche Bewegungen gibt es schon, seit die industrielle Revolution die Marktgesellschaft hervorbrachte. Im Großbritannien des 19. Jahrhunderts begründete der Gesellschaftsreformer Robert Owen voller Entsetzen über die Industrialisierung und die Armut, die auf die Abschaffung des Armenrechts folgte, den »Owenismus«.[11] Auf seinem Höhepunkt hatte er Hunderttausende von Handwerkern und Arbeitern in seinen Reihen und war damit eine der größten Sozialbewegungen der Geschichte. Er wollte eine neue Beziehung zwischen den Arbeitern und den Maschinen definieren. Es entstanden Arbeitergenossenschaften, bei denen die Arbeitslosen arbeiten konnten, und die Gewinne wurden in den Bau von Genossenschaftsdörfern oder -siedlungen gesteckt. Die Gewerkschaftsbewegung in Großbritannien entwickelte sich aus dem Owenismus.

Ein anderer Aspekt des Owenismus war die Arbeitsbörse, bei der frei umlaufende »Arbeitszertifikate« benutzt wurden, eine Währung, die auf dem Versprechen von Arbeit beruhte. Die Handwerker, die bei der Börse mitmachten, glaubten, wenn sie selbst für sich sorgten, könnten sie eine gewisse Stabilität erreichen und den schlimmsten Exzessen des Marktes entgehen. Wie der Neoliberalismus lehnte Owens Bewegung die Trennung der Ökonomie von der Gesellschaft ab; im Gegensatz zum Neoliberalismus weigerte sie sich, den Gewinn als Organisationsmotiv anzuerkennen. In seinem Werk in New Lanark, das sich Reisende aus der ganzen Welt ansahen, sorgte Owen für die Sicherheit seiner Arbeiter und die Ausbildung ihrer Kinder, bot kürzere Arbeitszeiten und stellte Unterkünfte und Freizeiteinrichtungen zur Verfügung. Trotzdem war die Bewegung voller Ironie: Owens Werke waren ausgesprochen profitabel, denn die Löhne waren nicht hoch, und dank der ausreichenden Ruhe und der großen Zufriedenheit war die Belegschaft produktiv. Selbst Jeremy Bentham machte durch Investitionen in die Werke beträchtliche Profite.

In der owenistischen Bewegung liegt etwas vom Dorf, die Anerkennung des Verlustes, den diejenigen erlitten, die sich vom reichhaltigen, interpersonellen Tausch des Landlebens zur abstrakten, vom Markt getriebenen Existenz der zeitgenössischen Städte bewegt hatten. Dieses Gefühl kennen auch viele Menschen in der entwickelten Welt von heute; es hat Do-it-yourself-Wirtschaften mit lokalen Währungen und Handelssystemen hervorgebracht. Diese Systeme, direkte Nachkommen von Owens Arbeitszertifikaten, sind die jüngste Manifestation einer reichen Tradition, die auf die noch nicht entfremdete Arbeit in der Gemeinschaft zurückgeht und eine authentischere, vollständige Lebensweise zu finden hofft, vom Tausch von Zeit und Gütern zu leben, etwas in der Art der urtümlichen Lebensgestaltungen, die Polanyi unseren Vorfahren zuschrieb.

Das erste *Local Exchange Trading Scheme* (LETS) wurde 1983 in British Columbia eingerichtet, von einem Mann namens Michael Linton, dessen »grüne Dollar« in den beiden ersten Jahren ökonomische Aktivitäten im Wert von einer halben Million kanadischer Dollar erlebten. Seitdem sind Local Exchange Trading Schemes weltweit wie Pilze aus dem Boden geschossen, mit besonderem Erfolg in Australien und Neuseeland. Absolut betrachtet sind sie allerdings sehr klein geblieben: Selbst das größte LETS hat vielleicht nur ein paar Tausend Mitglieder; die meisten treiben zudem nur selten Handel.[12] Andererseits kommt es auf die Größe vielleicht gar nicht an, da die Systeme die Lokalität und die Gemeinsamkeit betonen. So betrachtet sind das Zählen der LETS und ihrer Mitglieder und die Ermittlung des gehandelten Volumens genau der falsche Weg, wenn man ihre Bedeutung und das, was sie machen, verstehen will. Die Local Exchange Trading Schemes ermöglichen ihren Mitgliedern einen Blick in eine andere Welt, in der eine starke Gemeinschaft und eine lokale Spannkraft herrschen und dem Geld seine Wildheit entzogen wird.

Das Prinzip der LETS ist einfach genug: Die Mitglieder machen bekannt, welche Dienstleistungen, Fertigkeiten oder Produkte sie anbieten oder was sie suchen. Gewöhnlich gibt es irgendein Verzeichnis, auf Papier oder im Internet; die Mitglieder treten miteinander in Kontakt und fragen nach dem, was sie wollen. Sie einigen sich auf einen »Preis« in der imaginären Währung des Systems, und die Transaktion erfolgt per Scheck oder über ein Onlinesystem. All das hört sich ausgesprochen ökonomisch an, mit seinen »Geschäften« und »Schecks« – und das ist auch zweifellos der springende Punkt, da diese Systeme ein Versuch sind, die bisherigen Marktarrangements umzustoßen und ihnen einen neuen Zweck zu verleihen. Der große Unterschied liegt in der Einigung auf den Preis. Er beruht auf der Zeitdauer, die erforderlich ist, um ein Produkt oder einen Dienst zu liefern: Drei Stunden einer Dienstleistung kosten dasselbe wie drei Stunden einer anderen, unabhängig davon, wie sie aussieht und wer sie liefert.

Die Äquivalenz von Wert und Zeit ist ein Grundprinzip aller LETS. Die Organisatoren haben begriffen, dass etwas fundamental Befreiendes daran ist, den Preis für die Zeit bei allen auf der gleichen Ebene anzusetzen; der ökonomisch ausgeschlossene Arbeitslose wird genauso bewertet wie der wohlhabende Berufstätige, unabhängig davon, welchen Dienst oder welches Produkt sie bieten. Wer sich an einer LETS-Transaktion beteiligt, erkennt aktiv den Wert des anderen bei einem Tausch innerhalb der Gemeinschaft an.

Zum Wert der LETS existieren offenbar zwei widersprüchliche Meinungen. Zum einen gibt es, im Sinne der Tradition des owenistischen Arbeitstausches, eine Erzählung über Einbezogenheit und Autonomie, bei der die Teilnehmer hoffen, sich vor den Wechselfällen der globalen Ökonomie schützen zu können. Nach Ansicht der Kommentatoren übernehmen die Arbeiter dabei die Kontrolle über ihre eigene Produktion und nutzen die Fertigkeiten und die Zeit, auf die die Märkte unter dem Druck des Wettbewerbs verzichtet haben.[13] Das ist ein Echo anderer ökonomischer Notlösungen in ganz schlechten Zeiten, wie der Butterwirtschaft in Deutschland zwischen den beiden Weltkriegen oder der Benutzung von Zigaretten als harte Währung in Europa nach dem Zweiten Weltkrieg.

Unglücklicherweise scheinen die abstrakten Ideale der wirtschaftlichen Freiheit bei den gutsituierten Berufstätigen mehr Widerhall zu finden als bei den ausgesperrten Individuen, die in den ökonomischen Grenzbereichen ums Überleben kämpfen. Empirische Beweise zeigen, dass die LETS viel eher den Berufstätigen Vorteile bringen, denjenigen, die eine gute Ausbildung haben, finanziell gut dastehen und im Vollbesitz ihrer körperlichen Kraft sind.[14] Es ist ja leicht, seine zusätzlichen Fertigkeiten zu verkaufen oder Blöcke freier Zeit anzubieten, wenn man bereits eine feste Stelle hat, und diese Leute werden erwarten, dass sie sich das, was sie brauchen, über den bestehenden formellen Markt besorgen können. Die Fähigkeit, Abendkurse in Japanisch abzuhalten, kann zwar sowohl dem Betreffenden als auch den Teilnehmern Freude machen, ist aber für jemanden, der Essen auf den Tisch bringen muss, kaum von Nutzen. Ein lokales System könnte schlicht zu klein sein, um die Bedürfnisse der Arbeitslosen zu erfüllen, und die Verfügbarkeit billigerer Arbeit auf dem formellen Markt bedeutet, dass die Fertigkeiten, die sie anbieten können, möglicherweise nicht gefragt sind. Kurz gesagt: Für die Arbeitslosen und Hungernden wird sich wahrscheinlich mit oder ohne Handelssystem nichts ändern.

Auch die Finanzämter behandeln die Einnahmen in der lokalen Währung häufig wie reale Einnahmen, die sich auf die Ebene der offiziellen Währung übertragen lassen. Es kann daher durchaus vorkommen, dass die Einnahmen von Menschen, denen es gelingt, sich ihren Lebensunterhalt über ein lokales Handelssystem zu verschaffen, gekürzt werden und sie einen Steuerbescheid bekommen, mit dem harte Währung gefordert wird. Die Finanzämter tun nur das, was sie machen müssen, um ein sonst offensichtliches Schlupfloch zu verstopfen; die Beziehung zwischen der offiziellen Ökonomie und einer alternativen, aber auch noch formellen Ökonomie bleibt jedoch problematisch. Es hat durchaus Erfolge gegeben, beispielsweise in Neuseeland; dort wurden lokale Systeme eingerichtet, die »Green Dollar Exchanges«, mit dem ausdrücklichen Ziel, die Inklusivität durch den Aufbau von Selbstachtung bei den Arbeitslosen zu erweitern, während die Einbringung von Aufgaben im Haushalt in eine formelle Ökonomie die Emanzipation der Frauen und der Arbeitsunfähigen fördern kann.[15] In den späten 1990er-Jahren in Glasgow durchgeführte Studien haben allerdings ergeben, dass die LETS beim Erreichen sozialer Ziele in denjenigen Gebieten am erfolgreichsten waren, in denen die Arbeitslosigkeit hoch war, die Bewohner aber zur gebildeten Mittelklasse gehörten.[16]

Ein Stolperstein für diese LETS, vor allem in den Arbeitervierteln, war die seltsame Rolle der Schulden. Trotz der Bemühungen der Organisatoren, an der Sprache herumzubasteln und die Schulden in »Verpflichtungen« oder »Versprechen« umzubenennen, widerstrebte es vielen Leuten, überhaupt Schulden anzuhäufen. Dieser Widerstand ist ein großes Problem, denn die LETS werden gerade durch Schulden angetrieben. Da das System bei null beginnt, müssen sich zumindest einige Personen verschulden, um es in Gang zu bringen. Das Funktionieren eines LETS hat etwas Keynesianisches: Nur durch reichliches Ausgeben kann man die Geldmenge vergrößern und die Dinge in Gang setzen, während die Anhäufung Sand im Getriebe des ökonomischen Motors ist. Da es keine Zinsen gibt, gibt es auch keinen Grund für Überschüsse; zudem sehen die Organisatoren sich die Unterlagen an und regen diejenigen, die Kredite »horten«, dazu an, sie auszugeben. Es scheint, dass Überschüsse der Akkumulation des Kapitalismus zu nahe kommen und deshalb nicht erwünscht sind. Ein Vorrat an Krediten deutet darauf hin, dass man bei der Erledigung von Aufgaben für andere verschwenderisch war, aber eine Abneigung dagegen hegt, umgekehrt eigene Aufgaben durch andere erledigen zu lassen, und sie somit effektiv daran hindert, ihre Dienste zu verkaufen.

Die Befürworter der Systeme drücken das allerdings anders aus: »Bei Tauschkrediten haben wir nie bei der Person Schulden, mit der wir Handel treiben. Wir sind vielmehr der Gemeinschaft gegenüber dazu verpflichtet, ihr für den Wert, den wir erhalten haben, ebenfalls einen Wert zu geben.«[17] Sie versuchen, die Depersonalisierung des Marktes rückgängig zu machen, und ich nehme an, dass dieses Bemühen schon an sich ein Grund dafür ist, dass manche Leute so gar nicht bereit sind, »Schulden« zu machen. Im Gegensatz zu dem depersonalisierten Prozess der Zahlung per Kreditkarte, bei dem man eine nicht spezifizierte Verpflichtung eingeht, das Geld – ein universelles, entkörperlichtes Medium – irgendwann in der Zukunft zurückzuzahlen, geht man durch Ausgaben bei einem LETS eine direkte Verpflichtung ein, man gibt ein Versprechen, das man dann halten muss. Man weiß jedoch nicht, an wen diese Rückzahlung gehen und welche Form sie haben wird; wie schon Christopher Marlowes Dr. Faustus entdeckte, ist der Umgang mit der Währung der Versprechen mit einem ganz realen Risiko verbunden. Die Wiederpersonalisierung des Marktes ist, zusammen mit dem Wiederaufbau bedeutungsvoller wirtschaftlicher Beziehungen und der erneuten Verflechtung ökonomischer Transaktionen mit der Gemeinschaft, ein zentrales Element des Zwecks der LETS. Ein gut geführtes LETS kann in einer Gemeinschaft als Zentripetalkraft wirken, Netzwerke von Verpflichtungen etablieren und es ihnen ermöglichen zu gedeihen, wenn das System in Fahrt kommt.

Das Ideal eines erfolgreichen Handelssystems ist Überfluss. Gesteigerte Aktivität führt unmittelbar zu einer Ausweitung der Kredite, und im Gegensatz zur formellen Wirtschaft braucht man sich hier keine Sorgen wegen einer eventuellen Überhitzung oder Inflation zu machen. Da jeder Kredit einen ökonomischen Tausch repräsentiert, der durch einen sozialen Inhalt wieder mit Leben erfüllt wurde, wird die endlose Ausweitung des Systems zu einer utopischen Vision. Die Systeme und die Transaktionen werden Orte für Experimente, Spiel und Selbstentdeckung, wobei das Verzeichnis als halböffentlicher Raum dient, wo die Leute neue Identitäten ausprobieren können und die Gemeinschaft als Ganzes eine idealisierte Vision von sich selbst präsentieren kann.[18] Diejenigen, die sich dem System nur des Geldes wegen anschließen – und die Erzählung der ökonomischen Wiedereinbeziehung deutet darauf hin, dass es solche Menschen tatsächlich geben könnte –, werden zu einer großen Unruhequelle, während diejenigen, die die substanzielleren Güter für die Existenz brauchen, aller Wahrscheinlichkeit nach frustriert sein werden (wie eines der Mitglieder zu mir sagte), weil es bis auf alternative Therapien und die Betreuung von Katzen nichts gibt.

Der Erfolg der Local Exchange Trading Schemes ist durchwachsen. Sie kämpfen in einem begrenzten Bereich zwischen der formellen und der informellen Ökonomie um ihre Existenz. Von der Struktur her sind sie formell, es gibt eine Buchführung und eine Währung, die sich zumindest nominell in die nationalen Systeme konvertieren lässt, sodass sie den lokalen Finanz- und Sozialämtern auf Gnade und Ungnade ausgeliefert sind. Andererseits sind formelle Unterlagen notwendig, wenn das System die Transparenz und Gerechtigkeit bieten soll, die es verspricht. Ganz abgesehen von der Komplexität der Systeme bedeuten diese Einschränkungen, dass ihre Fähigkeit, die Leute vom Rand der Ökonomie wieder stärker zu machen, begrenzt, wenn auch nicht völlig verloren gegangen ist. Selbst erfolgreiche LETS brechen unter der Last der Bürokratie, die für ihre Betreibung erforderlich ist, nicht selten zusammen.

Heißt das, dass sie wertlos sind? Meiner Ansicht nach nicht. Local Exchange Trading Schemes liefern ein Fenster mit Blick auf eine neuartige Organisationsweise für die Märkte, bei der die

Rolle des Vertrauens und der Empathie hervorgehoben und es möglich wird, sich vorzustellen, dass die Ökonomie anders sein könnte: dass es eine Ökonomie für uns geben könnte, lokal organisiert und produktiv, die wir auf eine sehr spezifische, lokale Art unter Kontrolle haben. Es könnte sogar sein – hier spekuliere ich wieder –, dass alle Handelssysteme von vornherein eine kurze Lebensdauer haben, dass in ihrem Erfolg schon die Saat ihres eigenen Niedergangs liegt. Es scheint nämlich, dass die Bürokratie nicht mehr nötig ist und das System sich totläuft, wenn es ihm gelungen ist, Handelsbeziehungen zwischen Menschen zu etablieren, die sich bis dahin fremd waren. Seinen Platz nimmt dann eine Gemeinschaft ein.

Eine neue Auffassung vom Geld

In der klassischen Soziologie betrachteten Autoren wie Karl Marx und Georg Simmel das Geld als zentrales Instrument für die Beurteilung und den Tausch von Objekten, Personen oder Dienstleistungen, sodass es, wie Marx es so schön ausdrückte, zur »Verbrüderung der Unmöglichkeiten« kam.[19] Sie blickten auf Aristoteles zurück, für den das Geld *nur* ein Tauschmedium war, eine Konvention, die durch das Gesetz festgelegt und aufrechterhalten wurde:

> *So muß denn für alles ein Eines als Maß bestehen, wie vorhin bemerkt worden ist. Dieses Eine ist in Wahrheit das Bedürfnis ... Nun ist aber kraft Übereinkunft das Geld gleichsam Stellvertreter des Bedürfnisses geworden, und darum trägt es den Namen Nomisma (Geld), weil es seinen Wert nicht von Natur hat, sondern durch den Nomos, das Gesetz, und weil es bei uns steht, es zu verändern und außer Umlauf zu setzen.*[20]

Wenn wir das wollten, könnten wir also einfach Gesetze gegen das Geld erlassen – die Auffassung von Aristoteles dürfte nicht zu dem passen, was die Anthropologen »wildes Geld« nennen, zu dem umlaufenden, starken, globalen Kapital, das von seinen gesamten Wurzeln im interpersonellen Tausch abstrahiert wurde.[21] Wer gegen das Geld protestieren möchte, muss es zerrütten, er muss die Stärken einer Währung nutzen und sich gleichzeitig bemühen, es mit einer lokalen Identität und lokalen Beziehungen neu zu verzaubern. Vorbild könnte das Wachstum lokaler Währungssysteme sein, die noch einen Schritt weiter gehen als die Handelssysteme und ihr eigenes Geld drucken. Lokale Währungen erfreuen sich der robusten Einfachheit von Bargeld; während die LETS für ihr Funktionieren ein Buchführungssystem benötigen, braucht die lokale Währung, wie das staatliche Geld, zur Verfolgung des Austauschs von Gefälligkeiten kein anderes Mittel als sich selbst.

Zu den ältesten und am besten etablierten Systemen dieser Art gehört die Währung Ithaca Hours, die seit 1991 in der Universitätsstadt Ithaca im Bundesstaat New York benutzt wird. Im Jahre 2005 waren 10 000 Hours im Umlauf, was bei 10 Dollar pro Stunde 100 000 Dollar entsprach. Befürworter der Hours bezeichnen sie als »reales Geld«, das durch die Beziehungen in der Gemeinschaft gestützt werde, im Gegensatz zum »komischen Geld« der Bundesbank, hinter dem Schulden in Höhe von Milliarden Dollar stehen. Inzwischen gibt es auch noch andere Währungen: Bay Bucks in Traverse City (Michigan) und BerkShares in Berkshire (Massachusetts). In Großbritannien existieren beispielsweise Brixton Pounds, Bristol Pounds und Totnes Pounds.

Im Prinzip funktionieren die lokalen Währungen ganz ähnlich wie die Handelssysteme, unter Betonung des direkten Zusammenhangs zwischen Zeit und Geld – eine Ithaca Hour entspricht 10 Dollar oder einer Stunde Zeit von jemand anders. Die lokalen Händler haben die Möglichkeit, sie im Tausch gegen Waren anzunehmen, und können im Gegenzug ihre Mitarbeiter zumindest zum Teil in der lokalen Währung bezahlen. Im Gegensatz zu den Handelssystemen gibt es hier ganz reale Probleme mit der Geldmenge und der Inflation. Die Händler werden darauf achten, dass sie nicht irgendwann mit einem ganzen Berg der lokalen Währung dastehen. Damit diese Systeme ein wirklicher Erfolg werden können, könnte ein Retter in der Not erforderlich sein; die Stadträte könnten viel zum Erfolg beitragen, wenn sie sie als Teil der Steuern und Abgaben akzeptieren würden. Bei manchen Systemen gibt es eine Zentralbank, bei der man die lokale Währung, allerdings mit einem Abzug, gegen offizielles Geld eintauschen kann. Letztlich muss aber irgendjemand zahlen: Die lokalen Währungen stehen im Spannungsverhältnis zwischen ihrer offiziellen Konvertibilität – das Finanzamt wird seinen Anteil fordern, aber nicht in Totnes Pounds – und ihrer praktischen Verwundbarkeit, sie werden durch Beziehungen gestützt, nicht durch Erlasse.

Durch lokale Währungen will man das Geld in der Gegend halten, man zwingt es, unter den örtlichen Händlern zu zirkulieren, und verhindert, dass große Konzerne den Reichtum abschöpfen. Ihre fröhlichen Scheine sind Geld mit einem Gewissen: Wer sein Brixton Pound fest in der Hand hält, ist verpflichtet, sich seinen Prinzipien gemäß zu verhalten und beispielsweise organische Produkte bei den Bauern zu kaufen, statt sich schnell mal das geschnittene Weißbrot und den abgepackten Schinken im Supermarkt zu holen. Die Befürworter sprechen vom keynesianischen Multiplikator-Effekt, bei dem Geld in der Umgebung zu einer Beschleunigung des lokalen Wohlstands führt; den Skeptikern zufolge werden die Leute, die die lokale Währung benutzen, wahrscheinlich in denselben Läden einkaufen, sodass es letztlich egal ist, welche Währung sie verwenden. Beim Totnes Pound ist die Währung Bestandteil des »Transition Town«-Projekts, einer Grassroots-Bewegung, die durch eine nachhaltige landwirtschaftliche Produktion, den lokalen Austausch und die Beteiligung der Gemeinden nachhaltigere Lebensweisen erreichen will.

Solche Bewegungen ziehen begeisterte Anhänger an, die alle dazu entschlossen sind, sich eine neue Form des ökonomischen Engagements vorzustellen und in die Praxis umzusetzen. Sie betrachten das Geld anders, in dem Bemühen, seine Fähigkeit einzuschränken, die Dinge abstrakt und austauschbar zu machen. Angesichts des »wilden« Geldes bleiben die lokalen Währungen jedoch Kleingeld, eher ein symbolischer ökonomischer Widerstand gegen das globale Finanzwesen als ein praktischer.

Man kann sich das Geld und damit die Wirtschaft auch auf andere Weise neu vorstellen: indem man seine Fähigkeit, sich zu vervielfachen, unterbindet. Das Misstrauen gegenüber den Zinsen ist so alt wie der Handel selbst. Aristoteles beharrt darauf, dass die angemessene Verwendung von Geld die Bereitstellung der im Haushalt erforderlichen Dinge ist; den Handel könnte er ja gerade noch akzeptieren, doch Zinsen lehnt er strikt ab. Ich habe mir erzählen lassen, dass es im gesamten aristotelischen Korpus nur einen einzigen Scherz gibt: In der *Politik* sagt der große Philosoph, Geld habe keine Kinder – die griechischen Wörter für Zinsen und die Geburt von Kindern sind miteinander verwandt.[22] Nach Ansicht von Aristoteles soll Geld beim Tausch benutzt werden, es ist nicht dafür da, wie ein Tier gezüchtet zu werden, als Mittel dafür verwendet zu werden, sich ohne jede produktive ökonomische Aktivität mehr Geld zu verschaffen. Die aristotelische Tradition setzte sich im mittelalterlichen Europa fort: Als Dantes Vergil den Geldverleihern begegnet, sind ihre Gesichter gegen die Erde gepresst, zur Strafe für ihre Fixierung auf die weltlichen Dinge. Ein hoch entwickelter Zweig der mittelalterlichen Scholastik debattierte über die legitime Verwendung des Geldes; man sprach sich gegen Zinsen aus, weil die Zeit Gott gehöre und nicht verkauft werden dürfe und weil Geld eine Ware sei, die bei der Benutzung zu verbrauchen (also *fungibel*) sei, und

Zinsen daher unzulässig seien. Ähnliche Argumente wurden in viel jüngerer Zeit von denen vorgebracht, die gegen die Einführung der Lebensversicherung im Amerika des 19. Jahrhunderts waren: Eine Lebensversicherung sei eine Wette auf den Tod und ein Verkauf von Zeit – und beides gehöre Gott.[23]

Während Dante seine Verse schmiedete, erfanden italienische Bankiers die Wechsel, mit denen sich das Zinsverbot der Kirche umgehen ließ; als die Lebensversicherung dann auch nach Europa kam, waren die Menschen dort schon so an diese Ideen gewöhnt, dass sie sofort ein Erfolg wurde. Im Islam hingegen ist der Geldverleih gegen Zinsen weiterhin verboten. Der Koran wettert gegen die Geldverleiher: »Was ihr an Leihgeld gebt, dass es sich vermehre im Besitz der Menschen, das vermehrt sich nicht bei Gott. Und was ihr an Armensteuer [aus Nächstenliebe, *zakat*] gebt, im Bestreben nach Gottes Wohlgefallen – das sind die, die ein Vielfaches einbringen.« Und: »Oh ihr, die ihr glaubt! Zehrt nicht den Zins auf, doppelt und dreifach!«[24] Im vorislamischen Arabien war der Geldverleih mit Wucherzinsen *(riba)* ein ernstes Problem, und der Koran macht entsprechende Vorschriften. Das Verbot umfasst nicht nur die Verbannung der Zinsen. Aus den ergänzenden Gesetzen in den Aussprüchen des Propheten (Hadithe) ergibt sich, dass es bei *riba* auch um die Herstellung von Äquivalenz zwischen den Gütern geht: »Abu Sa'id al-Khudri berichtete, dass der Gesandte Gottes sagte: ›Für Gold soll mit Gold bezahlt werden, für Silber mit Silber, für Weizen mit Weizen, für Gerste mit Gerste, für Datteln mit Datteln und für Salz mit Salz, mit Gleichem für Gleiches, wobei die Bezahlung von Hand zu Hand erfolgen soll. Wenn irgendjemand mehr gibt oder mehr verlangt, findet er den Tod in Riba.‹« Bei einem anderen Hadith geht es um den Tausch von Datteln unterschiedlicher Qualität, der ebenfalls als *riba* klassifiziert wird.

Diese Suren und Hadithe ließen sich schon immer sehr vielfältig interpretieren; im Mittelpunkt der Diskussionen standen die

Zinsen, das Risiko und die Zeit. Der Ökonom Mahmoud el-Gamal aus dem 20. Jahrhundert glaubt, in den zeitlosen Offenbarungen des Korans die neoliberalen Überzeugungen zu erkennen: Der Mensch sei irrational und neige dazu, »Anomalien außer Acht zu lassen«. Und das Beharren des Propheten darauf, dass die Märkte zur Etablierung von Wert zu nutzen seien, lasse für Irrtümer keinen Raum. Für el-Gamal ist die Markteffizienz wie für Adam Smith eine von Gott gegebene Tugend.[25]

Die meisten erkennen in den islamischen Regeln jedoch ein Verbot der ungerechtfertigten Bereicherung; *riba* ist das Gegenteil von Nächstenliebe *(zakat)*, einer der Säulen des islamischen Glaubens. So wird zwar zum Handel angeregt, doch das Risiko und die Erträge sollen beide Seiten zu gleichen Teilen tragen und erhalten; und die Trennung zwischen Geldverleiher und Unternehmer ist unakzeptabel. Damit die Vorteile traditioneller Bankverträge nachgeahmt werden können, wurden mehrere islamische Verträge entwickelt. Ein muslimischer Unternehmer, der beispielsweise sein Haus hypothekarisch belasten will, könnte den Vertrag *Ijara wa iqtina* benutzen. Dann zahlt die Bank für das Haus, und der Unternehmer zahlt für den Anteil der Bank Miete und kauft ihn im Laufe der Zeit zurück. Ein Zweifler könnte sagen, dass das doch sehr nach einer Hypothek aussehe; tatsächlich sagt Timur Kuran, ein bedeutender türkischer Ökonom und Professor an der Duke University, genau das. Seiner Ansicht nach entstand die islamische Ökonomie im kolonialen Indien als Mittel zum Widerstand gegen die westliche Trennung von Wirtschaft und Gesellschaft, und das islamische Finanzwesen, das sich in den 1970er- und 1980er-Jahren herausbildete, ist kaum mehr als eine Legitimierung der Petrodollars, ein Instrument der politischen Kontrolle und ein symbolischer Widerstand der islamischen Regimes, die gleichzeitig Erwartungen in ihre Investitionen setzen, die eher denen eines gewandten Wall-Street-Kunden ähneln als dem islamischen Ideal des geteilten Risikos.[26]

Der Anthropologe Bill Maurer ist optimistischer: Mit all ihren Debatten über Derivative, das Risikomanagement und die angemessenen Mittel für den Handel würden die islamischen Ökonomien die Menschen dazu bringen, über die Überlegenheit des Marktes nachzudenken, die in der neoliberalen Ökonomie wie selbstverständlich anerkannt werde, und sie in Zweifel zu ziehen. Es stimmt ganz sicher, dass die muslimischen Unternehmer schon seit den Anfängen des Islams nach Möglichkeiten suchen, das *Riba*-Verbot zu umgehen. Die Derivate-Kontrakte im islamischen Finanzwesen unserer Zeit könnten etwas von diesem Geist haben, gleichzeitig aber auch den *Itjihat* – was sowohl Bemühen als auch Überlegen bedeutet – einer Gemeinschaft verkörpern, die erkannt hat, dass die Rolle der Ökonomie darin besteht, zu dienen, nicht darin, dass man ihr dient, und dass die Rolle des Allwissenden Gott zukommt, nicht dem Markt.[27]

Die Weisheit der Ökonomie

Der Unterscheidung zwischen Vorhersagen und Erklärungen habe ich das ganze Buch hindurch große Bedeutung zugemessen, und ich habe bezweifelt, dass technische Überlegungen uns sagen können, wie wir handeln sollten. Die technischen Fertigkeiten sind aber zum zentralen Bemühen und zur Hauptfugend der zeitgenössischen Ökonomie geworden. Ein bedeutender Wissenschaftler, ein guter Manager oder ein effektiver Bürokrat zu sein sieht allzu oft wie eine technische Herausforderung aus: Beim Umgang mit technischen Modellen und bei der Entscheidungsfindung auf Grundlage komplexer Kalkulationen Kompetenz zu beweisen ist wichtiger als ein gutes Urteilsvermögen. Über die zahlreichen Instrumente, mit denen wir unseren Weg durch das Alltagsleben finden, ist eine rationale, ökonomische Entscheidungsfindung in unsere eigenen Aktivitäten gelangt. Selbst bei der Partnersuche sind technische Fertigkeiten enorm wichtig. Das hatte Max Weber allerdings nicht im Sinn, als er ein Loblied auf die Bürokratie sang; für ihn umfasste die Kultivierung des bürokratischen Ideals nicht nur die Annahme einer Identität mit Urteilsvermögen und Fachwissen, sondern auch das Abschütteln der Leidenschaften und persönlichen Ansichten.[28]

Auch die derzeitige Überzeugung, dass das Glück darin liegt, dass wir das bekommen und tun können, was wir wollen, so und dann, wie und wenn wir es wollen – das Leitprinzip der Konsumgesellschaft –, ist als solches nicht neu. Schon Aristippos von Kyrene, der Jeremy Bentham um zwei Jahrtausende vorausging, vertrat die Ansicht, dass die Freude das einzige Gut sei.[29] Kein anderer als Aristoteles machte damit kurzen Prozess, als er sagte, ein von sklavischem Genuss getriebenes Leben sei »das Leben grasender Tiere«. Aristoteles zufolge gelangt man dadurch zum wahren Glück, dass man im Einklang mit dem speziellen Charakteristikum der Menschheit – der Fähigkeit, vernünftig zu denken – lebt: Nicht der Tausch und der Handel sind für die Menschen typisch, sondern ihre Fähigkeit, zur Unterscheidung zwischen dem, was richtig, und dem, was falsch ist, Debatten zu benutzen.[30]

Der große Fehler der modernen Ökonomie bestand darin, dass sie vergaß, dass sie selbst Bestandteil der Welt ist. Wir haben ja gesehen, dass sie ins tägliche Leben schwappt und es gestaltet und verändert. Wie jede andere Ökonomie muss auch die akademische eine praktische Wissenschaft sein; ihre Anhänger müssen klug und gedankenvoll sein und die besten Vorschriften ihres Amtes verkörpern. Das gilt nicht nur für die Ökonomen, sondern für alle, die etwas mit der Ökonomie zu tun haben: Manager, Bürokraten, Studenten, Einkäufer, Partnersuchende – für uns alle, immer. Wir brauchen Ärzte, die sich dem Heilen verschrieben haben und dabei Experten sind, statt vom Verhältnis von Kosten und Nutzen getrieben zu werden; auf seinen NHS kann

Großbritannien immer noch stolz sein, doch seine Zukunft ist in Gefahr, da im Parlament vom Markt getriebene Reformen durchgedrückt werden. Wir brauchen Lebenspartner, die nicht rational und auf Maximierung aus sind, sondern wirklich lieben. Eine Ökonomie, die ihre Rolle als sorgsamer Teilnehmer an der Welt ernst nimmt, kann uns helfen, bedeutungsvolle Veränderungen und Verbesserungen zu schaffen.

Noch ein letztes Beispiel – aus der Arbeit von Alvin Roth. Es zeichnet sich dadurch aus, dass die Aufmerksamkeit auch auf die praktischen Probleme gerichtet ist. Es kann kaum überraschen, dass Roth' frühe Qualifikationen in der Operationsforschung lagen, nicht in der Wohlfahrtsökonomie.[31] Sein Interesse gilt dem Gebiet des Market Designs, aus der Erkenntnis heraus, dass ökonomische Märkte nicht spontan gedeihen, sondern für einen Zweck aufgebaut werden müssen: Er ist der Economic Engineer par excellence. Roth hat einen Großteil seiner Berufslaufbahn damit verbracht, die Fortschritte bei der Matching-Theorie auf Märkte in der realen Welt anzuwenden. Zu seinen frühen Erfolgen gehört, dass er den Bewerbungsalgorithmus für das High-School-System in New York so gestaltete, dass die Bewerber tatsächlich Plätze an den High Schools bekamen, die sie besuchen wollten; schlecht konfigurierte Matching-Algorithmen führen nämlich schnell dazu, dass jeder seine schlechteste Wahl bekommt. Auch sein Matching von Stellen für Ärzte in der Ausbildung wurde ein Erfolg. Wenn Stellen für Paare gefunden werden mussten, hielt Roth sich an das zentrale Prinzip, dass niemand glücklicher sein kann als sein Ehepartner; darin unterschied er sich von den vom Wettbewerb geprägten ehelichen Beziehungen, die die neoliberale Ökonomie sich vorstellte. Am Anfang des neuen Jahrtausends begannen Roth und seine Kollegen, sich mit dem Problem der Nierentransplantationen und mit dem, was er als »doppelte Übereinstimmung des Bedarfs« verstand, zu befassen, das William Stanley Jevons als Erster vorgebracht hatte.[32]

Es ist nicht ungewöhnlich, dass Patienten, die eine neue Niere brauchen, jemanden haben, der bereit ist, ihnen eine zu spenden: einen Freund oder den Ehepartner. Leider ist die Transplantation dann aber oft nicht möglich, weil die genetischen Merkmale des Spenders nicht zu denen des Empfängers passen. Das Problem der doppelten Übereinstimmung des Bedarfs – wie Jevons es sah – ist, dass der direkte Tausch unwahrscheinlich ist, da man dann zwei Menschen finden muss, deren Bedürfnisse und Überschüsse exakt übereinstimmen. Für Jevons liegt die Lösung in einem Tauschmedium – Geld –, das durch einen multilateralen Tausch die Erfüllung multipler, heterogener Bedürfnisse ermöglicht.

Roth hielt sich nicht an die überkommene Weisheit, dass nur der Markt das Problem des nicht übereinstimmenden Bedarfs lösen könne, und betrachtete Jevons' Argument als eine weitere Billigung eines Marktes für Körperteile. Er war bereit zu akzeptieren, dass viele Leute nicht wollen, dass etwas Derartiges passiert, und die ganze Idee »abstoßend« finden.[33] Darin unterschied er sich stark von denen, die darauf bestehen, dass Effizienz und Gewinne beim Gemeinwohl die einzigen Maßstäbe für die Organisation der Gesellschaft seien; Roth' Ökonomie ist demokratisch, er nimmt den Stand der öffentlichen Diskussion ernst und handelt entsprechend, um Ergebnisse herbeizuführen, die das berücksichtigen. Er benutzte die Matching-Theorie, um eine »Verrechnungsstelle« für Spenderorgane einzurichten. Dieser Mechanismus ermöglichte eine kettenförmige Verbindung zueinanderpassender Spender und Empfänger. Wenn der Spender von Patient A nicht für Patient A geeignet ist und für Patientin Z und ihren Spender dasselbe gilt, könnten ja Spender A und Patientin Z zueinanderpassen. Oder Patient Q könnte eine Brücke zwischen beiden bilden. Auch einzelne, nicht gerichtete Spenden können Tauschketten in Gang bringen, sodass eine einzige zusätzliche Niere dazu führen kann, dass mehreren Patienten die lebensrettende Operation zuteilwird. Im Prinzip mag das ganz einfach klingen, doch in der Praxis ist es enorm schwierig – man braucht dann lange Listen der Spender und zahlreicher relevanter Faktoren. Dank Roth' Innovationen, die in führenden Wirtschaftsmagazinen veröffentlicht und diskutiert wurden, gibt es solche Methoden jetzt auch in Ländern wie Großbritannien (der Computerspezialist David Manlove und seine Kollegen von der Glasgow University haben für den NHS ähnliche Matching-Systeme entwickelt).

Hier sind wir weit von der blinden Ideologie der begeisterten Befürworter des Organmarktes entfernt. Während die einen nach einer Deregulierung rufen und erwarten, dass die unsichtbare Hand der Vorsehung eingreifen, Leben retten, Geld sparen und gleichzeitig auch noch das Verbrechen bekämpfen wird, geht der andere ein lokales, technisches Problem an, respektiert die Ansichten und Präferenzen aller Beteiligten und liefert einen greifbaren, praktischen Nutzen. Der Algorithmus befasst sich nicht mit »sollte« – die Entscheidungen im Hinblick auf die Faktoren, die bei der Zuordnung implementiert werden, werden anderswo getroffen. Zudem bedeutet die Transparenz von Roth' Verfahrensweise, seine Fokussierung auf die Instrumente und Ergebnisse, dass seine Innovation überall reproduziert werden kann, was einerseits seine wissenschaftliche Methode bestätigen, andererseits mehr Leben retten wird. Das ist Economic Engineering vom Feinsten.

Dass Roth' Modell ohne Bargeld auskommt, hält einige der giftigeren Aspekte der Märkte in Schach. In einem Markt für Güter – und Organe wären da keine Ausnahme – mit freiem Wettbewerb können wir erwarten, dass die Preise nach unten gedrückt werden und die Waren von den Ärmsten zu den Reichsten fließen. Roth liefert uns ein Zwischenglied – einen Algorithmus statt eines Marktes –, das derartige Effekte verhindert. Zudem verändern diese Mechanismen nicht das Wesen der Spende, das die

Tauschkette ermöglicht. Eine Geste der Nächstenliebe, die das Leben eines Freundes, des Ehepartners oder eines Kindes retten soll, behält ihr entscheidendes Charakteristikum; sie löst zwar ein Tauschmuster aus, doch die instrumentelle Rationalität der ökonomischen Transaktion sickert nicht zurück, sodass die Spende nicht verdorben wird.

Die Arbeit von Roth weist auf eine neue Ökonomie hin, doch manchen geht er dabei nicht weit genug. Market Design dieser Art bleibt ein Vorrecht der Eliten. Der Soziologe Juan-Pablo Pardo-Guerra vertritt die Ansicht, dass die Designer ökonomischer Märkte es der synthetischen Biologie nachmachen sollten, deren Ziel darin besteht, Toolkits und Bausteine zu produzieren, die es jedem ermöglichen werden, neuartige biologische Strukturen aufzubauen. Wenn die Märkte auf biologischen Systemen beruhen würden und an sie gekoppelt wären, könnten Märkte entstehen, die »pragmatisch, ja sogar bürgerlich« sind – Pardo-Guerra stellt sich ein Hacker-Paradies geschlossener, maßgeschneiderter Märkte vor, die in der Lage sind, sich mit spezifischen Problemen – wie der Erhaltung der Nashörner oder dem Handel mit illegalen Stoffen – zu befassen und zu bestimmten Zielen zu führen. Die Märkte könnten mehr tun, als nur Güter zuzuweisen: Sie könnten die Nachfrage umgestalten, den Wert von Dingen verändern, die uns kostbar sein sollten, und uns helfen, in der Welt transformationelle Veränderungen zu erreichen.[34]

Geht es auch ohne Ökonomie?

Die lokalen Handelssysteme und die islamische Ökonomie könnten kaum unterschiedlicher sein. Bei Ersteren handelt es sich um eine Grassroots-Bewegung, die durch lokale Aktivitäten gewachsen ist, bei Letzterer um ein durch religiöse Offenbarungen getriebenes theokratisches Bemühen. Eines haben sie jedoch gemeinsam: die Verwendung von in ökonomische Instrumente eingebetteten ökonomischen Mechanismen, um soziale Transformationen zu erreichen. Beide begreifen die Welt, auf ihre jeweils eigene Weise, als einen Ort, wo durch ökonomische Aktivität soziale Bindungen zementiert und gesellschaftliche Ziele erreicht werden können. In beiden Fällen wird die Absicht des Schöpfers des Systems durch die Infrastrukturen umgesetzt, die er installiert hat, und in beiden Fällen sind die Architekturen von Natur aus ökonomisch.

Das Local Exchange Trading Scheme stützt sich auf eine transparente Buchführung und regelmäßige Reports – also auf Techniken, die sich nicht nur für den Erfolg des industriellen Kapitalismus im 19. Jahrhundert als zentral erwiesen haben, sondern auch für das globale Finanzwesen des 20. Jahrhunderts –, um sein Ziel, Netzwerke von Versprechen und sozialen Beziehungen zu formalisieren, erreichen zu können. Selbst die Schulden werden so umkonfiguriert, dass sie einem neuen Zweck dienen. Die lokalen Währungen benutzen Banknoten mit einem Gewissen. Die islamische Ökonomie hat gesetzlich zulässige Verträge erfunden, die einen blühenden Handel ermöglichen und zugleich eine fairere Balance zwischen dem Unternehmer und dem Besitzer des Kapitals herstellen. Diese Dinge sind Sabotageakte, Guerilla-Widerstand gegen das totalisierende Wesen der neoliberalen Ökonomie. Im Gegensatz zu dem plötzlichen, wütenden Aufstand der Occupy-Bewegung lassen sie sich gerade deshalb langfristig aufrechterhalten, weil auch sie die Instrumente benutzen, die die Ökonomie so stark gemacht haben. Sie besetzen die Ökonomie wirklich.

Die Local Exchange Trading Schemes, die lokalen Währungen und die islamischen Verträge haben noch etwas anderes gemeinsam: Sie stellen ökonomische Techniken in den Dienst der Visionen, von denen sie sich leiten lassen – ob sie nun eine nachhaltige

Zukunft oder islamische Gesellschaften betreffen. Beim klassischen Liberalismus unserer eigenen ökonomischen Tradition war die Ökonomie ebenfalls ein Werkzeug, ein Mittel zum Erreichen eines Ziels: wohlhabenderer, gerechterer und freierer Gesellschaften. Adam Smith selbst wurde durch Sympathie für seine Mitmenschen und das Gefühl motiviert, dass freie Märkte und ein freier Handel der Gesellschaft enorm helfen könnten. Smith lebte in einer anderen Welt als wir, in der die Staaten Steuern erhoben und Kriege führten und ein großer Teil der Bevölkerung unter furchtbarer Armut litt – kein Wunder, dass er ein Loblied auf den Handel sang! Milton Friedman und Friedrich Hayek stellten die demokratische Freiheit letztlich über alles andere, und wenn sie die realen Konsequenzen ihrer Theorien auch nicht vorhersahen, begriffen sie den Markt doch als Werkzeug, durch das diese Freiheit sich schützen ließ, durch das man den Staatskorporatismus der Faschisten wie der Kommunisten bekämpfen konnte.

Solches Mitgefühl für unsere Mitmenschen und die demokratische Freiheit sind gute Tugenden, die besten, die wir haben. Es ist aber ganz offensichtlich, dass die zeitgenössische Ökonomie darum ringt, das Versprechen aus der Aufklärung in die Tat umzusetzen. Eine Disziplin, die moralische Probleme notwendigerweise auf technische Simulationen reduziert, kämpft darum, mit der Komplexität der Außenwelt fertig zu werden, und benutzt dabei einen ganz speziellen moralischen Kompass. In der Wildnis treiben uns die ökonomischen Werkzeuge, die jeden einzelnen Aspekt des täglichen Lebens gestaltet haben, zur Vernachlässigung der fundamentalen Würde, der Personheit, von anderen; wir reduzieren sie auf Inputs bei den vielfältigen Kosten-Nutzen-Kalkulationen, durch die wir unser Leben organisieren.

In Tania Blixens Geschichte findet Babette, ehemals Küchenchefin im feinsten Pariser Restaurant und exilierte revolutionäre Kommunardin, sich als Dienstmädchen bei zwei Schwestern in

Norwegen wieder. Diese Frauen führen ein schlichtes Leben; sie sind die Töchter eines strengen evangelischen Klerikers, der an der Küste eine kleine asketische Gemeinde aufgebaut hat. Babette erzählt ihnen nichts von ihrer Vergangenheit.

Nach vielen Jahren gewinnt sie bei einer Pariser Lotterie – 10 000 Franc. Sie bittet ihre Arbeitgeberinnen um einen Gefallen: Sie möchten ihr erlauben, ein einziges Mahl – zum Geburtstag des Propstes – vorzubereiten und auszurichten; die beiden sind einverstanden, obwohl sie wegen der sündhaften Exzesse der Pariser Cuisine (über die sie allerdings nur vage Gerüchte gehört haben) besorgt sind. Nach wochenlanger Vorbereitung kommt der bewusste Abend, und Babette veranstaltet ein Fest, das ihren gesamten Gewinn verschlungen hat. Wie exquisit das Essen ist, erkennt nur ein einziger Gast, der General, der die ganze Welt bereist und überall gelebt hat. Babette ist eine Künstlerin, der General ihr Publikum. Da sie ein einziges Mal eine wahre Spitzenleistung zeigen und ihr Bestes geben durfte, ist sie jetzt vollständig.

Das Mahl verklärt die Gäste. Obwohl die Einwohner von Berlevaag nicht wissen, was sie da essen, lockern sich ihre Zungen, alte, bittere Streitigkeiten werden beigelegt, in ihrer Kindheit Verliebte versöhnen sich. Die angeheiterten älteren Leute wanken dann durch den Schnee nach Hause – von ihren Sünden reingewaschen. Sie hatten, wie Blixen schreibt, »eine Stunde des Tausendjährigen Reichs« geschenkt bekommen. Eine Stunde im Paradies – wann hat die Ökonomie mal so eine Transformation erreicht?

Vielleicht sollten wir die Ökonomie manchmal ganz aufgeben. Die Liebe und die Fürsorge sollten wir nicht ökonomisieren, nicht einmal die Kunst. Altruismus und bürgerliche Tugend, Liebe und Fürsorge wachsen durch die Praxis und sind keine knappen Güter, bei denen man sparen müsste. Selbst die Verschwendung könnte eine Rolle spielen: Der spektakuläre Exzess von Babettes Fest beschert einer Gemeinde eine Stunde im Paradies, die heilt und Zerbrochenes kittet. In einem gut und ganz gelebten Leben wird es eine Fülle von Sackgassen, Kehrtwendungen, Experimenten und Chancen geben, es wird viel reichhaltiger sein als eine adrette Parade rationaler, kalkulativer Entscheidungen. Meiner Ansicht nach ist in unserem persönlichen Leben kaum Platz für die Ökonomie: Sollen die Leute doch großzügig und überströmend sein – dann werden sie reicher sein.

Wir sollten die Ökonomie allerdings nicht völlig aufgeben. Im öffentlichen Leben brauchen wir ihre besondere Fachkenntnis, um Probleme lösen zu können. Wir brauchen die Ökonomie für das Engineering, aber für ein Engineering, das den durch demokratische Prozesse entstandenen Prinzipien und Entscheidungen unterworfen ist. Eine Ökonomie, die kühn genug ist, könnte uns mit den Tools bewaffnen, durch die wir die Zukunft anders gestalten können. Wir müssen allerdings anerkennen, dass die Ökonomie kein Spezialwissen darüber hat, wie die Welt sein sollte, und dass Entscheidungen bleiben, die wir treffen müssen. Eine gute Ökonomie wird lokal, spezifisch und demokratisch sein: Beim Matching von Organen und beim Aufbau von Gemeinschaften erhaschen wir Blicke auf eine positivere Ökonomie für die Zukunft.

Dank

Ich habe vielen Menschen zu danken. An erster Stelle denen, ohne die dieses Buch nie zustande gekommen wäre: Juliet Mushens von der Agency Group, die das Buch möglich gemacht hat, und Will Hammond von Viking, der durch seine geduldige Bearbeitung und seine hilfreichen Kommentare Ordnung in meine Manuskripte gebracht hat. Anne Collins von Random House möchte ich für ihre nie erlahmende Begeisterung und Unterstützung danken. Dann sind da noch die akademischen Kollegen, auf deren Arbeit dieses Buch basiert: Manche sind meine Freunde, andere kenne ich durch eine Korrespondenz über die E-Mail und ein paar nur durch ihre Bücher und Aufsätze. Dieses Buch habe ich nicht zuletzt geschrieben, weil ich finde, dass ihre hervorragende Arbeit ein breiteres Publikum verdient. Ich hoffe, dass sie sich da meiner Meinung anschließen. Ich sollte wohl hinzufügen, dass die Argumentation in diesem Buch ganz von mir selbst stammt und dass ich daher allein für etwaige Fehler und Auslassungen bei der Darstellung ihrer Werke verantwortlich bin. Meinen großartigen Kollegen und Studenten an der School of Management in St Andrews möchte ich für ihre Unterstützung und die ständige intellektuelle Herausforderung und Anregung danken. Mein besonderer Dank gilt Barbara Townley und Shiona Chillas, die die verschiedenen Manuskripte gelesen und Anmerkungen dazu gemacht haben. Bei dieser Gelegenheit möchte ich auch denen danken, deren Hilfe sich für mich in der Vergangenheit als unverzichtbar erwiesen hat: Carole Howorth, Chase Robinson und Fritz Zimmerman, die mich gutes wissenschaftliches Arbeiten gelehrt haben; dem AHRC und allen bei BBC Radio Three, insbesondere dem Team der *Night Waves*, die mich über das *New Generation Thinkers Scheme* in die öffentliche Debatte stießen, was mir dann so viel Spaß gemacht hat. Frank Lucas, weil er an einen jungen Unternehmer glaubte (tut mir leid, Frank!), und Gavin Oldham für seine Hilfe, als ich dringend Hilfe brauchte. Vor allem möchte ich aber meiner Frau Jane danken – ohne ihre beständige Liebe und Unterstützung und ihren gesunden Menschenverstand wäre ich verloren!

St Andrews
September 2013

Über den Autor

Philip Roscoe ist Dozent für Management an der School of Management der University of St Andrews. Vorher hat er an der Sup de Co Montpellier in Frankreich gelehrt, nach seiner Promotion war er Forscher am Seminar für Betriebswirtschaft an der Lancaster University Management School. Er hat einen Doktorgrad in Management (Lancaster University), einen MPhil in der mittelalterlichen arabischen Geistesgeschichte (University of Oxford) und einen BA in Theologie (University of Leeds). Dazwischen arbeitete er als Finanzjournalist und versuchte sich als Kleinunternehmer. Seine Aufsätze sind in mehreren renommierten akademischen Zeitschriften erschienen. Im Jahre 2011 gehörte er zu den zehn Gewinnern beim neuen *New Generation Thinkers Scheme* von AHRC und BBC Radio 3, die aus mehr als eintausend Bewerbern ausgewählt worden waren. Er ist mit Jane verheiratet und hat drei Söhne.

Anmerkungen

Einführung

1 Ich kaufe, also bin ich

1 Dennis Robertson, »What Does the Economist Economize?«, in: Robertson, *Economic Commentaries* (London: Staples Press 1956). Robertsons Ansichten bespricht Michael Sandel, *Was man für Geld nicht kaufen kann.* Aus dem Amerikan. von Helmut Reuter (Berlin: Ullstein 2012).

2 Samuel Cameron, »The Economics of Suicide«, in: Hg. Simon Bowmaker, *Economics Uncut* (Cheltenham: Edward Elgar 2005), S. 241.

Teil 1

2 Vom Tausch zum Sinn des Lebens

1 Peter D. Linneman und Isaac F. Megbolugbe, »Privatisation and Housing Policy«, in: *Urban Studies* 31, Nr. 4–5 (1994), S. 635.

2 Das Programm von Stoke-on-Trent erkennt an, dass ein Teil der Risiken vom Staat getragen werden muss; in seinem Rahmen sind auch Darlehen für Renovierungszwecke erhältlich. www.stoke.gov.uk/ccm/content/council-and-democracy/communications/2012-press-releases/08-2012/178-12/. Viele Kommentatoren sind jedoch der Ansicht, dass sich in einem Gebiet mit so niedrigem Wohnwert keine großen Gewinne erzielen lassen; www.dailymail.co.uk/news/article-2184334/Empty-houses-sale-1-Britains-cheapest-street.html.

3 Andrew Leyshon und Shaun French, »We All Live in a Robbie Fowler House: The Geographics of the Buy to Let Market in the UK«, in: *British Journal of Politics & International Relations* 11, Nr. 3 (2009), S. 441.

4 Ebd., S. 439.

5 Thomas Hobbes, *Leviathan oder Stoff, Form und Gewalt eines bürgerlichen und kirchlichen Staates* (Frankfurt am Main/Berlin/Wien: Ullstein 1976), S. 96.

6 Adam Smith, *Der Wohlstand der Nationen: Eine Untersuchung seiner Natur und seiner Ursachen* (München: Deutscher Taschenbuch Verlag, 7. Aufl. April 1996) I.2.1 + 2.

7 Ebd., IV.2.9.

8 Amartya Sen, »Adam Smith's Prudence«, in: *Theory and Reality in Development*, Hg. S. Lall und F. Stewart (London: Macmillan 1986), S. 28–37.

9 Heinz Lubasz, »Adam Smith and the Invisible Hand – of the Market?«, in: *Contesting Markets*, Hg. Roy Dilley (Edinburgh: Edinburgh University Press 1992), S. 37–56.

10 Joseph Townsend, *A Dissertation on the Poor Laws* (Berkeley: University of California Press 1971), S. 37 f. – *Über die Armengesetze: Streitschrift eines Menschenfreundes* (Berlin: Suhrkamp 1982). Karl Polanyi, der Townsends Geschichte nachging, fand in den historischen Aufzeichnungen allerdings kaum eine Grundlage dafür. Gareth Dale, *Karl Polanyi: The Limits of the Market* (Cambridge: Polity Press 2010).

11 Townsend, *A Dissertation on the Poor Laws*, S. 27.

12 Karl Polanyi, *The Great Transformation: Politische und ökonomische Ursprünge von Gesellschaften und Wirtschaftssystemen* (Berlin: Suhrkamp Taschenbuch Verlag 1978), S. 164.

13 Polanyis Werk rief unter den Wissenschaftlern eine erbitterte Debatte hervor, bei der es darum ging, wie die Anthropologie richtig zu praktizieren sei. Die »Substantivisten« waren der Ansicht, dass alle ökonomischen Systeme im Rahmen ihres sozialen und kulturellen Kontextes verstanden werden müssten, während die »Formalisten« zur Analyse von Gesellschaften mit ganz unterschiedlichen historischen und geografischen Kontexten das Modell des aus Selbstinteresse handelnden Individuums benutzt sehen wollten. Natürlich erforderte so eine Analyse eine Lockerung der Definitionen der ökonomischen Sprache, doch die Formalisten flüchteten sich in eine pragmatischere Verteidigung. Die Anthropologie des vormodernen Menschen werde in ihrem Umfang durch historische Grenzen und zudem durch die praktische Tatsache eingeschränkt, dass archaische Wirtschaftssysteme »überholt« seien; die Ökonomien auf der ganzen Welt würden der unseren ähnlicher. Siehe Dale, *Karl Polanyi*.

14 Aus Polanyis Essay »Our Obsolete Market Mentality«, zitiert von Scott Cook, in: »The Obsolete ›Anti-Market‹ Mentality: A Critique of the Substantive Approach to Economic Anthropology«, in: *American Anthropologist* 68, Nr. 2 (1966), S. 327–329.

15 George Dalton, »Economic Theory and Primitive Society 1«, in: *American Anthropologist* 63, Nr. 1 (1961), S. 2.

16 Alan Ryan, »Introduction«, in: *John Stuart Mill and Jeremy Bentham: Utilitarianism and other Essays*, Hg. Alan Ryan (London: Penguin 1987).

17 Philip Mirowski, *More Heat Than Light* (Cambridge: Cambridge University Press 1989).

18 Die maßgebliche Darstellung des Kalten Krieges und der »Cyborg«-Ökonomie stammt von Philip Mirowski: *Machine Dreams: Economics Becomes a Cyborg Science* (Cambridge: Cambridge University Press 2002). Die moderne Ökonometrie, die Spieltheorie und die algorithmische Zuordnung – die Schneide der zeitgenössischen akademischen Wirtschaftswissenschaft – haben sich erfreulicherweise humaneren Dingen zugewendet; eine der großen Leuchten der Disziplin, Alvin Roth, erhielt 2012 für seine Arbeit an der praktischen Anwendung von Prozessen der Matching-Theorie zusammen mit einem anderen Ökonomen den Nobelpreis für Wirtschaftswissenschaft. Für eine kurze Diskussion siehe das letzte Kapitel dieses Buches.

19 Ebd., S. 233.

20 Friedrich August Hayek, *Der Weg zur Knechtschaft* (München: Olzog 2003), S. 52 f.

21 Milton Friedman, *Capitalism and Freedom* (Chicago: University of Chicago Press 1962).

22 Milton Friedman, *Kapitalismus und Freiheit* (Frankfurt am Main/Berlin/Wien: Ullstein 1984), S. 19.

23 Hayeks vollständiger Text lautet: »Vergleicht man das Preissystem mit einer Art Maschine für die Registrierung von Veränderungen oder einem Telekommunikationssystem, bei dem der einzelne Hersteller nur die Bewegung einiger Zeiger zu beobachten braucht – so wie ein Ingenieur einige Anzeigen beobachtet, um seine Aktivitäten Veränderungen anzupassen, über die er vielleicht nie mehr wissen wird, als sich an der Bewegung der Preise ablesen lässt –, ist das keine bloße Metapher.« F. A. Hayek, »The Use of Knowledge in Society«, in: *American Economic Review* 35, Nr. 4 (1945), S. 527.

24 Für dies und das Folgende siehe Patricio Silva, »Technocrats and Politics in Chile: From the Chicago Boys to the CIEPLAN Monks«, in: *Journal of Latin American Studies* 23, Nr. 2 (1991).

25 Friedman, *Kapitalismus und Freiheit*, S. 60 f.

26 Timothy Mitchell, »The Work of Economics: How a Discipline Makes Its World«, in: *European Journal of Sociology* 46, Nr. 2 (2005), S. 297 – 320.

27 Orlando Letelier, »The Chicago Boys in Chile: Economic Freedom's Awful Toll«, in: *The Nation* (1976); www.tni.org/archives/act/3712.

28 Carlos Huneeus, »Technocrats and Politicians in an Authoritarian Regime«, in: *Journal of Latin American Studies* 32, Nr. 2 (2000), S. 461–501.

29 In *Newsweek*, 14. Juli 1976, Bericht von Letelier.

30 Letelier, »The Chicago Boys«.

31 Nach Silva, »Technocrats and Politics in Chile«.

32 Gary Becker, »Latin America Owes a Lot to Its ›Chicago Boys‹«, in: *Business Week* (9. Juni 1997), S. 22.

33 Silva, »Technocrats and Politics in Chile«, S. 394.

34 Dave O'Brien, »What Price Evidence? Identities, Valuation Technologies, and the Problem of Culture«, unter dem Titel »What Price Creativity? A Workshop on the Valuing of Social/Public Goods« an der University of St Andrews präsentiert, Dezember 2012.

35 Lionel Robbins, *An Essay on the Nature and Significance of Economic Science* (London: Macmillan 1932), S. 16.

36 Ebd., S. 14.

37 Robertson, »What Does the Economist Economize?«

38 Gary S. Becker, »Nobel Lecture: The Economic Way of Looking at Behavior«, in: *Journal of Political Economy* 101, Nr. 3 (1993). Die Kursivierung stammt von Becker selbst.

39 Michel Foucault, *The Birth of Biopolitics*, Hg. Arnold Davidson, Übers. Graham Burchell (Basingstoke: Palgrave Macmillan 2008), S. 232 f. – *Geschichte der Gouvernementalität. 2. Die Geburt der Biopolitik*: Vorlesung am Collège de France 1978–1979 (Suhrkamp-Taschenbuch Wissenschaft 2006).

40 Daniel Dennett, *Darwin's Dangerous Idea* (London: Allen Lane 1995), S. 132. – *Darwins gefährliches Erbe: Die Evolution und der Sinn des Lebens* (Hamburg: Hoffmann und Campe 1997).

41 Tim Harford, *Die Logik des Lebens: Was hinter scheinbar verrückten Entscheidungen steckt* (München: Goldmann 2010).

42 Dieses Schmuckstück verdanke ich Gareth Dale (*Karl Polanyi*, S. 105).

3 Die Ökonomie als Macherin

43 Steven Levitt und Stephen Dubner, *Superfreakonomics* (München: Riemann Verlag 2010).

44 Ebd., S. 89–92.

45 Jorge Luis Borges, *Fiktionen. Erzählungen 1939–1944*. Übers. von Karl August Horst, Wolfgang Luchting und Gisbert Haefs (Frankfurt am Main: Fischer Taschenbuch, 11. Aufl. Dezember 2011), S. 33.

46 Die Einstellung gegenüber der Wissenschaft, die ich das ganze Buch hindurch einnehme, betont die Rolle der Berechnungen und der Instrumente. Sie steht im Zusammenhang mit dem Pariser Institut des Hautes

Études Scientifiques, insbesondere mit Bruno Latour, Michel Callon, Steve Woolgar und John Law. Siehe beispielsweise Bruno Latour, *Science in Action: How to Follow Scientists and Engineers through Society* (Cambridge, MA: Harvard University Press 1987), und ders., *Die Hoffnung der Pandora* (Frankfurt am Main: Suhrkamp 2000). Die andere wichtige Einstellung bei den Untersuchungen der Wissenschaften betonte Ende des 20. Jahrhunderts die Bedeutung, die den Fachkenntnissen beim Aufbau des wissenschaftlichen Wissens zukam; siehe insbesondere Harry Collins und Trevor Pinch, *Der Golem der Technologie* (Berlin: Berlin-Verlag 2000), und Andrew Pickering, *Science as Practice and Culture* (Chicago: University of Chicago Press 1992).

47 Poppers Argumente erfreuen sich seit einigen Jahren neuer Popularität, da Nassim Nicholas Taleb seine Metapher vom Schwarzen Schwan aufgegriffen hat, um die Modellpraktiken der zeitgenössischen Finanzwelt zu kritisieren: Nassim Nicholas Taleb, *Der Schwarze Schwan* (München: Hanser 2008). In der Philosophie der Wissenschaft selbst stoßen Poppers Ideen jedoch größtenteils auf Ablehnung, insbesondere durch die »Duhem-Quine«-These, nach der Hypothesen eher modifiziert als verworfen werden.

48 Milton Friedman, »The Methodology of Positive Economics«, in: *Essays on Positive Economics* (Chicago: University of Chicago Press 1966). Friedman behauptete sogar, seine Theorien schon vor der ersten Begegnung mit Popper am Mont Pèlerin im Jahre 1947 unabhängig von Popper ausgearbeitet zu haben. Siehe Donald MacKenzie, *An Engine, Not a Camera: How Financial Models Shape Markets* (Cambridge, MA: MIT Press 2006), S. 10.

49 Mark Blaug, »Paradigms versus Research Programmes in the History of Economics«, in: *The Philosophy of Economics*, Hg. Daniel Hausman (Cambridge: Cambridge University Press 1984), S. 360; Paul Samuelson weist ebenfalls auf die positiven Auswirkungen von Annahmen hin, zitiert in MacKenzie, *An Engine, Not a Camera*, S. 10.

50 Das Zitat und das folgende Detail stammen aus Noel Annan, *Our Age* (London: Fontana 1990), S. 410. Annan wiederum paraphrasiert einen Essay von Isaiah Berlin.

51 Zitiert in Alan McKinlay, »Performativity and the Politics of Identity: Putting Butler to Work«, in: *Critical Perspectives on Accounting* 21, Nr. 3 (2010), S. 232 – 242.

52 Ebd.

53 Judith Butler, *Das Unbehagen der Geschlechter* (Sonderausg. zum 40jährigen Bestehen der Ed. Suhrkamp; Frankfurt am Main: Suhrkamp 2003).

54 Siehe beispielsweise Michel Callon, *The Laws of the Markets* (Oxford: Oxford University Press 1998), oder ders., »What Does It Mean to Say

that Economics Is Performative?«, in: *Do Economists Make Markets?*, Hg. Donald MacKenzie, Fabien Muniesa und Lucia Siu (Princeton: Princeton University Press 2007).

55 Der interessierte Leser findet in Pickerings ediertem Sammelband *Science as Practice und Culture* eine nützliche Zusammenfassung der Argumente.

56 Donald MacKenzie, *Material Markets: How Economic Agents are Constructed* (Oxford: Oxford University Press 2009), S. 8. MacKenzie spricht spezifisch über die »Fakten« der Finanzmärkte, wie die Preise.

57 Karin Knorr-Cetina hat eine detaillierte ethnografische Studie über die Praxis der Teilchenphysik und der Laborbiologie verfasst: *Wissenskulturen* (Frankfurt am Main: Suhrkamp 2002).

58 Bruno Latour, *Gifford Lectures* (Edinburgh: University of Edinburgh 2013).

59 Timothy Mitchell, »Rethinking Economy«, in: *Geoforum* 39 (2008), S. 1116–1121.

60 Erica Field, »Entitled to Work: Urban Property Rights in Labour Supply in Peru«, in: *Quarterly Journal of Economics* 122, 4 (2007), S. 1561–1602.

61 www.nytimes.com/2003/01/09/business/economic-scene-a-study-looks-at-squatters-and-land-titles-in-peru/html?pagewanted=all&src=pm.

62 www.doingbusiness.org/~/media/GIAWB/Doing%20Business/Documents/Annual-Reports/English/DB06-FullReport.pdf.

63 Mitchell, »The Work of Economics«.

64 Mitchel, »Rethinking Economy«, S. 1119.

4 Die Erschaffung des ökonomischen Menschen

65 Zu diesem Thema gibt es zahlreiche Bücher. In der Öffentlichkeit gut bekannt sind beispielsweise George Akerlof und Robert Shiller, *Animal Spirits* (Frankfurt/New York: Campus 2009), und Dan Ariely, *Denken hilft zwar, nützt aber nichts* (München: Droemer 2008).

66 Gerald Marwell und Ruth E. Ames, »Economists Free Ride, Does Anyone Else? Experiments on the Provision of Public Goods, IV«, in: *Journal of Public Economics* 15, Nr. 3 (1981), S. 295–310.

67 John Carter und Michael Irons, »Are Economists Different, and If So, Why?«, in: *Journal of Economic Perspectives* 5, Nr. 2 (1991), S. 171–177; Richard Thaler, »Anomalies: The Ultimatum Game«, in: *Journal of Economic Perspectives* 2, Nr. 4 (1988), S. 195–206. Die Anleitung für den Test stammt aus einem Experiment, das der britische Spieltheoretiker Kenneth Binmore durchführte und das Thaler in seinem Aufsatz zitiert. Carter und Irons legen Beweise dafür vor, dass die Studenten der Wirtschaftswissenschaften von Natur aus selbstinteressierter sind als die anderen Studenten.

68 Robert Frank, Thomas Gilovich und Dennis Regan, »Does Studying
    Economics Inhibit Cooperation?«, in: *Journal of Economic Perspectives* 7,
    Nr. 2 (1993), S. 159; und Björn Frank und Gunther Schulze, »Does Eco-
    nomics Make Citizens Corrupt?«, in: *Journal of Economic Behavior and
    Organization* 43 (2000), S. 101–113; beides zitiert in Fabrizio Ferraro, Jef-
    frey Pfeffer und Robert Sutton, »Economic Language and Assumptions:
    How Theories Can Become Self-Fulfilling«, in: *Academy of Management
    Review* 30, Nr. 1 (2005), S. 8–24.

69 Ferraro u. a., »Economic Language and Assumptions«, S. 14.

70 Dale Miller, »The Norm of Self-Interest«, in: *American Psychologist* 54,
    Nr. 12 (1999), S. 1053–1060.

71 Ebd., S. 1057.

72 Michel Foucault, *Überwachen und Strafen: Die Geburt der Gefängnisse*
    (Frankfurt am Main: Suhrkamp 1976), S. 258.

73 Ebd., S. 385 f.

74 Bei der folgenden Schilderung stütze ich mich auf Harry Bravermans
    Besprechung von Taylors *Scientific Management* (1947): Braverman, *Die
    Arbeit im modernen Produktionsprozess* (Frankfurt am Main/New York:
    Campus-Verlag 1980).

75 Brian Price, »Frank and Lillian Gilbreth and the Manufacture and Mar-
    keting of Motion Study, 1908–1924«, in: *Business and Economic History*
    18 (1989), S. 88–98.

76 Petter Holm und Kåre Nolde Nielsen, »Framing Fish, Making Markets:
    The Construction of Individual Transferable Quotas (ITQs)«, in: *Market
    Devices*, Hg. Michel Callon, Yuval Millo und Fabian Muniesa (Oxford:
    Blackwell Publishing/The Sociological Review 2007), S. 173–195.

77 Ebd., S. 174.

78 Die Liste der staatlichen Technologien stammt aus Nikolas Rose und Peter
    Miller, »Political Power Beyond the State: Problematics of Government«,
    in: *British Journal of Sociology* 43, Nr. 2 (1992), S. 173–205; sie wird zitiert
    in Frank Azimont und Luis Araujo, »Governing Firms, Shaping Markets«,
    in: *Reconnecting Marketing to Markets,* Hg. Luis Araujo, John Finch und
    Hans Kjellberg (Oxford: Oxford University Press 2010), S. 78–96.

79 Brad Barber und Terence Odean, »Boys Will Be Boys: Gender, Overcon-
    fidence and Common Stock Investment«, in: *Quarterly Journal of Econo-
    mics* 1 (2001), S. 261–292.

80 Nikolas Rose, *Inventing Our Selves* (Cambridge: Cambridge University
    Press 1996), S. 153.

81 Das Folgende stammt aus meiner eigenen Arbeit, beispielsweise Philip
    Roscoe und Carole Howorth, »Identification through Technical Analy-
    sis: A Study of the Investment Behaviour of UK Non-professional Inves-

tors«, in: *Accounting, Organizations and Society* 34 (2009), S. 206–221; Philip Roscoe, »Economic Embeddedness and Materiality in a Financial Market Setting«, in: *Sociological Review* 61, Nr. 1 (2013), S. 41–68; und »Constructing the Retail Investor«, Vortrag bei der 38. Annual Macro-Marketing Conference (Toronto, 6. Juni 2013).

Teil 2

5 Die Ökonomie in der Wildnis

1 Edwin Hutchins, *Cognition in the Wild* (Cambridge, MA: MIT Press 1995).
2 Michel Callon, »Economic Markets and the Rise of Interactive Agencements«, in: *Living in a Material World*, Hg. Trevor Pinch und R. Swedberg (Cambridge, MA: MIT Press 2008); Fabian Muniesa, Yuval Millo und Michel Callon, »An Introduction to Market Devices«, in: *Market Devices*, Hg. Callon, Millo und Muniesa (Oxford: Blackwell 2007).
3 Zur Organisation von Supermärkten gibt es interessante Literatur, insbesondere Franck Cochoy, »A Sociology of Market Things: On Tending the Garden of Choices in Mass Retailing«, in: Callon, Millo und Muniesa, *Market Devices*; Franck Cochoy, »Calculation, Qualculation, Calqulation: Shopping Cart Arithmetic, Equipped Cognition and the Clustered Consumer«, in: *Marketing Theory* 8, Nr. 1 (2008), S. 15–44; und Hans Kjellberg, »The Death of a Salesman? Reconfiguring Economic Exchange in Swedish Postwar Food Distribution«, ebenfalls in *Market Devices*. Vor allem Cochoy drängt uns, die materiellen Infrastrukturen von Supermärkten ernst zu nehmen.
4 Khorsed Alam und Martin Hearson, *Fashion Victims* (London: War on Want 2006), und www.telegraph.co.uk/finance/china-business/7773011/A-look-inside-the-Foxconn-suicide-factory.html.
5 Cochoy, »A Sociology of Market Things«.
6 Michel Callon fasst die Disziplin weit. Nach seiner Definition beinhaltet die Ökonomie viele der Funktionen, die wir in einer modernen bürokratischen Organisation erwarten würden. Michel Callon, »The Embeddedness of Economic Markets in Economics«, in: *The Laws of the Markets*, Hg. Callon (Oxford: Oxford University Press 1998).
7 Joseph Stiglitz und Andrew Weiss, »Credit Rationing in Markets with Imperfect Information«, in: *American Economic Review* 71 (1981), S. 393–410.

8 George Akerlof, »The Market for Lemons: Quality Uncertainty and Market Mechanisms«, in: *Quarterly Journal of Economics* 84 (1970), S. 448 – 500. Für die britischen und deutschen Leser: »Zitrone« ist ein amerikanisches Slangwort für einen Gebrauchtwagen von zweifelhafter Qualität. Es dauerte eine Weile, bis mir das bewusst wurde und ich Akerlofs Metapher verstehen konnte.

9 Mirowski, *Machine Dreams*.

10 Diese Zusammenfassung beruht auf den detaillierten Darstellungen von Martha Poon, »Scorecards as Devices for Consumer Credit: The Case of Fair, Isaac & Company Incorporated«, in: *Market Devices*, S. 284 – 306; Poon, »From New Deal Institutions to Capital Markets: Commercial Consumer Risk Scores and the Making of Subprime Mortgage Finance«, in: *Accounting Organizations and Society* 34, 5 (2009), S. 654 – 674, sowie einer Reihe persönlicher Gespräche.

11 www.myfico.com/#your-state?; www.myfico.com/HelpCenter/FICO Scores/.

12 Ingrid Jeacle und Eamonn Walsh, »From Moral Evaluation to Rationalization: Accounting and the Shifting Technologies of Credit«, in: *Accounting, Organization and Society* 27 (2002), S. 747; Donncha Marron, »Lending by Numbers: Credit Scoring and the Constitution of Risk within American Consumer Credit«, in: *Economy and Society* 36, Nr. 1 (2006), S. 103 – 133.

13 Andrew Leyshon und Nigel Thrift, »Lists Come Alive: Electronic Systems of Knowledge and the Rise of Credit-Scoring in Retail Banking«, in: *Economy and Society* 28, Nr. 3 (1999), S. 437.

14 www.bbc.co.uk/news/business-18640101.

15 Auszug aus der Debatte im Abgeordnetenhaus am 11. September 2012, www.davidwilletts.co.uk/content/higher-and-further-education-debate.

16 Kathia Serrano-Velarde, »Benchmarking for the Greater Good? The New Investment Paradigm in European Higher Education«, in: *New Spirits of Capitalism?*, Hg. Paul du Gay und Glen Morgan (Oxford: Oxford University Press 2013), S. 251 – 273.

17 Robert Franks Konzept vom Markt, wo der Gewinner alles bekommt (»winner-take-all market«), liefert eine schöne Erklärung für dieses Problem, in: *The Darwin Economy* (Princeton: Princeton University Press 2011).

18 Gill Wyness, Institute of Fiscal Studies (Vortrag vom Dezember 2010), http://www.ifs.org.uk/conferences/pe2010_wyness.pdf. Hervorhebung des Autors.

19 Wendy Nelson Espeland und Michael Sauder, »Rankings and Reactivity: How Public Measures Recreate Social Worlds«, in: *American Journal of Sociology* 113, Nr. 1 (2007), S. 1 – 40.

20 Robert Frank und Philip Cook, *The Winner-Take-All Society* (London: Virgin Books 2010), S. 11 f.

21 Martin Kornberger und Chris Carter, »Manufacturing Competition: How Accounting Practices Shape Strategy Making in Cities«, in: *Accounting, Auditing & Accountability Journal* 23, Nr. 3 (2010), S. 325–349.

22 Dieses Beispiel stammt aus Rajani Naidoo, Avi Shankar und Ekant Veer, »The Consumerist Turn in Higher Education: Policy Aspirations and Outcomes«, in: *Journal of Marketing Management* 27, Nr. 11–12 (2011), S. 1142–1162. Die drei haben sich eingehend mit den Studenten als Konsumenten befasst und viel darüber geschrieben; bei diesen Details stütze ich mich auf sie.

23 Alison Hearn, »On the Violence of the New Branded University of Circulation«, Vortrag bei der 38. Annual MacroMarketing Conference (Toronto: 6. Juni 2013).

24 Zu diesem Punkt siehe ebenfalls Hearn.

6 Der Preis eines Menschenlebens

25 www.fullbooks.com/Lady-of-the-Barge.html.

26 Die Ansichten des vorsitzenden Richters beim Berufungsverfahren von 1981 über die Einzelheiten bei diesem Fall und die Kosten finden Sie im nächsten Absatz sowie auf http://online.ceb.com/calcases/CA3/119CA3d757.htm.

27 Ebd.

28 Für einen detaillierten Bericht über die Komplexität der Organisation bei Ford und den Fall siehe Matthew Lee und David Ermann, »Pinto ›Madness‹ as a Flawed Landmark Narrative: An Organizational and Network Analysis«, in: *Social Problems* 46, Nr. 1 (1999), S. 30–47.

29 Dennis A. Gioia, »Pinto Fires and Personal Ethics: A Script Analysis of Missed Opportunities«, in: *Journal of Business Ethics* 11 (1992), S. 383.

30 Ebd., S. 381.

31 Milton Friedman, »The Social Responsibility of Business Is to Increase Its Profits«, in: *New York Times Magazine* (13. September 1970).

32 Dies und das Folgende stammen aus Lee und Ermann, »Pinto ›Madness‹«, S. 37.

33 Joel Bakan, *Das Ende der Konzerne: Die selbstzerstörerische Kraft der Unternehmen* (Hamburg/Leipzig/Wien: Europa-Verlag 2005).

34 Lee und Ermann, »Pinto ›Madness‹«.

35 Marion Fourcade, »The Political Valuation of Life«, in: *Regulation and Governance* 3 (2009), S. 291–297.

36 Theodore Bergstrom, Rodney Garratt und Damian Sheehan-Connor, »One Chance in a Million: Altruism and the Bone Marrow Registry«, in: *American Economic Review* 99, Nr. 4 (2009), S. 1316.

37 Diese Zahlen und die Beispiele im nächsten Absatz stammen aus Jonathan Wolff, »Risk, Fear, Blame, Shame and the Regulation of Public Safety«, in: *Economics and Philosophy* 22, Nr. 3 (2006), S. 409–427, wo dieses Thema eingehend besprochen wird. Der namhafteste Vertreter der »Irrationalitätsthese« ist der Ökonom Cass Sunstein. Wolff zufolge sind Risikomodelle unvermeidlich und sollten daher subtiler sein und Faktoren wie Ursache, Gefahr, Wahrscheinlichkeit, Angst, Schuld und Scham berücksichtigen (S. 427).

38 Das heißt, dass wir den Wochenlohn erst am Ende der Folgewoche bekamen – unser Arbeitgeber hielt uns also bis zum Ende des Jobs gefangen. Diese Form der Auszahlung ist bei Teilzeitjobs leider sehr verbreitet.

39 Richard Thaler und Sherwin Rosen, »The Value of Saving a Life: Evidence from the Labour Market«, in: *Household Production and Consumption*, Hg. Nestor E. Terleckyj (New York: National Bureau of Economic Research 1976).

40 Zum QALY gibt es sehr viel Literatur. Für eine Einführung in die technischen Probleme der Ökonomie des Gesundheitswesens siehe Michael F. Drummond u. a., *Methods for the Economic Evaluation of Healthcare Programmes* (Oxford: Oxford University Press 1998).

41 Die ursprüngliche Qualitätsskala wurde von Rachel Rosser und Paul Kind entwickelt: »A Scale of Valuation of States of Illness: Is There a Social Consensus?«, in: *International Journal of Epidemiology* 7 (1978), S. 347–357.

42 John Harris, »QALYfying the Value of Life«, in: *Journal of Medical Ethics* 13 (1978), S. 117–123; Harris, »It's Not NICE to Discriminate«, in: *Journal of Medical Ethics* 31 (2005), S. 373–375.

43 Dieses Beispiel stammt aus John Rawles, »Castigating QALYs«, in: *Journal of Medical Ethics* 15 (1989), S. 143–147.

44 John Harris, »QALYfying the Value of Life«.

45 Alan Williams, »Cost-Effectiveness Analysis: Is It Ethical?«, in: *Journal of Medical Ethics* 18 (1992), S. 7.

46 Malcolm Ashmore, Michael Mulkay und Trevor Pinch, *Health and Efficiency: A Sociology of Health Economics* (Buckingham: Open University Press 1989).

47 Philip Roscoe, »A Moral Economy of Transplantation: Competing Regimes of Value in the Allocation of Transplant Organs«, in: *Value Practices in Life Sciences*, Hg. Claes-Frederik Helgesson, Francis Lee und Isabelle Dussange (Oxford: Oxford University Press 2014).

48 *The Lancet* (17. August 2013), S. 57.

49 Robert Francis, *Independent Inquiry into Care Provided by Mid Staf-*

fordshire NHS Foundation Trust January 2005 – März 2009, Bd. 375 (London: The Stationery Office 2010), und ders., *Report of the Mid Staffordshire NHS Foundation Trust Public Inquiry: Executive Summary*, Bd. 947 (London: The Stationery Office 2013).

50 Huw Davies und Russell Mannion, »Will Prescriptions for Cultural Change Improve the NHS?«, in: *British Medical Journal* 346, 1. März 2013.

7 Kann man wirklich alles kaufen?

51 Jake Linford, »The Kidney Donor Scholarship Act: How College Scholarships Can Provide Financial Incentives for Kidney Donation While Preserving Altruistic Meaning«, in: *St Louis Journal of Health Law & Policy* 2 (2009), S. 265.

52 Gerald Dworkin, »Markets and Morals: The Case for Organ Sales«, in: *Morality, Harm and the Law*, Hg. Dworkin (Boulder, CO: Westview Press 1994), S. 155.

53 Hier und beim nächsten Absatz: B. Cohen und C. Wight, »A European Perspective on Organ Procurement: Breaking Down the Barriers to Organ Donation«, in: *Transplantation* 68, Nr. 7 (1999), S. 985 – 990; Madhav Goyal u. a., »Economic and Health Consequences of Selling a Kidney in India«, in: *Journal of the American Medical Association* 288, Nr. 13 (2002), S. 1589 – 1593; Nancy Scheper-Hughes, »Keeping an Eye on the Global Traffic in Human Organs«, in: *The Lancet* (10. Mai 2003), S. 1645 – 1648; und Javaad Zargoosh, »Quality of Life of Iranian Kidney ›Donors‹«, in: *Journal of Urology* 166 (2001), S. 1790 – 1799.

54 Scheper-Hughes, »Keeping an Eye on the Global Traffic in Human Organs«, S. 1645.

55 Quelle der Zahl für Großbritannien: www.organdonation.nhs.uk/; für die USA: /www.unos.org/.

56 Richard Titmuss, *The Gift Relationship: From Human Blood to Social Policy* (London: Allen & Unwin 1970).

57 Kieran Healy, *Last Best Gifts: Altruism and the Market for Human Blood and Organs* (Chicago: Chicago University Press 2010).

58 Der folgende Teil ist eine Weiterentwicklung meines Aufsatzes »On the Possibility of Organ Markets and the Performativity of Economics«, in: *Journal of Cultural Economy* 6. Nr. 4 (2013), S. 386 – 401. Für Verweise auf die relevanten Veröffentlichungen siehe dort. Trotz der Vorherrschaft Kasermans bei der derzeitigen Debatte findet man das ursprüngliche Modell in A. Frank Adams, A. Barnett und David Kaserman, »Markets for Organs: The Question of Supply«, in: *Contemporary Economic Policy* 7 (1999), S. 147 – 155.

59 Marion Fourcade, »Cents and Sensibility: Economic Valuation and the Nature of ›Nature‹«, in: *American Journal of Sociology* 116, Nr. 6 (2011), S. 1721–1777.

60 Adams, Barnett und Kaserman, »Markets for Organs«, S. 154.

61 Alison Wellington und Justin Whitmire, »Kidney Transplants and the Shortage of Donors: Is a Market the Answer?«, in: *Contemporary Economic Policy* 25, Nr. 2 (2007), S. 131–145.

62 Gary Becker und Julio Jorge Elias, »Introducing Incentives in the Market for Live and Cadaveric Organ Donations«, in: *Journal of Economic Perspectives* 21, Nr. 3 (2007), S. 3–24.

63 www.bbc.co.uk/news/world-asia-pacific-13639934.

64 Ich möchte meiner Studentin Katherine Wall danken, die mich auf die Bedeutung des Prinzips, dass Ärzte ihren Patienten nicht schaden dürfen, für Lebendspenden hingewiesen hat. Anthony Culyer, »Hic Sunt Dracones«, in: *Medical Decision-Making* 32 (2012), S. 25–32.

65 Milton Friedman, *Essays in Positive Economics* (Chicago: Chicago University Press 1966).

66 Peter G. Moffatt und Simon A. Peters, »Pricing Personal Services: An Empirical Study of Earnings in the UK Prostitution Industry«, in: *Scottish Journal of Political Economy* 51, Nr. 5 (2004), S. 685. Die Zahlen galten für das Jahr 2000. Die Straßenprostitution, der am schlechtesten bezahlte Teil, wird allerdings nicht berücksichtigt.

67 Williams, »Cost-effectiveness Analysis«, S. 7.

68 Lena Edlund und Evelyn Korn, »A Theory of Prostitution«, in: *Journal of Political Economy* 110, Nr. 1 (2002), S. 181–242.

69 Die Analyse von Edlund und Korn ist komplex; eine Zusammenfassung, die sich dem Leser besser erschließt, bietet das ausgezeichnete Kapitel »The Economics of Prostitution« von Peter G. Moffatt und Simon A. Peters in: *Economics Uncut*, Hg. Simon Bowmaker (Cheltenham: Edward Elgar 2005), S. 193–228. Die Zahl 70 000 Pfund stammt von Peters und Moffatt, die wiederum A. E. Clark und A. J. Oswald zitieren, »A Simple Statistical Model for Measuring How Life Events Affect Happiness«, in: *International Journal of Epidemiology* 31 (2002), S. 1139–1144.

70 Robert Long, »Realism and Abstraction in Economics«, in: *Quarterly Journal of Austrian Economics* 9, Nr. 3 (2006), S. 4.

71 Moffatt und Peters, »Pricing Personal Services«.

72 Moffatt und Peters, »The Economics of Prostitution«, S. 225.

73 www.punternet.com/frs/fr_stats.php.

74 Lynne Pettinger, »Market Moralities in the Field of Commercial Sex«, in: *Journal of Cultural Economy* 6, Nr. 2 (2013), S. 184–199.

75 www.punternet.com/index1.html; www.punternet.com/frs/fr_stats.php.

76 Zwei Aufsätze von Joanna Brewis und Stephen Linstead geben einen guten Überblick über die komplizierten Argumente im Zusammenhang mit dem Verkauf sexueller Dienste: »›The Worst Thing is the Screwing‹ (1): Consumption and the Management of Identity in Sex Work«, in: *Gender, Work & Organization* 7, Nr. 2 (2000), S. 84 – 97; und »›The Worst Thing is the Screwing‹ (2): Context and Career in Sex Work«, in: *Gender, Work & Organization* 7, Nr. 3 (2000), S. 168 – 180.

77 Über die Disziplinierungsmechanismen von Websites mit Beurteilungen von Reisen sprechen Ingrid Jeacle und Chris Carter, »In TripAdvisor We Trust: Rankings, Calculative Regimes and Abstract Systems«, in: *Accounting, Organization and Society* 36, Nr. 4 – 5 (2011), S. 357 – 377.

8 Es geht nicht ums Geld, Schatz!

78 Dieses Kapitel beruht auf Arbeit, die von meiner Kollegin Shiona Chillas und mir durchgeführt und zum Teil unter dem folgenden Titel veröffentlicht wurde: »The State of Affairs: Critical Performativity and the Global Dating Industry«, in: *Organization* (2013), doi: 10.1177/1350508413485497. Dort ist die Analyse des Onlinedatings stärker auf die »Performativität« fokussiert.

79 Michael D. Botwin, David M. Buss und Todd K. Shackelford, »Personality and Mate Preferences: Five Factors In Mate Selection and Marital Satisfaction«, in: *Journal of Personality* 65, Nr. 1 (1997), S. 107 – 136.

80 Ich danke Anne Meike Dackweiler, die mich auf diesen Punkt hingewiesen hat.

81 Es handelt sich dabei um eine Website mit Beurteilungen der Dienste von Prostituierten. Anm. d. Übers.

82 TRUE LLC und Ilona Jerabek, *The Technical Manual of the TRUE Compatibility Test* (2004), true.com/images/tctmanual.pdf, S. 3 – 5.

83 James Houran u. a., »Do Online Matchmaking Tests Work? An Assessment of Preliminary Evidence of a Publicized ›Predictive Model of Marital Success‹«, in: *North American Journal of Psychology* 6, Nr. 3 (2004), S. 521 f.

84 Lori Gottlieb, »How Do I Love Thee?«, in: *Atlantic Monthly* (März 2006).

85 Elizabeth J. Austin u. a., »A Preliminary Investigation of the Associations between Personality, Cognitive Ability and Digit Ratio«, in: *Personality and Individual Differences* 33, Nr. 7 (2002), S. 1115 – 1124.

86 John Tierney, »My eHarmony Experiment: Can This Marriage Be Matched?«, in: *New York Times* (1. Februar 2008).

87 Zitiert von Nick Paumgarten, »Looking for Someone: Sex, Love, and Loneliness on the Internet«, in: *New York Times* (4. Juli 2011).

88 Rebecca D. Heino, Nicole B. Ellison und Jennifer L. Gibbs, »Relation-shopping: Investigating the Market Metaphor in Online Dating«, in: *Journal of Social and Personal Relationships* 27, Nr. 4 (2010), S. 427 – 447.

89 Monica Whitty und Alan Carr, *Cyberspace Romance: The Psychology of Online Relationships* (Basingstoke: Macmillan 2006), S. 131.

90 Nicole B. Ellison, Rebecca D. Heino und Jennifer L. Gibbs, »Managing Impressions Online: Self-Presentation Processes in the Online Dating Environment«, in: *Journal of Computer-Mediated Communication* 11, Nr. 2 (2006), S. 433.

91 Whitty und Carr, *Cyberspace Romance.*

92 John Noonan, *The Scholastic Analysis of Usury* (Cambridge: Cambridge University Press 1957).

93 Immanuel Kant, *Lectures in Ethics* (New York: Harper and Row 1963), S. 165.

94 Alvin E. Roth, Tayfun Sönmez und M. Utku Ünver, »A Kidney Exchange Clearing House in New England«, in: *American Economic Review* 95, Nr. 2 (2005), S. 376 – 380.

95 Eli Finkel u. a., »Online Dating: A Critical Analysis From the Perspective of Psychological Science«, in: *Psychological Science in the Public Interest* 13, Nr. 1 (2012), S. 3 – 66.

96 Günter J. Hitsch, Ali Hortaçsu und Dan Ariely, »Matching and Sorting in Online Dating«, in: *American Economic Review* 100 (2010), S. 130 – 163.

97 Lindsay Shaw Taylor u. a., »Out of My League: A Real World Test of the Matching Hypothesis«, in: *Personality and Psychology Bulletin* 37 (2011), S. 942 – 954.

98 Zitiert von Ellison u. a., »Managing Impressions Online«.

99 Bei den folgenden Absätzen stütze ich mich auf den hervorragenden Survey, der von Finkel u. a. durchgeführt wurde: »Online Dating: A Critical Analysis«.

100 Ebd., S. 39.

101 Das ganze Argument lautet: »Die Validität der Methoden [von eHarmony] leitet sich von der Tatsache ab, dass die … Teilnehmer höhere DAS-[Kompatibilitäts-]Werte erreichten als die Kontrollgruppe. Die Paare von eHarmony existieren aber per definitionem, weil der für die Partner vorhergesagte DAS-Wert optimal sein würde.« Houran u. a., »Do Online Matchmaking Tests Work?«, S. 513. Houran u. a. bemängeln, dass der Algorithmus die Paare gemäß diesem Wert zusammenbringt und dass eHarmony natürlich seine eigene Prophezeiung erfüllt, da es den Output mit demselben Instrument misst, mit dem er konstruiert wurde.

102 Finkel u. a., »Online Dating«, S. 49.

103 John Cacioppo u. a., »Marital Satisfaction and Breakups Differ across Online and Off-line Meeting Venues«, in: *PNAS Early Edition* (2013); www.pnas.org/content/early/2013/05/31/1222447110.full.pdf.

Teil 3

9 Die wahren Kosten der Ökonomie

1 Nicholas Stern, *Review on the Economics of Climate Change* (London: HM Treasury 2006), S. x.

2 »Comments on Simon Dietz and Nicholas Stern's ›Why Economic Analysis Supports Strong Action on Climate Change: A Response to the Stern Review's Critics‹«, in: *Review of Environmental Economic Policy* 2, Nr. 2 (2008), S. 309–313.

3 T. G. W. Smith, »Markets and Morals: Self, Character and Markets«, in: *Royal Institute of Philosophy Supplements* 26 (1989), S. 15.

4 Milton Friedman, »The Social Responsibility of Business Is to Increase Its Profits«, in: *New York Times Magazine* (13. September 1970).

5 Deirdre McCloskey, »Bourgeois Virtue«, in: *American Scholar* 63, Nr. 2 (1994).

6 Theodore Porter, *Trust in Numbers* (Princeton: Princeton University Press 1995).

7 Auf die Simulation mit den Lebensjahren der Population bin ich auch bei meinen eigenen Forschungen für »A Moral Economy of Transplantation« gestoßen. Was ich hier über die öffentliche Meinung gesagt habe, stammt von M. Johri und P. A. Ubel, »Setting Organ Allocation Priorities: Should We Care what the Public Cares About?«, in: *Liver Transplantation* 9, Nr. 8 (2003). Tatsächlich werden Alkoholiker in Großbritannien aus rein klinischen Gründen erst auf die Warteliste für Behandlungen gesetzt, wenn sie nachgewiesen haben, dass sie seit sechs Monaten keinen Tropfen Alkohol mehr angerührt haben. Die Leber verfügt über eine so außergewöhnliche Selbstheilungskraft, dass manche der Betroffenen sich in diesem Zeitraum erholen!

8 Peter Ubel und George Loewenstein, »Distributing Scarce Livers: The Moral Reasoning of the General Public«, in: *Social Science and Medicine* 42 (1996), S. 1049–1055.

9 Immanuel Kant, *Grundlegung zur Metaphysik der Sitten*. In: *Schriften zur Ethik und Religionsphilosophie* (Wiesbaden: Insel-Verlag 1956), S. 67.

10 Lasst uns die Ökonomie besetzen!

10 Dem Juristen Alasdair Roberts zufolge erlag Occupy zudem dem verfüh-
rerischen »falschen Anarchismus« führungsloser wirtschaftlicher Organisationen, flacher Hierarchien und flexibler, selbständiger Teamarbeit,
die die Management-Vordenker in den 1990er-Jahren befürworteten.
Diese gescheiten neuen Managementpraktiken waren natürlich nicht
viel mehr als neuartige Wege, mehr Geld aus den Arbeitern herauszu-
pressen – in der direkten Nachfolge der Arbeitsregimes von F. W. Taylor –, und eine Quelle innovativer Typen der Selbstüberwachung. Laut
Roberts nahm Occupy diese Managementpraktiken jedoch für bare
Münze, und das Fehlen von Führern wurde für die Bewegung zu einem
entscheidenden Problem, als sie sich bemühte, mit Auseinandersetzungen im eigenen Lager fertigzuwerden und bedeutungsvollere Beziehungen zu den Offiziellen der Städte aufzubauen; als der Bürgermeister von
Denver Occupy bat, einen Vertreter zu ernennen, mit dem er verhandeln
konnte, wählte man – einen Hund! Alasdair Roberts, »Why the Occupy
Movement Failed«, in: *Public Administration Review* 72, Nr. 5 (2012),
S. 754–762.

11 Karl Polanyi, *The Great Transformation: Politische und ökonomische Ursprünge von Gesellschaften und Wirtschaftssystemen*. Übers. von Heinrich
Jelinek (Frankfurt am Main: Suhrkamp Taschenbuch Verlag 1978), S. 229 ff.

12 Mark Peacock, »Local Exchange Trading Systems: A Solution to the
Employment Dilemma?«, in: *Annals of Public and Cooperative Economics* 71, Nr. 1 (2000), S. 55–78.

13 Finn Bowring, »LETS: An Eco-Socialist Initiative?«, in: *New Left Review*
232 (1998), S. 99.

14 Peacock, »Local Exchange Trading Systems«.

15 Colin Williams, »Local Currencies and Community Development: An
Evaluation of Green Dollar Exchanges in New Zealand«, in: *Community
Development Journal* 34, Nr. 4 (1996), S. 319–329; Eric Helleiner, »Think
Globally, Transact Locally: Green Political Economy and the Local Cur-
rency Movement«, in: *Global Society* 14, Nr. 1 (2000), S. 35–51.

16 Michael Pacione, »Local Exchange Trading Systems as a Response to
the Globalisation of Capitalism«, in: *Urban Studies* 34, Nr. 8 (1997),
S. 1179–1199.

17 Für Literatur zu den LETS siehe Helleiner, »Think Globally«, S. 47.

18 Das Verzeichnis von Ithaca Hours wird von seinem Gründer als Porträt
der Fähigkeiten der Gemeinschaft beschrieben (ebd., S. 38). Laut
O'Doherty et al. schließen die Leute sich LETS an, um durch den Handel
neue Bekanntschaften zu machen, und aus Freude an »der symbolischen
oder gesellschaftlichen Interaktion«; »Local Exchange and Trading Sche-

mes: A Useful Strand of Community Economic Development Policy?«, in: *Environment and Planning* A 31 (1999), S. 1645.

19 Karl Marx, *Economic and Philosophical Manuscripts* (London: Penguin 1975 [1844]), S. 210.

20 Aristoteles, *Nikomachische Ethik*. Nach der Übers. von Eugen Rolfes, bearb. von Günther Bien (Hamburg: Felix Meiner Verlag 1995), 1133a30.

21 Bill Maurer, »The Anthropology of Money«, in: *Annual Review of Anthropology* (Palo Alto: Annual Reviews 2006).

22 Aristoteles, *Politik*. Übers. von Eugen Rolfes (Hamburg: Meiner 1995), 1.10, 1258b4.

23 Viviana Zelizer, *Morals and Markets: The Development of Life Insurance in the* United States (New York: Columbia University Press 1979).

24 *Der Koran*. Neu übertragen von Hartmut Bobzin (München: C. H. Beck 2010), Sure 30.39 und Sure 3.130.

25 Bill Maurer, »Engineering an Islamic Future: Speculations on Islamic Financial Alternatives«, in: *Anthropology Today* 17, Nr. 1 (2001), S. 8 – 11.

26 Timur Kuran, »Speculations on Islamic Financial Alternatives«, in: *Anthropology Today* 17, Nr. 3 (2001), S. 28.

27 Maurer, »Engineering an Islamic Future«.

28 Paul du Gay, »Max Weber and the Moral Economy of Office«, in: *Journal of Cultural Economy* 1, Nr. 2 (2008), S. 129 – 144.

29 Alan Waterman, »The Relevance of Aristotle's Conception of Eudaimonia for the Psychological Study of Happiness«, in: *Theoretical and Philosophical Psychology* 10, Nr. 1 (1990), S. 39 – 44.

30 Das ethische Denken des 20. Jahrhunderts war durch ein Wiederaufleben des Aristotelismus gekennzeichnet; Philosophen wie Alasdair MacIntyre und Elizabeth Anscombe versuchten, neue Mittel für die Reflexion über das Gemeinwohl zu etablieren.

31 http://news.stanford.edu/news/2012/october/nobel-economics-roth-101512.html. In einem berühmten Aufsatz legt Roth eine Agenda für die Gestaltung der Ökonomie vor: Alvin Roth, »The Economist as Engineer: Game Theory, Experimentation, and Computation as Tools for Design Economics«, in: *Econometrica* 70, Nr. 4 (2002), S. 1341 – 1378.

32 Roth, Tayfun Sönmez und M. Utku Ünver haben mehrere ausgesprochen technische Aufsätze zu diesem Thema veröffentlicht: »Kidney Exchange«, in: *Quarterly Journal of Economics* 119, Nr. 2 (2004), S. 457 – 488; »A Kidney Exchange Clearing House in New England« (op. cit.); »Pairwise Kidney Exhange«, in: *Journal of Economic Theory* 125, Nr. 2 (2005), S. 151 – 188; und »Efficient Kidney Exhange: Coincidence of Wants in a Structured Market«, in: *American Economic Review* 97, Nr. 3 (2007), S. 828 – 851.

33 In »Repugnance as a Constraint on Markets«, in: *Journal of Economic Perspectives* 21, Nr. 3 (2007), S. 37–58, drängt Roth die Ökonomen, den Widerwillen der Leute ernst zu nehmen, wenn sie Märkte gestalten.

34 Pardo-Guerras Argumentation wird in einem eleganten, weitsichtigen Blog vorgebracht: http://socfinance.wordpress.com/2013/08/27/will-the-real-engineers-please-stand-up/#more-4816.

Literatur

Adams, A. Frank, A. Barnett und David Kaserman: »Markets for Organs: The Question of Supply«, in: *Contemporary Economic Policy* 7 (1999), 147 – 155.

Akerlof, George A.: »The Market for Lemons: Quality Uncertainty and Market Mechanisms«, in: *Quarterly Journal of Economics* 84 (1970), 448 – 500.

Ders., und Robert J. Shiller: *Animal Spirits: Wie Wirtschaft wirklich funktioniert* (Frankfurt/New York: Campus 2009).

Alam, Khorsed, und Martin Hearson: *Fashion Victims* (London: War on Want 2006), und www.telegraph.co.uk/finance/china-business/7773011/A-look-inside-the-Foxconn-suicide-factory.html.

Annan, Noel: *Our Age* (London: Fontana 1990).

Ariely, Dan: *Denken hilft zwar, nützt aber nichts* (München: Droemer 2008).

Aristoteles: *Nikomachische Ethik.* Nach der Übers. von Eugen Rolfes, bearb. von Günther Bien (Hamburg: Felix Meiner Verlag 1995).

Ders.: *Politik.* Übers. von Eugen Rolfes (Hamburg: Felix Meiner Verlag 1995).

Ashmore, Malcolm, Michael Mulkay und Trevor Pinch: *Health and Efficiency: A Sociology of Health Economics* (Buckingham: Open University Press 1989).

Austin, Elizabeth J., u.a.: »A Preliminary Investigation of the Associations between Personality, Cognitive Ability and Digit Ratio«, in: *Personality and Individual Differences* 33, Nr. 7 (2002), 1115 – 1124.

Azimont, Frank, und Luis Araujo: »Governing Firms, Shaping Markets«, in: *Reconnecting Marketing to Markets*, Hg. Luis Araujo, John Finch und Hans Kjellberg (Oxford: Oxford University Press 2010), 78 – 96.

Bakan, Joel: *Das Ende der Konzerne: Die selbstzerstörerische Kraft der Unternehmen* (Hamburg/Leipzig/Wien: Europa-Verlag 2005).

Barber, Brad, und Terence Odean: »Boys Will Be Boys: Gender, Overconfidence and Common Stock Investment«, in: *Quarterly Journal of Economics* 1 (2001), 261–292.

Becker, Gary S.: »Latin America Owes a Lot to Its ›Chicago Boys‹«, in: *Business Week* (9. Juni 1997).

Ders.: »Nobel Lecture: The Economic Way of Looking at Behavior«, in: *Journal of Political Economy* 101, Nr. 3 (1993).

Ders., und Julio Jorge Elias: »Introducing Incentives in the Market for Live and Cadaveric Organ Donations«, in: *Journal of Economic Perspectives* 21, Nr. 3 (2007), 3–24.

Bergstrom, Theodore, Rodney Garratt und Damian Sheehan-Connor: »One Chance in a Million: Altruism and the Bone Marrow Registry«, in: *American Economic Review* 99, Nr. 4 (2009), 1316.

Blaug, Mark: »Paradigms versus Research Programmes in the History of Economics«, in: *The Philosophy of Economics*, Hg. Daniel Hausman (Cambridge: Cambridge University Press 1984).

Blixen, Tania: *Babettes Fest* (Zürich: Manesse Verlag, 4. Aufl. 1989).

Borges, Jorge Luis: *Fiktionen. Erzählungen 1939–1944*. Übers. von Karl August Horst, Wolfgang Luchting und Gisbert Haefs (Frankfurt am Main: Fischer Taschenbuch, 11. Aufl. Dezember 2011).

Botwin, Michael D., David M. Buss und Todd K. Shackelford: »Personality and Mate Preferences: Five Factors In Mate Selection and Marital Satisfaction«, in: *Journal of Personality* 65, Nr. 1 (1997), 107–136.

Bowring, Finn: »LETS: An Eco-Socialist Initiative?«, in: *New Left Review* 232 (1998), 99.

Braverman, Harry: *Die Arbeit im modernen Produktionsprozess* (Frankfurt am Main/New York: Campus-Verlag 1980).

Brewis, Joanna, und Stephen Linstead: »›The Worst Thing is the Screwing‹ (1): Consumption and the Management of Identity in Sex Work«, in: *Gender, Work & Organization* 7, Nr. 2 (2000), 84–97.

Dies., und Stephen Linstead: »›The Worst Thing is the Screwing‹ (2): Context and Career in Sex Work«, in: *Gender, Work & Organization* 7, Nr. 3 (2000), 168–180.

Butler, Judith: *Das Unbehagen der Geschlechter* (Sonderausg. zum 40jährigen Bestehen der Ed. Suhrkamp; Frankfurt am Main: Suhrkamp 2003).

Cacioppo, John, u. a.: »Marital Satisfaction and Breakups Differ across Online and Off-line Meeting Venues«, in: *PNAS Early Edition* (2013); www.pnas.org/content/early/2013/05/31/1222447110.full.pdf.

Callon, Michel: *The Laws of the Markets* (Oxford: Oxford University Press 1998).

Ders.: »Economic Markets and the Rise of Interactive Agencements«, in:

Living in a Material World, Hg. Trevor Pinch und R. Swedberg (Cambridge, MA: MIT Press 2008).

Ders.: »The Embeddedness of Economic Markets in Economics«, in: *The Laws of the Markets*, Hg. Callon (Oxford: Oxford University Press 1998).

Ders.: »What Does It Mean to Say that Economics Is Performative?«, in: *Do Economists Make Markets?*, Hg. Donald MacKenzie, Fabien Muniesa und Lucia Siu (Princeton: Princeton University Press 2007).

Cameron, Samuel: »The Economics of Suicide«, in: Hg. Simon Bowmaker, *Economics Uncut* (Cheltenham: Edward Elgar 2005).

Carter, John, und Michael Irons: »Are Economists Different, and If So, Why?«, in: *Journal of Economic Perspectives* 5, Nr. 2 (1991), 171 – 177.

Clark, A. E., und A. J. Oswald: »A Simple Statistical Model for Measuring How Life Events Affect Happiness«, in: *International Journal of Epidemiology* 31 (2002), 1139 – 1144.

Cochoy, Franck: »A Sociology of Market Things: On Tending the Garden of Choices in Mass Retailing«, in: Callon, Millo und Muniesa, *Market Devices*.

Ders.: »Calculation, Qualculation, Calqulation: Shopping Cart Arithmetic, Equipped Cognition and the Clustered Consumer«, in: *Marketing Theory* 8, Nr. 1 (2008), 15 – 44.

Cohen, B., und C. Wight: »A European Perspective on Organ Procurement: Breaking Down the Barriers to Organ Donation«, in: *Transplantation* 68, Nr. 7 (1999), 985 – 990.

Collins, Harry, und Trevor Pinch: *Der Golem der Technologie: Wie die Wissenschaft unsere Wirklichkeit konstruiert* (Berlin: Berlin-Verlag 2000).

Culyer, Anthony: »Hic Sunt Dracones«, in: *Medical Decision-Making* 32 (2012), 25 – 32.

Dale, Gareth: *Karl Polanyi: The Limits of the Market* (Cambridge: Polity Press 2010).

Dalton, George: »Economic Theory and Primitive Society 1«, in: *American Anthropologist* 63, Nr. 1 (1961).

Davies, Huw, und Russell Mannion: »Will Prescriptions for Cultural Change Improve the NHS?«, in: *British Medical Journal* 346 (1. März 2013).

Dennett, Daniel: *Darwin's Dangerous Idea* (London: Allen Lane 1995). – *Darwins gefährliches Erbe: Die Evolution und der Sinn des Lebens* (Hamburg: Hoffmann und Campe 1997).

Drummond, Michael F., u. a.: *Methods for the Economic Evaluation of Healthcare Programmes* (Oxford: Oxford University Press 1998).

du Gay, Paul: »Max Weber and the Moral Economy of Office«, in: *Journal of Cultural Economy* 1, Nr. 2 (2008), 129 – 144.

Dworkin, Gerald: »Markets and Morals: The Case for Organ Sales«, in: *Mora-*

lity, Harm and the Law, Hg. Dworkin (Boulder, CO: Westview Press 1994), 155.

Edlund, Lena, und Evelyn Korn: »A Theory of Prostitution«, in: *Journal of Political Economy* 110, Nr. 1 (2002), 181–242.

Ellison, Nicole B., Rebecca D. Heino und Jennifer L. Gibbs: »Managing Impressions Online: Self-Presentation Processes in the Online Dating Environment«, in: *Journal of Computer-Mediated Communication* 11, Nr. 2 (2006), 433.

Ferraro, Fabrizio, Jeffrey Pfeffer und Robert Sutton: »Economic Language and Assumptions: How Theories Can Become Self-Fulfilling«, in: *Academy of Management Review* 30, Nr. 1 (2005), 8–24.

Field, Erica: »Entitled to Work: Urban Property Rights in Labour Supply in Peru«, in: *Quarterly Journal of Economics* 122, 4 (2007), 1561–1602.

Finkel, Eli, u. a.: »Online Dating: A Critical Analysis From the Perspective of Psychological Science«, in: *Psychological Science in the Public Interest* 13, Nr. 1 (2012), 3–66.

Foucault, Michel: *The Birth of Biopolitics*, Hg. Arnold Davidson, Übers. Graham Burchell (Basingstoke: Palgrave Macmillan 2008) – *Geschichte der Gouvernementalität. 2. Die Geburt der Biopolitik*: Vorlesung am Collège de France 1978–1979 (Suhrkamp-Taschenbuch Wissenschaft 2006).

Ders.: *Überwachen und Strafen: Die Geburt der Gefängnisse* (Frankfurt am Main: Suhrkamp 1976).

Fourcade, Marion: »Cents and Sensibility: Economic Valuation and the Nature of ›Nature‹«, in: *American Journal of Sociology* 116, Nr. 6 (2011), 1721–1777.

Dies.: »The Political Valuation of Life«, in: *Regulation and Governance* 3 (2009), 291–297.

Frank, Björn, und Gunther Schulze: »Does Economics Make Citizens Corrupt?«, in: *Journal of Economic Behavior and Organization* 43 (2000), 101–113.

Frank, Robert: *The Darwin Economy* (Princeton: Princeton University Press 2011).

Ders., und Philip Cook: *The Winner-Take-All Society* (London: Virgin Books 2010), 11 f.

Ders., Thomas Gilovich und Dennis Regan: »Does Studying Economics Inhibit Cooperation?«, in: *Journal of Economic Perspectives* 7, Nr. 2 (1993), 159.

Friedman, Milton: *Capitalism and Freedom* (Chicago: University of Chicago Press 1962).

Ders.: *Essays in Positive Economics* (Chicago: Chicago University Press 1966).

Ders.: *Kapitalismus und Freiheit* (Frankfurt am Main/Berlin/Wien: Ullstein 1984).

Ders.: »The Methodology of Positive Economics«, in: *Essays in Positive Economics* (Chicago: University of Chicago Press 1966).

Ders.: »The Social Responsibility of Business Is to Increase Its Profits«, in: *New York Times Magazine* (13. September 1970).

Gioia, Dennis A.: »Pinto Fires and Personal Ethics: A Script Analysis of Missed Opportunities«, in: *Journal of Business Ethics* 11 (1992), 383.

Gottlieb, Lori: »How Do I Love Thee?«, in: *Atlantic Monthly* (März 2006).

Goyal, Madhav, u. a.: »Economic and Health Consequences of Selling a Kidney in India«, in: *Journal of the American Medical Association* 288, Nr. 13 (2002), 1589–1593.

Harford, Tim: *Die Logik des Lebens: Was hinter scheinbar verrückten Entscheidungen steckt* (München: Goldmann 2010).

Harris, John: »It's Not NICE to Discriminate«, in: *Journal of Medical Ethics* 31 (2005), 373–375.

Ders.: »QALYfying the Value of Life«, in: *Journal of Medical Ethics* 13 (1978), 117–123.

Hayek, Friedrich August: *Der Weg zur Knechtschaft* (München: Olzog 2003).

Ders.: »The Use of Knowledge in Society«, in: *American Economic Review* 35, Nr. 4 (1945), S. 527.

Healy, Kieran: *Last Best Gifts: Altruism and the Market for Human Blood and Organs* (Chicago: Chicago University Press 2010).

Hearn, Alison: »On the Violence of the New Branded University of Circulation«, Vortrag bei der 38. Annual MacroMarketing Conference (Toronto: 6. Juni 2013).

Heino, Rebecca D., Nicole B. Ellison und Jennifer L. Gibbs: »Relationshopping: Investigating the Market Metaphor in Online Dating«, in: *Journal of Social and Personal Relationships* 27, Nr. 4 (2010), 427–447.

Helleiner, Eric: »Think Globally, Transact Locally: Green Political Economy and the Local Currency Movement«, in: *Global Society* 14, Nr. 1 (2000), 35–51.

Hesiod: *Sämtliche Werke*. Dt. von Thassilo von Scheffer (Wiesbaden: Dieterich'sche Verlagsbuchhandlung 1947).

Hitsch, Günter J., Ali Hortaçsu und Dan Ariely: »Matching and Sorting in Online Dating«, in: *American Economic Review* 100 (2010), 130–163.

Hobbes, Thomas: *Leviathan oder Stoff, Form und Gewalt eines bürgerlichen und kirchlichen Staates* (Frankfurt am Main/Berlin/Wien: Ullstein 1976).

Houran, James, u. a.: »Do Online Matchmaking Tests Work? An Assessment of Preliminary Evidence of a Publicized ›Predictive Model of Marital Success‹«, in: *North American Journal of Psychology* 6, Nr. 3 (2004), 521 f.

Huneeus, Carlos: »Technocrats and Politicians in an Authoritarian Regime«, in: *Journal of Latin American Studies* 32, Nr. 2 (2000), 461–501.

Hutchins, Edwin: *Cognition in the Wild* (Cambridge, MA: MIT Press 1995).

Jeacle, Ingrid, und Chris Carter: »In TripAdvisor We Trust: Rankings, Calculative Regimes and Abstract Systems«, in: *Accounting, Organization and Society* 36, Nr. 4 – 5 (2011), 357 – 377.

Dies., und Eamonn Walsh: »From Moral Evaluation to Rationalization: Accounting and the Shifting Technologies of Credit«, in: *Accounting, Organization and Society* 27 (2002), 747.

Johri, M., und P. A. Ubel: »Setting Organ Allocation Priorities: Should We Care What the Public Cares About?«, in: *Liver Transplantation* 9, Nr. 8 (2003).

Kant, Immanuel: *Grundlegung zur Metaphysik der Sitten*, in: *Schriften zur Ethik und Religionsphilosophie* (Wiesbaden: Insel-Verlag 1956).

Ders.: *Lectures in Ethics* (New York: Harper and Row 1963).

Kjellberg, Hans: »The Death of a Salesman? Reconfiguring Economic Exchange in Swedish Postwar Food Distribution«, in: *Market Devices*, Hg. Callon, Millo und Muniesa (Oxford: Blackwell 2007).

Knorr-Cetina, Karin: *Wissenskulturen: Ein Vergleich naturwissenschaftlicher Wissensformen* (Frankfurt am Main: Suhrkamp 2002).

Der Koran. Neu übertragen von Hartmut Bobzin (München: C. H. Beck 2010).

Kornberger, Martin, und Chris Carter: »Manufacturing Competition: How Accounting Practices Shape Strategy Making in Cities«, in: *Accounting, Auditing & Accountability Journal* 23, Nr. 3 (2010), 325 – 349.

Krueger, Alan: www.nytimes.com/2003/01/09/business/economic-scene-a-study-looks-at-squatters-and-land-titles-in-peru/html?pagewanted=all&src=pm.

Kuran, Timur: »Speculations on Islamic Financial Alternatives«, in: *Anthropology Today* 17, Nr. 3 (2001).

The Lancet (17. August 2013), 57.

Latour, Bruno: *Gifford Lectures* (Edinburgh: University of Edinburgh 2013).

Ders.: *Die Hoffnung der Pandora: Untersuchungen zur Wirklichkeit der Wissenschaft* (Frankfurt am Main: Suhrkamp 2000).

Ders.: *Science in Action: How to Follow Scientists and Engineers through Society* (Cambridge, MA: Harvard University Press 1987).

Lee, Matthew, und David Ermann: »Pinto ›Madness‹ as a Flawed Landmark Narrative: An Organizational and Network Analysis«, in: *Social Problems* 46, Nr. 1 (1999), 30 – 47.

Letelier, Orlando: »The Chicago Boys in Chile: Economic Freedom's Awful Toll«, in: *The Nation* (1976); www.tni.org/archives/act/3712.

Levitt, Steven, und Stephen Dubner: *Superfreakonomics: Nichts ist so wie es scheint* (München: Riemann Verlag 2010).

Leyshon, Andrew, und Shaun French: »We All Live in a Robbie Fowler House: The Geographics of the Buy to Let Market in the UK«, in: *British Journal of Politics & International Relations* 11, Nr. 3 (2009), 441.

Ders., und Nigel Thrift: »Lists Come Alive: Electronic Systems of Knowledge and the Rise of Credit-Scoring in Retail Banking«, in: *Economy and Society* 28, Nr. 3 (1999), 437.

Linford, Jake: »The Kidney Donor Scholarship Act: How College Scholarships Can Provide Financial Incentives for Kidney Donation While Preserving Altruistic Meaning«, in: *St Louis Journal of Health Law & Policy* 2 (2009), 265.

Linneman, Peter D., und Isaac F. Megbolugbe: »Privatisation and Housing Policy«, in: *Urban Studies* 31, Nr. 4 – 5 (1994), 635.

Long, Robert: »Realism and Abstraction in Economics«, in: *Quarterly Journal of Austrian Economics* 9, Nr. 3 (2006), 4.

Lubasz, Heinz: »Adam Smith and the Invisible Hand – of the Market?«, in: *Contesting Markets*, Hg. Roy Dilley (Edinburgh: Edinburgh University Press 1992), 37 – 56.

MacKenzie, Donald: *An Engine, Not a Camera: How Financial Models Shape Markets* (Cambridge, MA: MIT Press 2006).

Ders.: *Material Markets: How Economic Agents are Constructed* (Oxford: Oxford University Press 2009).

Marron, Donncha: »Lending by Numbers: Credit Scoring and the Constitution of Risk within American Consumer Credit«, in: *Economy and Society* 36, Nr. 1 (2006), 103 – 133.

Marwell, Gerald, und Ruth E. Ames: »Economists Free Ride, Does Anyone Else? Experiments on the Provision of Public Goods, IV«, in: *Journal of Public Economics* 15, Nr. 3 (1981), 295 – 310.

Marx, Karl: *Economic and Philosophical Manuscripts* (London: Penguin 1975 [1844]).

Maurer, Bill: »The Anthropology of Money«, in: *Annual Review of Anthropology* (Palo Alto: Annual Reviews 2006).

Ders.: »Engineering an Islamic Future: Speculations on Islamic Financial Alternatives«, in: *Anthropology Today* 17, Nr. 1 (2001), 8 – 11.

McCloskey, Deirdre: »Bourgeois Virtue«, in: *American Scholar* 63, Nr. 2 (1994).

McKinlay, Alan: »Performativity and the Politics of Identity: Putting Butler to Work«, in: *Critical Perspectives on Accounting* 21, Nr. 3 (2010), 232 – 242.

Mendelsohn, Robert: »Comments on Simon Dietz and Nicholas Stern's ›Why Economic Analysis Supports Strong Action on Climate Change: A Response to the Stern Review's Critics‹«, in: *Review of Environmental Economic Policy* 2, Nr. 2 (2008), 309 – 313.

Miller, Dale: »The Norm of Self-Interest«, in: *American Psychologist* 54, Nr. 12 (1999), 1053–1060.

Mirowski, Philip: *Machine Dreams: Economics Becomes a Cyborg Science* (Cambridge: Cambridge University Press 2002).

Ders.: *More Heat Than Light* (Cambridge: Cambridge University Press 1989).

Mitchell, Timothy: »Rethinking Economy«, in: *Geoforum* 39 (2008), 1116–1121.

Ders.: »The Work of Economics: How a Discipline Makes Its World«, in: *European Journal of Sociology* 46, Nr. 2 (2005), 297–320.

Moffatt, Peter G., und Simon A. Peters: »The Economics of Prostitution«, in: *Economics Uncut*, Hg. Simon Bowmaker (Cheltenham: Edward Elgar 2005), 193–228.

Ders., und Simon A. Peters: »Pricing Personal Services: An Empirical Study of Earnings in the UK Prostitution Industry«, in: *Scottish Journal of Political Economy* 51, Nr. 5 (2004), 685.

Muniesa, Fabian, Yuval Millo und Michel Callon: »An Introduction to Market Devices«, in: *Market Devices*, Hg. Callon, Millo und Muniesa (Oxford: Blackwell 2007).

Naidoo, Rajani, Avi Shankar und Ekant Veer: »The Consumerist Turn in Higher Education: Policy Aspirations and Outcomes«, in: *Journal of Marketing Management* 27, Nr. 11–12 (2011), S. 1142–1162.

Nelson Espeland, Wendy, und Michael Sauder: »Rankings and Reactivity: How Public Measures Recreate Social Worlds«, in: *American Journal of Sociology* 113, Nr. 1 (2007), 1–40.

Noonan, John: *The Scholastic Analysis of Usury* (Cambridge: Cambridge University Press 1957).

O'Brien, Dave: »What Price Evidence? Identities, Valuation Technologies, and the Problem of Culture«, unter dem Titel »What Price Creativity? A Workshop on the Valuing of Social/Public Goods« an der University of St Andrews präsentiert, Dezember 2012.

O'Doherty, R. K., u. a.: »Local Exchange and Trading Schemes: A Useful Strand of Community Economic Development Policy?«, in: *Environment and Planning* A 31 (1999), 1645.

Pacione, Michael: »Local Exchange Trading Systems as a Response to the Globalisation of Capitalism«, in: *Urban Studies* 34, Nr. 8 (1997), 1179–1199.

Paumgarten, Nick: »Looking for Someone: Sex, Love, and Loneliness on the Internet«, in: *New York Times* (4. Juli 2011).

Peacock, Mark: »Local Exchange Trading Systems: A Solution to the Employment Dilemma?«, in: *Annals of Public and Cooperative Economics* 71, Nr. 1 (2000), 55–78.

Pettinger, Lynne: »Market Moralities in the Field of Commercial Sex«, in: *Journal of Cultural Economy* 6, Nr. 2 (2013), 184 – 199.

Pickering, Andrew: *Science as Practice and Culture* (Chicago: University of Chicago Press 1992).

Polanyi, Karl: *The Great Transformation: Politische und ökonomische Ursprünge von Gesellschaften und Wirtschaftssystemen.* Übers. von Heinrich Jelinek (Frankfurt am Main: Suhrkamp Taschenbuch Verlag 1978).

Ders.: »Our Obsolete Market Mentality«, zitiert von Scott Cook, in: »The Obsolete ›Anti-Market‹ Mentality: A Critique of the Substantive Approach to Economic Anthropology«, in: *American Anthropologist* 68, Nr. 2 (1966), 327 – 329.

Poon, Martha: »From New Deal Institutions to Capital Markets: Commercial Consumer Risk Scores and the Making of Subprime Mortgage Finance«, in: *Accounting, Organizations and Society* 34, 5 (2009), 654 – 674.

Dies.: »Scorecards as Devices for Consumer Credit: The Case of Fair, Isaac & Company Incorporated«, in: *Market Devices*, 284 – 306.

Porter, Theodore: *Trust in Numbers* (Princeton: Princeton University Press 1995).

Price, Brian: »Frank and Lillian Gilbreth and the Manufacture and Marketing of Motion Study, 1908 – 1924«, in: *Business and Economic History* 18 (1989), 88 – 98.

Rawles, John: »Castigating QALYs«, in: *Journal of Medical Ethics* 15 (1989), 143 – 147.

Robbins, Lionel: *An Essay on the Nature and Significance of Economic Science* (London: Macmillan 1932).

Roberts, Alasdair: »Why the Occupy Movement Failed«, in: *Public Administration Review* 72, Nr. 5 (2012), 754 – 762.

Robertson, Dennis: »What Does the Economist Economize?«, in: Robertson, *Economic Commentaries* (London: Staples Press 1956).

Roscoe, Philip: »Constructing the Retail Investor«, Vortrag bei der 38. Annual MacroMarketing Conference (Toronto, 6. Juni 2013).

Ders.: »Economic Embeddedness and Materiality in a Financial Market Setting«, in: *Sociological Review* 61, Nr. 1 (2013), 41 – 68.

Ders.: »A Moral Economy of Transplantation: Competing Regimes of Value in the Allocation of Transplant Organs«, in: *Value Practices in Life Sciences*, Hg. Claes-Frederik Helgesson, Francis Lee und Isabelle Dussange (Oxford: Oxford University Press 2014).

Ders.: »On the Possibility of Organ Markets and the Performativity of Economics«, in: *Journal of Cultural Economy* 6, Nr. 4 (2013), 386 – 401.

Ders., und Shiona Chillas: »The State of Affairs: Critical Performativity and the Global Dating Industry«, in: *Organization* (2013), doi: 10.1177/1350508413485497.

Ders., und Carole Howorth: »Identification through Technical Analysis: A Study of the Investment Behaviour of UK Non-professional Investors«, in: *Accounting, Organizations and Society* 34 (2009), 206–221.

Rose, Nikolas: *Inventing Our Selves* (Cambridge: Cambridge University Press 1996).

Ders., und Peter Miller: »Political Power Beyond the State: Problematics of Government«, in: *British Journal of Sociology* 43, Nr. 2 (1992), 173–205.

Rosser, Rachel, und Paul Kind: »A Scale of Valuation of States of Illness: Is There a Social Consensus?«, in: *International Journal of Epidemiology* 7 (1978), 347–357.

Roth, Alvin: »The Economist as Engineer: Game Theory, Experimentation, and Computation as Tools for Design Economics«, in: *Econometrica* 70, Nr. 4 (2002), 1341–1378.

Ders.: »Repugnance as a Constraint on Markets«, in: *Journal of Economic Perspectives* 21, Nr. 3 (2007), 37–58.

Ders., Tayfun Sönmez und M. Utku Ünver: »Efficient Kidney Exchange: Coincidence of Wants in a Structured Market«, in: *American Economic Review* 97, Nr. 3 (2007), 828–851.

Ders., Tayfun Sönmez und M. Utku Ünver: »Kidney Exchange«, in: *Quarterly Journal of Economics* 119, Nr. 2 (2004), 457–488.

Ders., Tayfun Sönmez und M. Utku Ünver: »A Kidney Exchange Clearing House in New England«, in: *American Economic Review* 95, Nr. 2 (2005), 376–380.

Ders., Tayfun Sönmez und M. Utku Ünver: »Pairwise Kidney Exchange«, in: *Journal of Economic Theory* 125, Nr. 2 (2005), 151–188.

Ryan, Alan: »Introduction«, in: *John Stuart Mill and Jeremy Bentham: Utilitarianism und Other Essays*, Hg. Alan Ryan (London: Penguin 1987).

Sandel, Michael: *Was man für Geld nicht kaufen kann*. Aus dem Amerikan. von Helmut Reuter (Berlin: Ullstein 2012).

Scheper-Hughes, Nancy: »Keeping an Eye on the Global Traffic in Human Organs«, in: *The Lancet* (10. Mai 2003), 1645–1648.

Sen, Amartya: »Adam Smith's Prudence«, in: *Theory and Reality in Development*, Hg. S. Lall und F. Stewart (London: Macmillan 1986), 28–37.

Serrano-Velarde, Kathia: »Benchmarking for the Greater Good? The New Investment Paradigm in European Higher Education«, in: *New Spirits of Capitalism?*, Hg. Paul du Gay und Glen Morgan (Oxford: Oxford University Press 2013), 251–273.

Shaw Taylor, Lindsay, u. a.: »Out of My League: A Real World Test of the Matching Hypothesis«, in: *Personality and Psychology Bulletin* 37 (2011), 942–954.

Silva, Patricio: »Technocrats and Politics in Chile: From the Chicago Boys to the CIEPLAN Monks«, in: *Journal of Latin American Studies* 23, Nr. 2 (1991).

Smith, Adam: *Der Wohlstand der Nationen: Eine Untersuchung seiner Natur und seiner Ursachen* (München: Deutscher Taschenbuch Verlag, 7. Aufl. April 1996).

Smith, T. G. W.: »Markets and Morals: Self, Character and Markets«, in: *Royal Institute of Philosophy Supplements* 26 (1989), 15.

Stern, Nicholas: *Review on the Economics of Climate Change* (London: HM Treasury 2006).

Stiglitz, Joseph, und Andrew Weiss: »Credit Rationing in Markets with Imperfect Information«, in: *American Economic Review* 71 (1981), 393–410.

Taleb, Nassim Nicholas: *Der Schwarze Schwan: Die Macht höchst unwahrscheinlicher Ereignisse* (München: Hanser 2008).

Thaler, Richard: »Anomalies: The Ultimatum Game«, in: *Journal of Economic Perspectives* 2, Nr. 4 (1988), 195–206.

Ders., Richard, und Sherwin Rosen: »The Value of Saving a Life: Evidence from the Labour Market«, in: *Household Production and Consumption*, Hg. Nestor E. Terleckyj (New York: National Bureau of Economic Research 1976).

Tierney, John: »My eHarmony Experiment: Can This Marriage Be Matched?«, in: *New York Times* (1. Februar 2008).

Titmuss, Richard: *The Gift Relationship: From Human Blood to Social Policy* (London: Allen & Unwin 1970).

Townsend, Joseph: *A Dissertation on the Poor Laws* (Berkeley: University of California Press 1971). – *Über die Armengesetze: Streitschrift eines Menschenfreundes* (Berlin: Suhrkamp 1982).

TRUE LLC und Ilona Jerabek: *The Technical Manual of the TRUE Compatibility Test* (2004), true.com/images/tctmanual.pdf, 3-5.

Ubel, Peter, und George Loewenstein: »Distributing Scarce Livers: The Moral Reasoning of the General Public«, in: *Social Science and Medicine* 42 (1996), 1049–1055.

Vergil, *Eclogae*: www.thelatinlibrary.com/verg.html.

Waterman, Alan: »The Relevance of Aristotle's Conception of Eudaimonia for the Psychological Study of Happiness«, in: *Theoretical and Philosophical Psychology* 10, Nr. 1 (1990), 39–44.

Wellington, Alison, und Justin Whitmire: »Kidney Transplants and the Shortage of Donors: Is a Market the Answer?«, in: *Contemporary Economic Policy* 25, Nr. 2 (2007), 131–145.

Whitty, Monica, und Alan Carr: *Cyberspace Romance: The Psychology of Online Relationships* (Basingstoke: Macmillan 2006).

Williams, Alan: »Cost-Effectiveness Analysis: Is It Ethical?«, in: *Journal of Medical Ethics* 18 (1992), 7.

Williams, Colin: »Local Currencies and Community Development: An Evaluation of Green Dollar Exchanges in New Zealand«, in: *Community Development Journal* 34, Nr. 4 (1996), 319 – 329.

Wolff, Jonathan: »Risk, Fear, Blame, Shame and the Regulation of Public Safety«, in: *Economics and Philosophy* 22, Nr. 3 (2006), 409 – 427.

Wyness, Gill: Institute of Fiscal Studies (Vortrag vom Dezember 2010), http://www.ifs.org.uk/conferences/pe2010_wyness.pdf.

Zargoosh, Javaad: »Quality of Life of Iranian Kidney ›Donors‹«, in: *Journal of Urology* 166 (2001), 1790 – 1799.

Zelizer, Viviana: *Morals and Markets: The Development of Life Insurance in the United States* (New York: Columbia University Press 1979).

http://news.stanford.edu/news/2012/october/nobel-economics-roth-101512.html.

http://online.ceb.com/calcases/CA3/119CA3d757.htm.

http://socfinance.wordpress.com/2013/08/27/will-the-real-engineers-please-stand-up/#more-4816.

www.bbc.co.uk/news/business-18640101.

www.bbc.co.uk/news/world-asia-pacific-13639934.

www.dailymail.co.uk/news/article-2184334/Empty-houses-sale-1-Britains-cheapest-street.html.

www.davidwilletts.co.uk/content/higher-and-further-education-debate.

www.doingbusiness.org/~/media/GIAWB/Doing%20Business/Documents/Annual-Reports/English/DB06-FullReport.pdf.

www.fullbooks.com/Lady-of-the-Barge.html.

www.myfico.com/#your-state?; www.myfico.com/HelpCenter/FICOScores/.

www.organdonation.nhs.uk/.

www.punternet.com/frs/fr_stats.php.

www.punternet.com/index1.html.

www.stoke.gov.uk/ccm/content/council-and-democracy/communications/2012-press-releases/08-2012/178-12/.

www.unos.org/.

Register

MARCEL FRATZSCHER

Die Deutschland-Illusion

Warum wir unsere Wirtschaft überschätzen und Europa brauchen

ca. 250 Seiten, ISBN 978-3-446-44034-0, auch als E-Book erhältlich

Deutschland sieht sich gerne als Hort der Stabilität in einem unsicheren Europa. Es ist stolz auf seine wirtschaftliche Leistungsfähigkeit und darauf, dass es ziemlich ungeschoren durch die Krise gekommen ist. Es feiert die stark gesunkenen Arbeitslosenzahlen der letzten Jahre als vollen Erfolg – und das zu Recht. Doch das schöne Bild trügt.

Deutschland hat seit dem Jahr 2000 deutlich weniger Wachstum zu verzeichnen als andere europäische Staaten. Zwei von drei Arbeitern sind heute schlechter gestellt als vor 15 Jahren. Die deutsche Wirtschaft und der Staat leben von ihrer Substanz. Marcel Fratzscher legt den Finger in die Wunde und benennt die wesentlichen Defizite, die für unsere Zukunft gefährlich werden können, vor allem unsere notorisch schwachen Investitionen. Und er räumt auf mit dem Irrglauben, wir kämen ohne Europa besser zurecht.